Bernd Harder
Die jungen Satanisten

Inhalt

6 »Antichrist Superstar« – Satanismus in der Rockmusik

7 Satanismus in der aktuellen Populärkultur

8 Hinter der Maske: Zehn Argumente für den Satanismus – und wie man ihnen den Boden entzieht

1 Was ist Satanismus? –
Vier Schlaglichter in eine dunkle Szene

1.1 »Auf Befehl des Teufels.«
Der Satansmord von Witten

Den Teint mattiert sie sich ebenmäßig blass. Die Brauen hat sie abrasiert. Dafür malt sie zwei feine schwarze Linien über ihre Augen. Auf die Wangenknochen pudert sie sich spitze Schatten. Schon um 4.00 Uhr früh bereitet sich Manuela Ruda in der Zelle auf einen weiteren Tag ihres Prozesses am Bochumer Landgericht vor. Als Spiegel dient ein poliertes Blech. Mitgefangene helfen der 23-Jährigen beim Haareaufdrehen und beim Rasieren der Satanszeichen in ihre fast kahl geschorenen Schläfen – zwei umgekehrte Kreuze.

»Teuflisch geschminkt« erscheint Manuela einige Stunden später im Gerichtssaal. »Wie eine Diva, Lippenfarbe tiefrot, als hätte sie gerade Blut getrunken«, beschreibt die Boulevardpresse ihren Auftritt. Als Staatsanwalt Dieter Justinky sein Plädoyer hält, beugt Manuela sich nach vorne, um kein Wort zu verpassen.

»Diese ungeheure Tat entsetzt, macht wütend«, beginnt Justinky. »Es verschlägt einem die Sprache, wenn man sieht, wie das Opfer zugerichtet worden ist. Die Angeklagten sind Menschen mit zerrütteten, zutiefst gestörten Persönlichkeiten.«

Manuela grinst ihren Ehemann und Mitangeklagten Daniel Ruda (26) an.

Der Staatsanwalt weiter: »Der Satanismus ist wie eine Blende, die sie vor ihre Persönlichkeit schoben. Rituale wie Bluttrinken gaben ihnen ein Gefühl von Stärke. Sie waren auf die Tötung eines Menschen fixiert, um in Satans Heer aufgenommen zu werden.«

Lässig lehnt sich die »Satansbraut« *(Bild)* zurück, legt einen Arm über die Stuhllehne, zwinkert ihrem Mann zu. Dann schiebt sie weiter ihren Kaugummi im Mund hin und her, als ginge sie das alles nichts an.[1]

»Die Angeklagten genießen hier ihren Auftritt«, fährt Justinky fort. »Das gibt ihnen das Gefühl, etwas Besonderes zu sein.«

Am 31. Januar 2002 verkündet Richter Arnjo Kerstingtombroke das Urteil: 13 und 15 Jahre Haft wegen heimtückischen Mordes an einem 33-jährigen Bekannten und Einweisung in die geschlossene Psychiatrie.

»Möge uns der Satan für immer beistehen«, sagt Manuela nur. Das letzte Wort ihres Mannes lautet: »Das ist mir alles hier zu blöd.«

Satanistisches Schmierentheater – aber zugleich blutige Wirklichkeit.

Der Tatortbefund, wie ihn die Staatsanwaltschaft Bochum in der Anklageschrift gegen Manuela und Daniel Ruda festgehalten hat: Ein mit Blut gemaltes Pentagramm an der Wohnzimmerwand im Dachgeschoss des Wittener Mietshauses in der Breite Straße 55. Und die Kritzelei »Kill for Satan!« Ein Sarg mit Grablichtern und Totenschädeln ringsum. Eine Sense. Der Teppich schwarz. Metallketten mit Handschellen hängen von der Decke. Im Schlafzimmer eine Teufelsfratze überm Bett. Aufsteckbare Reißzähne und Kontaktlinsen in Rot und Gelbschwarz im Bad.

Die Rollläden sind heruntergelassen, das Licht funktioniert nicht, als hier die Polizei am 9. Juli 2001 die schrecklich zugerichtete Leiche von Frank H. findet. 66 Messerstiche, Machetenhiebe und Hammerschläge zählt der Gerichtsmediziner. »Im Bauch des Toten steckte noch ein Skalpell«, gibt der Experte später beim Prozess zu Protokoll.

»Warum denn so viel Aufwand? Es war doch nur ein Mensch«, sagt Daniel Ruda bei seiner Festnahme drei Tage später. Der ehemalige Verkäufer von Autoteilen zeigt keinerlei Bedauern für das Opfer und kein Mitleid mit dessen Angehörigen.

Schuldgefühle? »Ich bin kein Mörder«, erklärt er. »Diese Tat kann man mir nicht zur Last legen, denn ich habe nur Gutes getan. Immerhin geht es dem Opfer jetzt gut. Er sitzt jetzt an der Seite Satans.«

»Es war kein Mord«, verteidigt sich nahezu wortgleich auch Rudas Frau Manuela. Sie hätten zum einen auf Befehl Satans gehandelt, zum anderen Frank H. lediglich »von seiner dreckigen menschlichen Hülle« befreit. »Wir konnten ihn gut leiden. Es war nicht böse gemeint.« Der völlig arglose Arbeitskollege von Daniel Ruda musste sterben, »weil der immer so lustig war. Wir dachten, es wäre gut, Satan einen Hofnarren mitzubringen.«

8

Auserwählte des Teufels. Herrscher über Leben und Tod. Es sind solche absurden Fantasien von eigener Grandiosität und Einmaligkeit, denen die »Satanisten-Mörder« alles andere unterordnen – »auch die Vorstellung von Recht und Unrecht und auch die eigene Lebensperspektive«, schreibt der Psychiater Norbert Schalast in seinem Gutachten.

»Warum dienen Sie Satan?«, will ein *Max*-Reporter bei einem Interview mit Daniel Ruda während der dreiwöchigen Verhandlung wissen. Ruda: »Durch meine Dienstleistung, indem ich ihm meinen Körper zur Verfügung stelle, gewinne ich eine unglaublich hohe Stellung. Wir haben da unten jetzt 'ne ganze Menge zu melden.«[2]

Schon von klein auf will Daniel im Mittelpunkt stehen, das Sagen haben. Nur wer ihm unterlegen ist, darf in sein Gefolge. Konkurrenz kann er nicht ertragen. »In der Grundschule noch einer der Besten, bricht er auf dem Gymnasium ein. Schlechte Zensuren, Streit mit den Klassenkameraden, Zoff mit den Lehrern, Ärger mit den Eltern«, recherchiert der *Stern*. »Daniel flüchtet sich in Krankheiten und blutige Träume. Darin attackiert er Menschen, beißt ihre Köpfe ab, beschmiert sich mit Blut. Dani verachtet alle, ob Spießer oder Freak. Die Menschen sind ihm zu dick oder zu klein, tragen Brille oder die falsche Frisur.« Seine Mitschüler hält er für Idioten, »niedere Lebensformen«. Doch sämtliche Allmachtsfantasien können seine innere Leere, die Kluft zwischen dem realen und idealen Selbst, nicht ausfüllen.[3]

Mit 14 Jahren, mitten im Unterricht, erscheint ihm in einer Vision eine Furcht erregende Gestalt, die sich »Samiel« nennt und ihn auffordert, den »zweiten Teil seiner Seele zu suchen«. Dass ihn mit »Samiel« der Satan höchstpersönlich beehrt hat, deutet Daniel sich schließlich aus der *Satanischen Bibel* und anderen Büchern über obskure Religionen zusammen. Hocherfreut über dieses Privileg beginnt er, den Teufel anzubeten.

Was an Rudas eigener biografischer Darstellung »Mythos und Wirklichkeit« sei, wisse man nicht, gibt der renommierte Essener Gerichtspsychiater Norbert Leygraf zu bedenken. Tatsache ist, dass er im Herbst 2000 eine Kontaktanzeige in einem Heavymetalmagazin schaltet: »Pechschwarzer Vampir sucht Prinzessin der Finsternis, die alles und jeden hasst.« Aus dem egomanen, aber harmlosen Einzelgänger wird ein tödliches »Duo morbitale«, als die Gelegenheitsjobberin Manuela Bartel zurückschreibt: »Ich hasse die Menschheit und verabscheue das Licht.«

Zu diesem Zeitpunkt womöglich noch gestörter als Ruda sucht das exzentrische, aggressive und zugleich tieftraurige Gothic-Girl aus Witten »einen Mann, der eine Aura des Schreckens verbreitet«, analysieren die psychiatrischen Gutachter während des Prozesses. »Kein Weichei wie die anderen, die sich in ihrem Schatten bewegten. Ihre Selbstverliebtheit brauchte eine ständige Steigerung. Erst war es ein spielerischer Umgang mit dem Satanismus. Aber in der Gemeinschaft mit Daniel wurde er blutiger Ernst.«

Schon mit 15 Jahren hegt Manuela Selbstmordgedanken, fühlt, dass sie nicht in diese Welt gehöre. »Umso schmerzhafter«, lässt sie einen Briefpartner aus der Gruftie-Szene wissen, »sind demzufolge die Sommertage, an denen jeder Sonnenstrahl, der mich versehentlich trifft, wie ein Giftpfeil erscheint. Glücklicherweise kann ich es weitgehend vermeiden, während des Tages das Haus zu verlassen.«

An Halloween 1999 verschreibt die Ex-Punkerin, Ex-»Peitschen-Lady« in einschlägigen Bochumer SM-Diskotheken und Ex-»Vampirin« ihre Seele dem Teufel. Beim Herrn der Finsternis habe sie endlich ihren Platz gefunden, von dem sie herabblicken könne »auf das Gewürm und Gesocks«, das sie umgebe. Lediglich ihren Eltern billigt Manuela zu, »viel zu schade für dieses dreckige Gewürm« zu sein, das sich Menschheit nenne: »Ich hoffe, dass sich dieses Pack irgendwann gegenseitig zerstört.« Am 6. Juni 2001 heiratet Daniel Ruda die Satanistin, in der er endlich den »zweiten Teil seiner Seele« zu erkennen glaubt. Dann planen sie einen Mord.

»Sie passten wie Schlüssel und Schloss zueinander und verhakten sich in tragischer Weise«, erklären die Gutachter. »Der Wahn gipfelte in der Idee, einen Menschen zu opfern, um in Satans Armee einzutreten. Im Glauben an ihre Auserwähltheit als Boten Satans betrachteten sie alle anderen Menschen nur noch als minderwertig.« Eine »narzisstische Persönlichkeitsstörung« nennen das die Psychiater. Überbordende Selbstbezogenheit und Selbstzentriertheit.

»Manuela macht sich zu jedem Prozesstag ein bisschen anders zurecht, mal schulter- und mal nabelfrei, mal die linke, mal die rechte Schädelseite entblößt, um ihre Tattoos ins rechte Licht zu setzen«, notiert eine Prozessbeobachterin. »Gerne blecken sie die Zähne und zeigen mit abgespreiztem Zeige- und kleinem Finger das Zeichen des Gehörnten, einmal breitet Daniel beim Betreten des Gerichtssaals theatralisch die Arme aus und ruft mit Donnerstimme: ›Mein Volk!‹« Die schamlose Selbstinszenierung gipfelt in der Aussage Daniel Rudas: »Ich kann nichts bereuen. Das wäre eine Beleidigung Satans.«[4]

In Gerichtskreisen gilt es als ziemlich unwahrscheinlich, dass die beiden »Satansmörder« jemals wieder freigelassen werden. Das sieht Daniel Ruda anders: »Ich werde sowieso rausgeholt. Ich habe meinen Glauben und der Herr lässt seine Diener nicht im Stich.«

1.2 »Ich bin Satanist.«
Andreas – Freak, Spinner oder gefährlicher Verführer?

Irgendwie geheimnisvoll sieht er aus, der junge Mann mit dem Drei-Tage-Bärtchen, der den Lesern der Jugendzeitschrift *Yam* von Seite 22 entgegenblickt. Aus sanften, haselnussbraunen Augen. Ganz in Schwarz gekleidet, trägt er ein Silberkreuz verkehrt herum um den Hals und einen Drudenstern, dessen nach oben zeigende Zacken die Teufelshörner symbolisieren sollen. Seine Hände liegen locker auf einer Kristallkugel auf. »Ich glaube an Satan!«, ist der nebenstehende Artikel mit blutroten Lettern überschrieben.[5]

Der junge Mann heißt Andreas, ist 19 Jahre alt und lebt *Yam* zufolge in einem Dorf bei Ingolstadt. »Früher war er gläubiger Christ, seit zwei Jahren hat er sich dem Teufelskult verschrieben«, leitet der *Yam*-Reporter sein Provinz-Grusical (Heft 46/01) ein. Und schickt sich an, für seine Leser die Frage zu beantworten: »Ist er ein Freak, ein Spinner oder ein gefährlicher Verführer?«

»Ich bin bekennender Satanist«, lässt die Teenie-Postille Andreas noch einmal bekräftigen, nachdem sie mit Szeneriemalereien wie »zerrissenen Wolken am düsteren Herbsthimmel«, »im Wind rauschenden Bäumen«

und »spitzen Schreien von Krähen aus der Ferne« erst einmal für Atmosphäre gesorgt hat. Andreas Begründung für seine Überzeugung kommt dem Verfasser des Artikels erklärtermaßen »seltsam« vor – mehr an redaktioneller Meinungsäußerung oder Stellungnahme zum Phänomen des Jugendsatanismus findet sich auf der Doppelseite kaum. Dafür gibt's erst mal reichlich Biografie: »Ich bin bekennender Satanist, weil ich schon immer besonders religiös war«, holt Andreas aus. Sein Glaubensbekenntnis laute: »Leben, Freiheit, Liebe. All das, was ich bei Jesus vorher vergeblich gesucht habe.«

Bis vor zwei Jahren sei der 19-Jährige noch gläubiger Christ gewesen. »Ich war richtig fromm, habe täglich gebetet und in der Bibel gelesen. Am meisten hat mich das Neue Testament fasziniert. Und vor allem Jesus.« Doch »genau dessen Schicksal« habe Andreas an seinem Glauben zweifeln lassen, souffliert der *Yam*-Reporter. Zu Christi Himmelfahrt 1999 habe der Elektrotechnik-Azubi dann auf die andere Seite übergewechselt, nachdem er beim Surfen im Internet zufällig in ein Chatforum von Anhängern der »Church of Satan« geraten war: »Ich hatte erwartet, dass die sich da über Blutopfer und grausame Schmerzrituale auslassen. Aber das Gegenteil war der Fall – was dort zu lesen war, hatte eher mit Liebe zum Menschen zu tun. Und die fängt mit einer gesunden Portion ehrlichem Egoismus an.«

Was unter ehrlichem Egoismus zu verstehen ist, erfährt der Leser sogleich: Aus dem Religionsunterricht habe Andreas damals schon gewusst, dass bei den Satanisten nicht ein Gott über dem Menschen steht, »sondern dass jeder Mensch selbst so etwas wie sein eigener Gott ist. Dein Wille ist das ganze Gesetz, das Einzige, was zählt.« Gewalt, Grabschändungen, Blutopfer und rituelle Todesfälle verweist Andreas unwidersprochen ins Reich der Legenden: »Man darf ja nicht vergessen, dass die meisten Bücher über Satanismus von Christen geschrieben wurden. Da steckt viel Propaganda drin.« Andreas liest lieber in den Büchern der »Church of Satan«. Diesen hat er entnommen: »Satan ist eine allgegenwärtige Macht, die mächtiger ist als der Mensch selber. Aber diese Macht verlangt nicht, dass man zu ihr betet. Es gibt keinen Zwang, außer dem eigenen Willen zu folgen und das zu tun, was einem gut tut.« Kern der satanistischen Philosophie sei, den

Weg weg vom Bösen zu gehen und wieder zum ursprünglichen, unschuldigen Tier zu werden, das der Mensch eigentlich ist: »Ein Tier tötet nur, wenn es Hunger hat, greift nur an, wenn es bedroht wird, und genießt ansonsten sein Leben.«

So wie Andreas. Stimmungsvolle Fotos zeigen den 19-Jährigen bei der »Meditation in der Natur«, beim Lesen auf der Couch – und in zärtlicher Umarmung mit Freundin Angie. Nachdem der *Yam*-Reporter Andreas bescheinigt hat, keine schwarzen Messen zu feiern, keinem satanischen Zirkel anzugehören und an keinen Ritualen teilzunehmen, rundet Angie das sympathische Porträt des Jungsatanisten ab: »Andreas ist ein sehr nachdenklicher, introvertierter Typ. Klar, er hat merkwürdige Ansichten, deshalb halten ihn einige Leute für einen Freak, einen Spinner.« Trotzdem: Das 18-jährige Girl steht fest zu ihrem Freund – denn »in seinem Herzen ist er ein echt guter Typ!«

1.3 »Ströme des Krieges, Ströme von Hass!« Die Untaten des Satans-»Grafen«

Christian? Kein Name für jemanden, der das Ende des Christentums und die Herrschaft Satans beschwört. Von seinem 16. Lebensjahr an will der Norweger Christian Vikernes nur noch »Varg« genannt werden. Das heißt »Wolf«. Und damit jeder sieht, was er damit meint, gehen bald darauf Kirchen in Flammen auf, werden Friedhöfe geschändet – und ein Mensch wird getötet.

»Der Mann, den ich umgebracht habe, war mein Feind. Was hätte ich denn sonst mit ihm machen sollen?«, fragt Vikernes mit kalter, tonloser Stimme. Auch wenn er sich aufregt, bleibt der Kapitalverbrecher ruhig. Feinde, findet er, müssen gegeneinander kämpfen. Und nur der Stärkere überlebt.[6]

1994 wurde Vikernes zur Höchststrafe von 21 Jahren Haft verurteilt, die er in Bergen absitzt. Aus dem Gefängnis heraus betreibt er weiter eine Plattenfirma. Er gilt auch in Deutschland nach wie vor als Idol der extremen Satanismus- und Blackmetalszene. So stellte zum Beispiel das Underground-Fanzine *Infernus* zwei Musikern der süddeutschen Band »Dawnfall« in einem Interview unter anderem die Frage: »Wie ihr ja wissen müsstet, ist Varg Vikernes verhaftet, ein sehr großer und schmerzlicher Verlust. Würdet ihr euch an Aktionen beteiligen, mit denen man den Count freipressen kann (Kirchen abbrennen, Christen niedermetzeln …)? Wenn nein, dann aber eine vernünftige Begründung!!!«

»Count (Graf) Grishnachk«, das ist Vikernes' Künstlername, als er mit 18 Jahren die Ein-Mann-Band »Burzum« (Finsternis) gründet. Sein erklärtes Ziel: So lange zu lärmen, bis die Skandinavier endlich wieder zu ihrem wahren Gott Odin gefunden hätten. Seine Inspirationen holt sich der verschlossene Einzelgänger nicht nur aus nordischen Sagen, Geschichtsbüchern und Fantasy-Epen wie *Der Herr der Ringe*, sondern auch von einem vier Jahre älteren Bekannten. Der heißt eigentlich Oystein Aarseth, kokettiert aber lieber mit dem Pseudonym »Euronymus«: der mythologische »Prinz des Todes«. Außerdem ist er Chef der Blackmetalband »Mayhem« und zeichnet für düster-verquerte Songtexte wie diesen verantwortlich: »Zauberei, Blut und Satan. Triff das Gesicht des Todes. Blut/Feuer/Folter/Schmerz/TÖTE! Ströme des Krieges, Ströme von Hass, Armageddon, Geschichten der Hölle, Woge der Verwüstung, Woge der Sünde. Komm und höre, Luzifer singt. Kommando Krieg, Kommando Satan, Kommando Hölle!«

Fasziniert hört Vikernes zu, wenn Aarseth vom Teufel schwärmt, über die Christen flucht und darüber philosophiert, dass die Macht des Bösen sich endlich ausbreiten müsse.

In der Nacht zum 6. Juni 1992 brennt in Fantoft bei Bergen die erste Kirche. Kurz danach erscheint eine Mini-LP von »Burzum« mit dem Titel *Aske (Asche)*. Auf Handzetteln, die für die Platte werben, ist ein Foto der Kirchenruine abgedruckt.

Etwa zur gleichen Zeit versucht die 18-jährige Norwegerin Suuvi Prurunnen in Stockholm Feuer an das Haus eines Mannes namens Christopher Johanssen zu legen. Johanssen ist Sänger der Blackmetalband »Therion«, die den norwegischen Gesinnungsgenossen nicht böse genug ist. Suuvi geht der Polizei ins Netz. Man findet ihr Tagebuch. Darin bekennt sie, Mitglied eines mysteriösen »Satanischen Zirkels« zu sein und im Auftrag von Varg

Vikernes gehandelt zu haben. Vikernes alias »Count Grishnachk« wird verhört, muss jedoch mangels Beweisen wieder freigelassen werden.[7]

Sieben weitere Brandanschläge auf Kirchen gibt es 1992 in Norwegen. Ein Feuerwehrmann stirbt bei den Löscharbeiten. Erneut nehmen die Ermittler Vikernes ins Visier, der sich gegenüber einem Journalisten mit vielen nicht veröffentlichten Details der Vorfälle brüstet. Wieder ist dem »Count« nichts nachzuweisen.

Am 10. August 1993 findet die Polizei Oystein Aarseth tot in dessen Wohnung in Oslo. Die Beamten zählen 23 Messerstiche im Rücken, Hals und Kopf. Ein Bekannter des ermordeten Musikers gesteht, am Vorabend Varg Vikernes nach Oslo gefahren und bei Aarseth abgesetzt zu haben. Zehn Tage später wird der »Burzum«-Sänger verhaftet. In seiner Wohnung lagern 150 Kilogramm Dynamit, mit denen Vikernes die Nidarosdomen-Kirche in die Luft sprengen wollte. »Wir brennen Kirchen ab, um die Wut der Christen zu verstärken. Wir können dann eventuell Krieg mit ihnen führen«, sagt »Count Dracula«, wie er jetzt von der Presse genannt wird, aus.[8]

Neun Monate lang wartet Vikernes in Oslo auf seinen Prozess. In der Zwischenzeit nimmt die Polizei zwölf Jugendliche und junge Erwachsene zwischen 14 und 22 Jahren fest, die dem so genannten »Äußeren Kreis« von Vikernes' Satanszirkel angehören und denen Grabschändung, Brandstiftung, Diebstähle und Vergewaltigung vorgeworfen werden. Der elitäre »Inner Circle« soll ebenfalls aus zwölf Mann bestehen. Angeblich gehört der Sänger der Band »Immortal«, »Demonaz Occulta«, dazu, ebenso ein Mitglied der Gruppe »Dark Throne«, der einem Musik-Journalisten diktiert: »Als die Christen nach Norwegen kamen, nahmen sie uns unsere Kultur, unsere Riten und unsere Identität. Es ist in Ordnung, ihre Kirchen niederzubrennen, denn es ist an der Zeit, sich zu rächen. Ich hasse die Christen. Das Christentum hat schon viel zu lange die Macht hier und einige Bands meinen, dass dem jetzt ein Ende bereitet werden muss.«

Im Mai 1994 wird der 21 Jahre alte Christian »Varg« Vikernes wegen Mordes, Brandstiftung an Kirchen und dem Überfall auf ein Sprengstoffdepot zu mehr als zwei Jahrzehnten Gefängnis verurteilt. Der blonde »Satans-Graf« erklärt zum Urteilsspruch: »Nicht jene, die Kirchen niederbrennen, sind Verbrecher, sondern jene, die Kirchen errichten.«

Merkwürdig banal dagegen erscheint das Mordmotiv des »Count«: Oystein Aarseth konkurrierte mit Vikernes um die Führung des »Inner Circle«. Und er hatte dem Jüngeren dessen Freundin Ilsa ausgespannt, eine 16-jährige Schwedin. Außerdem soll es Streit um die Veröffentlichung des nächsten »Burzum«-Albums bei Aarseths Plattenfirma »Death like Silence Records« gegeben haben, für das Vikernes im Voraus 40 000 Kronen an »Euronymus« gezahlt hatte – ohne dass dieser sich auch tatsächlich um die Realisierung des Projekts bemühte.

Auch neun Jahre nach der Tat zeigt Vikernes keine Reue: »Es kam zu einem ideologischen und auch persönlichen Konflikt zwischen uns. Er (Aarseth) bekam Panik und griff mich an, ich verteidigte mich, und um es kurz zu machen, es endete damit, dass er sich das Leben nahm. Ich wurde dann beschuldigt, ihn ermordet zu haben, aber es war nicht so, schließlich wurde ich von ihm angegriffen.«

Der 29-Jährige träumt indes laut von der Freiheit: »Mein Entlassungstermin könnte im August 2005 oder 2007 sein – es kommt darauf an, wie viel ich von meiner Gesamtstrafe absitzen muss.« Große Pläne hat der »Jüngling mit dem Engelsgesicht« (*Tempo*) auch schon: »Menschliche Wesen sind wertlos und dumm. Sie sollten nicht denken, sie sollten einem Gott oder Führer folgen. Ich unterstütze alle Diktaturen, Hitler, Stalin, Ceaucescu, und ich will selbst Diktator von Skandinavien werden. Make war, not love!« Mittlerweile pflegt Vikernes enge Kontakte zu der militanten rechtsradikalen Gruppe »Weißer Arischer Widerstand«. »Für Count Grishnachk und seine Jünger heißt die Steigerung von Satanismus offenbar Faschismus«, folgern die beiden Journalisten Liane von Billerbeck und Frank Nordhausen.

»Norwegische Blackmetalsatanisten verbrüdern sich mit der organisierten radikalen Rechten. Sie verwenden nicht nur Pentagramme und umgedrehte Kreuze, sondern das ganze Repertoire faschistischer Embleme: germanische Runen, das Keltenkreuz, das SS-Symbol. Ihr ideologisches Programm, soweit überhaupt vorhanden, besteht aus dunklen Symbolen und dumpfen Gegenentwürfen zu einer Gesellschaft, die durch das Christentum kalt und vor allem ›schwach‹ geworden sei. Die Antwort ist eine unbestimmte Rückkehr zu ›heidnischen Werten‹, zur brachialen Naturnähe der Wikinger. Aus Satan wird Odin (Wotan) und das Pentagramm mutiert zum Hakenkreuz.«[9]

In Deutschland interessiert sich besonders der 26 Jahre alte Hendrik Möbus für die wirren Phrasen von Vikernes, mit dem er »auch schon korrespondiert« habe. Jener Hendrik Möbus, der als »Satansmörder« traurige Bekanntheit erlangte.

Am Abend des 29. April 1993 bringt der damalige Gymnasiast im thüringischen Sondershausen zusammen mit seinen beiden Freunden Andreas K. und Sebastian S. den 15-jährigen Mitschüler Sandro Beyer um. Das Trio bezeichnet sich selbst als Satanisten. Im Prozess erklärt die Staatsanwaltschaft: »Als der später getötete Sandro Beyer versuchte, in diese Gruppierung aufgenommen zu werden, sich in der Folge aber kritisch mit ihnen und ihrem Gedankengut auseinander setzte, entstanden zwischen ihm und den Angeschuldigten erhebliche Spannungen und Konflikte. Dies führte letztendlich bei ihnen zu dem Entschluss, ›dieser Typ‹ müsse weg.«

Das Landgericht Mühlhausen verurteilt die Täter zu einer Haftstrafe von je acht beziehungsweise sechs Jahren, die im Herbst 1998 zur Bewährung ausgesetzt wird. Während Andreas K. und Sebastian S. sich weitgehend von ihrer »Satanisten«-Vergangenheit distanzieren, schwadroniert Hendrik Möbus davon, »die Jugend bilden und leiten« zu wollen. Wie das aussehen soll, kann man zum Beispiel in dem US-Buch *Lords of Chaos* nachlesen, in dem der Norweger Didrik Soderlind und der Amerikaner Michael Moynihan mit unverblümter Bewunderung den »blutigen Aufstieg des satanischen Metal-Underground« nachzeichnen.

»Eine harte, herrschende, brutale Jugend – das ist es, was ich will«, verbreitet sich darin auch Hendrik Möbus als einer der »Lords of Chaos« ungeniert. »Es darf nichts Schwaches an ihr sein. Die vom Blackmetal beeinflusste Jugend entspricht dieser Beschreibung fast vollkommen.« Den Mord an Sandro Beyer verklärt Möbus zu einem »archaischen Opferritual«. Ihn plagen keinerlei Gewissensbisse, dass »es mit Sandro vorbei ist«.

Ende August 2000 wird Hendrik Möbus in Amerika festgenommen, wo er sich dem Führer der rechtsextremen »National Alliance«, William Pierce, als eine Art Vertriebsmanager und Verbindungsmann für den deutschsprachigen Raum angedient hat.[10]

Im Juli 2001 weisen die US-Behörden Möbus aus. In der Thüringer Justizvollzugsanstalt Suhl-Goldlauter sitzt er nun seine dreijährige Reststrafe ab. Danach sollen zwei Urteile von 1999 vollstreckt werden: Eine Strafe von anderthalb Jahren wegen Verhöhnung seines Opfers und ein Urteil über acht Monate wegen Zeigens des Hitler-Grußes bei einem Skinhead-Konzert.[11]

Derweil verherrlicht der Satanist und Neonazi weiterhin »die glorreichen Tage der Kirchenbrände«: »Heil dem Führer des Nordlandes, Heil Varg Vikernes.« Und nicht nur er. Ein Blackmetalmusiker mit dem bizarren Pseudonym »Leichenschrei« erklärt im *Infernus*-Fanzine: »Ich liebe es, meine Perversitäten und Bosheiten auszuleben, ohne mich um die Niederen und Schwachen zu kümmern. Sie sollen leiden. Ich glaube an Dinge wie Satanismus, Okkultismus, Zauberei etc. Und letztlich ist das Verbrechen der glorreiche Weg, um Satan zu preisen.«

1.4 »Ich habe meine Seele verkauft.«
Satanistische Selbstmorde in Sachsen

Die Teufelszahl 666, umgedrehte Kreuze, ein Pentagramm – und dazwischen der Satz: »Ich habe keinen Bock mehr auf das Scheiß-Leben. Ich will nur noch weg.« So sieht der Abschiedsbrief aus, den die Polizei am 26. August 2001 bei der Leiche des 18-jährigen René findet.

Gemeinsam mit Michael und Mike, 14 und 17 Jahre alt, war der Tiefbaulehrling und Hobbyfußballer von der 78 Meter hohen Göltzschtalbrücke im Vogtland (Sachsen) in den Tod gesprungen. An den Handgelenken hatten sich die drei Jungen mit Stricken aneinander gebunden.

Von »Frust aufs Leben« sprechen später die Ermittler.

»Oder gab es noch einen anderen Hintergrund?«, spekulieren die Medien. Freunde von René berichten, er habe sich vor einigen Monaten die Haare schwarz gefärbt, nur noch dunkle Kleider getragen und immer wieder davon geredet, »Kontakt zum Teufel« zu suchen. Eine verlassene alte Villa in seinem Heimatort Reichenbach soll Schauplatz spiritistischer Sitzungen gewesen sein.[12] Ob die drei toten Jugendlichen einer Sekte angehörten, kann der Plauener Staatsanwalt Michael Respondek nicht sagen. Auch von einer satanistischen Szene in Reichenbach sei nichts bekannt.

Einer Mitarbeiterin der Sektenberatung EBI in Leipzig fällt auf, dass ein jugendlicher Selbstmörder aus Klietz einen »fast identischen« Abschiedsbrief wie René hinterlassen hat. In dem Dorf im nördlichen Sachsen-Anhalt machte im Jahr zuvor eine rätselhafte Serie von Suiziden unter Heranwachsenden Schlagzeilen. In der Nacht vom 8. auf den 9. Juli 2000 rasten die beiden Berufsschüler Frank und Martin mit ihrem Auto absichtlich frontal gegen einen Baum. Am 27. Oktober folgte ihnen ihr Freund Marko auf exakt die gleiche Weise in den Tod. Mitte Dezember fuhr der 17-jährige Peter ebenfalls unangeschnallt und ohne ersichtlichen Grund auf gerader Strecke gegen einen Baum. Hinzu kamen mindestens vier versuchte Selbsttötungen, mal mit Tabletten, mal mit dem Messer, mal nach dem bekannten Muster mit dem Auto.[13]

Bei der Beerdigung von Frank und Martin wurden Reporter auf »Jugendliche mit okkulten T-Shirts« aufmerksam. Anschließend feierte die merkwürdige Clique eine Party. Ein Mädchen sagte: »Ich habe meine Seele verkauft.«

Neben kruden Internet-»Todesforen«, in denen jugendliche Suizidgefährdete von »Gleichgesinnten« in ihrer Freitodabsicht bestärkt und ermutigt werden, suchen Journalisten vor allem in der Okkultszene nach dem Motiv der Selbstmörder.

Im alten Jugendclub des Nachbarortes Sandau finden »vor einer Teufelsfratze und unter umgedrehten Kreuzen gelegentlich Beschwörungen statt«, raunt *Der Spiegel*. In der ganzen Region gebe es seit Jahren okkulte Jugendgruppen bis hin zu bekennenden Satanisten. In einem Leipziger Buchladen neben dem Rathaus stehen die Werke des Satanismusidols Aleister Crowley im Schaufenster. »Dort gehen jährlich 400 Exemplare über den Tisch – vor allem an junge Leute.«

Im nahen Havelberg würden sich gar »Bluttrinker« treffen: »Sie bezeichnen sich selbst als schwarze Seelen, die ihre Verwandtschaft dadurch zelebrieren, dass sie sich gegenseitig Blut abnehmen und bei Kerzenlicht noch warm trinken.«

Auf das Grab des 18-jährigen Christian aus dem Klietzer Nachbarort Scholle, der im November 2000 sein Leben wegwarf, legen Freunde ein großes Gesteck aus blauen Rosen – »ein Kultsymbol der Gothicszene«. Dahinter verbirgt sich eine Jugendsubkultur, die als »melancholische Gemeinschaft der Einsamen« gilt, in schwarzer Romantik schwelgt und immer wieder gern mit dem Satanismus in Verbindung gebracht wird.[14] Das Fazit der Journalisten: Okkultismus, Kontakte in die Gothicszene und das Chatten in den dunklen Foren des Internets förderten die Todessehnsucht.

Stellen satanistische und überhaupt okkultistische Überzeugungen also nicht nur für andere, sondern auch für deren Anhänger selbst eine Gefahr dar? Sind die so genannten Gothics gar nicht so harmlos, wie sie von außen zumeist gesehen werden? Und wie passen »Todessehnsucht« und Suizidhandlungen zu dem radikalen Machbarkeitsdenken und der diesseitigen Lustbetontheit von anderen jugendlichen Satanisten wie Vark Vikernes oder »Teenieschwarm« Andreas? »Als Problem in der Behandlung des Falles und der Berichterstattung erwies sich wieder einmal, dass der Begriff des ›Satanismus‹ zu allgemein ist, um zu einem wirklichen Verstehen beitragen zu können«, erklärt der Weltanschauungsbeauftragte der Evangelischen Landeskirche Sachsen, Harald Lamprecht: »Natürlich gibt es – wie vielerorts – auch im Vogtland immer wieder einzelne Personen, die sich aus verschiedenen Gründen selbst explizit als Satanisten bezeichnen und sich ein entsprechendes Outfit geben. Häufigstes Motiv dafür dürfte eine Protesthaltung gegen Schule, Elternhaus und etablierte Gesellschaft darstellen. Mit Satanismus lässt sich provozieren. Satanismus wird auch benutzt, um sich von anderen abzugrenzen und auf Distanz zu gehen.«

Aber: »Schwarze Kleidung und Blackmetalmusik, das experimentelle Erforschen okkulter Phänomene, die Beschäftigung mit einer exzentrischen Lebensphilosophie oder die Mitgliedschaft in einer Geheimgesellschaft sind nicht immer dasselbe.«[15] *Den* Jugendsatanismus gibt es eben nicht.

Die Teufelszahl 666, umgedrehte Kreuze, ein Pentagramm – und dazwischen der Satz: »Ich habe keinen Bock mehr auf das Scheiß-Leben. Ich will nur noch weg.« »Wenn jugendliche Selbstmörder satanistische Symbolik auf ihrem Abschiedsbrief hinterlassen«, gibt Lamprecht zu bedenken, »müsste darum eigentlich die erste Frage lauten, mit welcher Art von ›Satanismus‹ man es hier zu tun hat.«

Und nicht nur hier.

2 Warum und wie wird jemand Satanist?

Das hemmungslos egozentrische Verhalten von Daniel und Manuela Ruda. Einzelgänger mit umgedrehtem Kreuz am Hals wie Andreas. Die Verherrlichung der Macht des Bösen durch Kriminelle wie Varg Vikernes und Hendrik Möbus. Die düsteren Lebensgefühle und Todesgedanken von René, Michael und Mike. »Satanismus« hat so viele Schattierungen, wie es entsprechende Jugendliche gibt.

Auf 3000 bis 7000 schätzt der Theologe Andreas Finke von der »Evangelischen Zentralstelle für Weltanschauungsfragen« (EZW) die Zahl der »Satanisten« in Deutschland – alle zusammengenommen. Bei verschiedenen Erhebungen gaben 0,5 bis 5 Prozent der befragten Jugendlichen an, schon einmal an einer »schwarzen Messe« teilgenommen zu haben oder »Satanismus« zu praktizieren. »Aber das sind nur Vermutungen. Wir stochern da zwangsläufig im Nebel, weil es im Unterschied zu Sekten keine klaren Formen von Mitgliedschaft gibt. Es handelt sich mehr um ein Milieu, eine Szene und deswegen um eine diffuse Form der Zugehörigkeit und Vernetzung.«[16]

Fest steht: Der Satanismus ist keine Massenbewegung, die schleichend Deutschland erobert. Allerdings haben »satanistische« Umtriebe nach Einschätzung von Sektenexperten und Polizeibehörden eine neue Dimension erreicht. Von einem »Randphänomen« kann keine Rede mehr sein. »Als ich vor zehn Jahren – namentlich in Gesprächen mit der Polizei – Handlungsbedarf geltend zu machen versuchte, wurde ich regelrecht ausgelacht«, erinnert sich der Schweizer Sektenbeauftragte Joachim Müller. »In der Zwischenzeit hat bei den Behörden ein Umdenken und eine deutliche Sensibilisierung für dieses Thema eingesetzt.«[17]

Typologien, die den Satanismus systematisch zu klassifizieren versuchen, gibt es viele. Der italienische Religionswissenschaftler Marcello Truzzi etwa unterteilt das Phänomen in zwei große Kategorien: den »Einzelgänger-Satanismus« und den »Gruppen-Satanismus«.[18] Andere Forscher unterscheiden beispielsweise »religiösen« von »experimentellem« Satanismus.[19] Das ist nicht falsch – kann aber den Blick darauf verstellen, dass der moderne

Satanismus viel eher ein gesellschaftliches Syndrom darstellt, ein »soziales Krankheitsbild, das ebenso schwer zu diagnostizieren ist, wie die Betroffenen zu therapieren sind«, sagt der ehemalige EZW-Satanismusexperte Hans-Jürgen Ruppert. »Es handelt sich also nicht um eine fest strukturierte weltanschauliche Organisation mit einer ›Zentrale‹, von der aus ›Satanisten‹ ihre Fäden ziehen, sondern um verschiedenste Tendenzen und Strömungen.«[20] Der Psychologe und Grenzwissenschaftler Harald Wiesendanger ergänzt: »Niemand käme auf die Idee, alle ehelichen Seitensprünge oder alle Kündigungen über einen Kamm zu scheren, wenn er nach Gründen sucht. Ebenso wenig gibt es ›die‹ Erklärung für Jugendsatanismus.«[21]

Interessanter und zugleich erhellender als die üblichen Beschreibungen des religiösen Untergrunds dürfte mithin die Frage sein: Warum und wie wird jemand Satanist? Was sagen Satanisten selbst?

Oft werden Neugierde und Gruppendruck als begünstigende Motive angeführt. Aber sind das tatsächlich langfristig handlungsleitende Beweggründe? Waren Daniel und Manuela Ruda nur neugierig? Unter welchem Gruppendruck soll ein nüchterner Individualist wie Andreas stehen? Anders gefragt: Für welche individuellen Bedürfnisse ist der Jugendsatanismus scheinbar eine Lösung?

Der amerikanische klinische Psychologe und Kultexperte Anthony Moriarty sieht hauptsächlich vier Persönlichkeitstypen im Jugendsatanismus verfangen, die Eltern, Lehrern und Beratern jeweils ganz unterschiedliche Gesprächs- und Interventionsstrategien abverlangen.[22]

2.1 Narzisstische Pseudo-Intellektuelle: Satanismus als Möglichkeit, Allmachts- und Größenfantasien auszuleben

»Seit ich Daniel kenne, redete er davon, einmal zu töten«, erinnert sich Anastasis, eine Freundin von Daniel Ruda, an den »Satansmörder« von Witten. In dem einschlägigen Internet-Forum www.satanshimmel.de schildert sie »die Ereignisse aus ihrer Sicht«:

»Ich war fast 14, als ich ihn kennen lernte. Das ist noch gar nicht so lange her, nicht mal zwei Jahre. Viele Freunde hatte er nicht und ich kann verstehen, warum … Wir redeten stundenlang, er las sehr viel und ich war auch immer interessiert an diesen Dingen, die er erzählte, aus Büchern …

Über das, was Daniel mit seinem Leben anfangen würde, redeten wir oft. Er wollte Spaß haben, soweit ihm das in dieser Welt voll ›Untermenschen‹ möglich war, wie er alle bezeichnete, die ihm nicht in den Kram passten (und es waren sehr viele). Wenn er 30 würde, so schätzte er, seien seine Eltern tot. Und damit sollte auch sein Leben enden. Aber er wollte den Menschen im Gedächtnis bleiben, als schaurige Erinnerung etwa. Genau meinte er damit, sich ein schnelles Auto zu besorgen, viele Schusswaffen hineinzupacken, damit durch die Gegend zu fahren und so viele Menschen wie möglich zu töten. Mehr Leute töten als die in Littleton oder sonst wo …

Die Wahl des Opfers verwundert mich sehr. Wenn er eine einzelne Person zu töten plante, hätte ich auf den Exmann seiner Schwester getippt. Er war Türke und er schlug sie, es muss viel Stress mit ihm gegeben haben. Er hasste ihn, obwohl, wenn ich darüber nachdenke, mag er seine Schwester auch nicht besonders. Ich weiß nur, dass sie dick ist und einen Türken geheiratet hat. Aber nach Daniels Anschauungsweise war das genug, sie zu verachten …

Ob er wirklich Satan dienen wollte, kann ich nicht sagen. Ich weiß nur, dass er viel über Okkultismus wusste. Er las sehr viel darüber …«

Das Verlangen nach rauschhafter Glückseligkeit im Hier und Jetzt. Der Wunsch, jenseits von gut und böse zu agieren, das geheime Gesetz zu kennen, das hinter allem steckt, während die Masse bewusstlos dahinlebt. Rüder Elitarismus. Die narzisstischen Omnipotenzfantasien eines Daniel Ruda werden im modernen Satanismus bestens bedient.

Für seine Mitschüler war Daniel der Doofe. Seine kreuzbraven Eltern wollten nur, dass der Junge funktioniert. Glück? Da kommt Ruda ins Grübeln: »Früher war Glück, wenn der Schlauch vom G-Lader an meinem Opel mal 'n bisschen länger als einen Monat gehalten hat. Glück an sich kann ich so jetzt nicht beschreiben.«

Dafür trainierte er den »bösen Blick«. »Das hat mir zum ersten Mal 'ne Oma gesagt, als ich mit sieben im Bus saß.«

»Wer immer nur erfährt, dass er ›nichts machen kann‹, dass ›niemand ihn versteht‹ oder dass er in eine soziale Randstellung gedrängt wird, kann geneigt sein, sich in einem Gegensystem behaupten zu wollen«, schreibt der österreichische Satanismuskenner Christian Höller.

»Wenn Gott so schwach ist, dass er in diesem Elend nicht helfen kann, hilft der Wechsel des Machtbereiches. Denn Satan verheißt seinen Anhängern: nicht mehr unterlegen zu sein, die Ohnmachtssituation aufzugeben, selbst am Drücker zu sein und sich machtvoll erleben zu können. Der Sinn des Lebens besteht dann in Triebbefriedigung und narzisstischer Aufwertung des Ichs durch Einheit mit dem Teufel.«[23]

Die *Satanische Bibel* aus der Feder von Anton Szandor LaVey kam Daniel Ruda daher gerade recht. LaVey gründete in der Walpurgisnacht 1966 in San Francisco die »Church of Satan« (»Kirche Satans«), die bis heute als bekannteste und einflussreichste satanistische Organisation der Gegenwart gilt. LaVey fasziniert nicht nur viele amerikanische Collegestudent/innen, er ist zur Zeit auch bei deutschsprachigen Jugendlichen in, stellen Sektenexperten und Beratungsstellen zunehmed fest.[24]

Die »Neun satanischen Grundsätze« des ehemaligen Zirkusdompteurs, Musikers und Polizeifotografen, der 1997 starb, sind in der »Szene« geflügelte Worte:

1. Satan bedeutet Sinnesfreude statt Enthaltsamkeit.
2. Satan bedeutet Lebenskraft statt spiritueller Hirngespinste.
3. Satan bedeutet unverfälschte Weisheit statt verlogener Heuchelei.
4. Satan bedeutet Güte gegenüber allen, die sie verdienen, anstatt Verschwendung von Liebe an Undankbare.
5. Satan bedeutet Vergeltung anstatt des Hinhaltens der anderen Wange.
6. Satan bedeutet Verantwortung für die Verantwortungsbewussten anstatt der Fürsorge für psychische Vampire.
7. Satan bedeutet die Erkenntnis, dass der Mensch nur ein Tier unter anderen Tieren ist, manchmal besser, häufig jedoch schlechter als die Vierbeiner, da er aufgrund seiner »göttlichen geistigen und intellektuellen Entwicklung« zum bösartigsten aller Tiere geworden ist.
8. Satan bedeutet alle so genannten Sünden, denn sie alle führen zu psychischer, geistiger oder emotionaler Erfüllung.

9. Satan ist der beste Freund der Kirche, denn er hat sie über die ganzen Jahre hinweg am Leben erhalten.

Verkürzt ist der moderne Satanismus Sozialdarwinismus in Extremform, Egoismus und Größenwahn. Oder: »Was Satanisten zu Satanisten macht, ist die Entwertung aller sozialverträglichen Werte in ihrer Weltsicht und Lebenspraxis bis hin zu einem ekstatischen Lustgewinn daran und bis zur Vergöttlichung des Menschen und seines Willens.«[25]

Diese Wertung scheint durchaus nicht übertrieben, klickt man sich durch die Internetseiten von adoleszenten Satansjüngern. »Gepriesen seien die Triebe!«, enthemmt sich zum Beispiel ein Jugendlicher bei www.schatten-herrschaft.de:

»Die christliche Kirche verdammt die ›tierischen‹ Triebe, sie sind ein Werk des Teufels und ein Hindernis auf dem Weg in den Himmel… Für den Satanisten sind seine Triebe ein ganz normaler Teil seines Körpers und seiner Persönlichkeit … Es ist eigentlich egal, welche Methode man benutzt, wichtig ist nur, dass man seine Bedürfnisse regelmäßig erforscht.«

Und darüber hinaus: »Alle Macht dem Stärkeren!«, verkündet der Zauberlehrling weiter: »Wenn dich jemand schlägt, so halte ihm auch die andere Wange hin? Ha, lachhaft! In der Natur gibt es das eiserne Gesetz, dass der Stärkere den Schwächeren frisst… Ich gebe euch einen guten Rat: Verbündet euch mit den Stärkeren und zerschmettert erbarmungslos die Schwächeren!«

Ein namenloser Gleichgesinnter verlautbart zur LaVey'schen Mixtur aus Selbstverwirklichung, ungehemmter Sexualität und Mystik: »Kein moralisches Dogma darf als selbstverständlich hingenommen werden. Lass dir von niemandem vorschreiben, was moralisch ist und was unmoralisch. Schaffe dir deine eigenen Maßstäbe … ›Liebet einander‹, so heißt es, soll das oberste Gesetz sein, aber welche Macht hat das bestimmt? Warum soll ich meine Feinde nicht hassen? Wenn ich sie liebe, liefere ich mich damit nicht ihrer Gnade aus? Hasse deine Feinde von ganzem Herzen! Vergelte Schläge mit Schlägen, Verachtung mit Verachtung, Verurteilung mit Verurteilung. Sage zu dir selbst: Ich bin mein eigener Gott!« (http://themen02.exit.de/protest/member/korn/Religion/)

Ähnlich formulierte bereits um die vorige Jahrhundertwende die zweite Kultfigur des Neosatanismus, Aleister Crowley, sein »Gesetz von Thelema«. Der Sohn eines überfrommen, puritanischen Braumeisters aus dem englischen Leamington bei Stratford-on-Avon proklamierte 1904 ein neues Zeitalter, das die Ablösung der »christlichen Sklavenmoral« durch eine Art Force-and-Fire-Religion erleben sollte, deren Kernsatz laute: »Tue, was du willst, soll sein das ganze Gesetz.« In einer »Höllischen Schmähschrift« (auch im Internet nachzulesen unter http://www.berserks. de/Satanica/Buch_Satan. htm) wütet Crowley: »Seht das Kruzifix. Was symbolisiert es? Bleiche Unfähigkeit an einem Baum hängend! Hört mich an, ihr verwirrten Millionen! Der, der ›Du sollst‹ zu mir sagt, ist mein Todfeind! Ich tauche meinen Zeigefinger in das wässrige Blut eures unfähigen Erlösers und schreibe auf seine von Dornen zerrissene Stirn: der wahre Prinz des Bösen – der König der Sklaven!« Bei Crowley hingegen sollen »die Sklaven dienen«, denn »unser Gesetz« sei »das Gesetz des Starken«. Im *Liber al vel legis (Buch des Gesetzes)* legt der Brachial-Okkultist nieder: »Es gibt keinen Gott außer dem Menschen. Der Mensch hat das Recht, nach seinem eigenen Gesetz zu leben. Du hast kein Recht, als deinen Willen zu tun. Jeder Mann und jede Frau ist ein Stern« – also absolut göttlich. Geistige Armenspeisung eines Rattenfängers mit Autoritätskomplex – aber leider hochexplosiv.

»Ein junger Mann aus der Satanismusszene sagte mir, dass er beim Praktizieren seiner Rituale so etwas wie Allmacht erfahren könne«, berichtet Joachim Müller, Leiter der katholischen Arbeitsstelle »Neue religiöse Bewegungen« der Schweizer Bischofskonferenz. »Tatsächlich ist dieser Zustand vergleichbar mit einem Drogenrausch, der das Gefühl vermittelt, es gebe keine Grenzen mehr.«[26]

Eine hedonistische Utopie à la Crowley und LaVey, die keiner anderen Wirklichkeit mehr verpflichtet ist als dem eigenen Willen, kann durchaus zur Psychose führen oder süchtig machen – vielleicht nicht nach dem Bösen, aber nach dem, was es repräsentiert, oder besser, was es verspricht.

Der Inhalt dieser neuen Moral besteht also aus einem ungebremsten Egoismus, der sich durch nichts in irgendeiner Form einschränken lässt, warnen Experten. Einziges Lebensziel ist das eigene Wohlergehen. Mitmenschen sind nur für die Verwirklichung dieses Zieles von Belang.

So betrachtet ist Satanismus das ideale Instrument für soziale Underdogs, die ihr Machtdefizit zu kompensieren suchen. Und auch für Narzissten und »ihre Sucht nach (Selbst-) Bestätigung, Bewunderung und Prestige«, analysiert die Zeitschrift *Tantra*: »Dazu kommt, dass sie dies alles selber schaffen, indem sie innere Bilder – also Teile von sich selbst – nach außen projizieren, äußere Realität werden lassen.«[27]

So wie Daniel Ruda zum Beispiel. »Die Hochzeit diente auch nur dazu, später als mordendes Ehepaar in den Schlagzeilen zu stehen«, erinnert sich Anastasis. »Bei Überschriften wie ›Satan und sein Teufelsweib‹ (ich glaube, *Bild* schrieb es) ist ihm wahrscheinlich einer abgegangen. Das ist es, was er will. Und irgendwie hat er es ja auch geschafft.«

2.2 Außenseiter: Satanismus als Möglichkeit, zu schockieren und zu protestieren

»Für Andreas ist sein satanischer Glaube eine Art Weltanschauung, wenn auch eine sehr merkwürdige.« Viel mehr erfahren die *Yam*-Leser nicht über die Motive des 19-jährigen Nachwuchssatanisten. »Er verkriecht sich in seiner freien Zeit in seinem Zimmer, das er mit seiner Schlange Merlin teilt, liest Bücher über Satanismus und meditiert. Das Einzige, was an seine Einstellung erinnert, ist die schwarze Kleidung und das Silberkreuz, das verkehrt herum um seinen Hals hängt.«

Schwarze Kleidung – schwarze Seele? Oder Satanismus bloß als pubertärer Modetick? Geht es dem Jungen um einen ernsthaften Versuch, mittels magischer Praktiken sein Leben in den Griff zu bekommen? Will Andreas nur provozieren? Oder schildert der *Yam*-Report eine existenzielle Suche im Bereich »alternativer« Religiosität? Vielleicht ein bisschen von allem.

Andreas' finstere Eleganz, mit dem Stolz des Außenseiters erhobenen Haupts und unnahbar zur Schau gestellt, zieht Blicke auf sich – gewiss nicht nur die seiner Freundin Angie.

»Die anerkannten Wege, als etwas Besonderes zu gelten, sind den meisten verbaut. Da ersetzt die Teufelsfratze auf der Lederjacke, was begüterte Yuppies mit dem Cabrio vor der Garage, der Postkarte von den Bahamas anzuzeigen versuchen«, vermutet der Psychologe Harald Wiesendanger. Dahinter müsse nicht gleich ein Hang zum Dämonischen stecken; oft ist es schlicht der Wunsch, Beachtung zu finden, sich zu profilieren, aus der Masse herauszuragen.[28]

Die Evangelische Informationsstelle »Kirchen – Sekten – Religionen« (Schweiz) macht hauptsächlich drei Motive aus, warum »normale« Jugendliche sich von Familie, Umwelt und Kirche zurückziehen und einer Art von »Pop-Satanismus« verschreiben:

- Satanismus als Protest:
Mancher Jugendliche dekoriert sein Zimmer mit satanistischen Symbolen, oder was er dafür hält, in der Absicht, damit seine Familie zu erschüttern. In unserer Zeit eignet sich der Satanismus als Protestform Jugendlicher insbesondere wegen seiner Zweifrontenposition: Ein jugendlicher Satanist schockiert seine christlichen Eltern, weil er ihre Religion umkehrt und verballhornt, seine atheistischen Eltern aber nicht weniger, weil er sich einer religiösen Macht unterwirft und die Kraft der Vernunft verabschiedet. Insofern treffen sich im Satanismus protestbereite Jugendliche aus christlichen wie aus atheistischen Elternhäusern.

Jugendsatanismus als Protestform passt darüber hinaus bestens in die Entpolitisierung und Individualisierung der Jugend hinein. Statt gemeinsamer politischer Aktion zur Veränderung der Gesellschaft wird zwecks Protest das eigene Zimmer satanistisch ausgestaltet. Damit zeigt sich gerade im Protest eine weitgehende Übernahme der Ideenwelt der gegenwärtigen Gesellschaft: Unserer Gestaltung ist nur mehr der eigene Privatbereich zugänglich.

- Satanismus als Freizeitbeschäftigung:
Sei es, dass bei einer feuchtfröhlichen Runde die Idee aufkommt, es doch auf dem Friedhof mal mit einer Satansanrufung zu versuchen, um zu schauen, ob sich da was tut; sei es, dass während eines Jugendlagers Schwächen in der Gestaltung des Abendprogramms nach zusätzlichen

Spannungselementen schreien und so Satanismus als interessante Beschäftigung ins Blickfeld rückt; sei es, dass förmlich wissenschaftliche Neugier einen Jugendlichen veranlasst, die Hypothese Satanismus mal zu prüfen: Immer geht es darum, selbst etwas zu erleben. Und immer handelt es sich um eine Kombination aus Neugier und der Suche nach Spannung.

● Satanismus als Lebenshilfe:

Wenn Satan zum Inhalt religiösen Glaubens wird, kann von Satanismus als Lebenshilfe gesprochen werden. Hier geht es nicht darum, mittels Anrufung Satans festzustellen, ob sich da was tut. Dass Satan existiert und auch in diese Welt eingreift, ist Voraussetzung. Dieser Form des Satanismus geht es nun darum, mittels Ritualen und Anrufungen dafür zu sorgen, dass Satan zu den eigenen Gunsten in die Welt eingreift, dem Einzelnen von seiner Kraft schenkt und ihm hilft, das Leben zu bewältigen.

Diese Form des Satanismus trifft zumeist auf Jugendliche zu, die infolge ihrer Ausbildung wenig Möglichkeiten haben, ihr Leben zu gestalten.[29]

Unter der Überschrift »Die Anklage« (www.lexsatanicus.de) erklärt im Internet ein jugendlicher Satanist, wie er sich selbst sieht (siehe auch Kapitel 4.4):

»Satanisten sind Individualisten, die nur versuchen, ihr Leben zu genießen. Deshalb ist es auch schwer, zu erkennen, wer nun Satanist ist und wer nicht. Im Alltag essen sie, was andere auch essen, verhalten sich, wie andere sich auch verhalten, und kleiden sich mit dem, was ihnen gefällt. Ganz so wie jeder andere Mensch auch … Viele Leute wären höchstwahrscheinlich überrascht, wenn sie herausfinden würden, dass sie über Jahre mit Satanisten Kontakte pflegen und dass diese Satanisten zu den ehrlichsten, interessantesten, vertrauenswürdigsten und unterhaltsamsten Menschen gehören, die sie kennen.«

In einem anderen Satanismusforum (http://f1parsimony.net/forum505/index. htm steht zu lesen:

»Die Vorzüge Satans sind eindeutig der Stolz, die Eigenständigkeit und die Mündigkeit, die man bei ihm genießt. Man muss hier nicht der anbetende, duckmäuserische Knecht sein, der in seiner Unwürdigkeit nur durch die Gnade des großen Herrn bestehen kann, sondern bei Satan hat man einen natürlichen Status und Wert und man hat hier das Recht, so zu sein, wie man eben ist. Vielfach ist Satanismus kein Glaube im üblichen Sinn, sondern Satan wird definiert durch eine gewisse Art von Charakter und Eigenschaften, freilich durch einen gewissen religiös-philosophischen Blickwinkel.«

Allerdings: Auch wenn der softe *Yam*-Satanist Andreas es erklärtermaßen »voll daneben« findet, »nachts auf Friedhöfen herumzustöbern« – Schlagzeilen von Grabschändungen beunruhigen die Öffentlichkeit und rücken immer wieder satanistische Vandalen ins Rampenlicht, die keineswegs nur »meditieren« oder ihren dunklen Glauben durch einen »religiös-philosophischen Blickwinkel« sehen.

In Finsterwalde etwa stellten Polizisten auf dem Friedhof fünf »Satansjünger« im Alter von 15 bis 18 Jahren. Die Clique habe mehrfach »die Totenruhe mit satanischen Kulthandlungen gestört«, hieß es im Polizeibericht lapidar.[30]

Im Juli 2001 verwüsteten sechs Jugendliche den Friedhof von Luzern, beschmierten Grabsteine, brachen Kreuze ab, verstreuten Urnenasche.

Doch bei Licht besehen sind auch solche Praktiken weit von »hartem«, organisiertem Satanskult entfernt. Ein halbes Jahr nach dem nächtlichen Zerstörungsakt stellten sich zwei der Täter den kritischen Fragen eines Journalisten der *Luzerner Zeitung*. Dabei bekannten »Erik« und »Catherina« (die Namen wurden von der Redaktion geändert):

»Wir beide haben so etwas noch nie gemacht. Wobei ich nicht bestreiten will, dass wir viel Frust aufgestaut hatten… Ich bin bekennender Atheist und halte von Religion nichts. Menschen sollten an sich glauben und nicht in Angst vor der Hölle leben. Sie sind nach dem Tod genauso nichts wie vor der Geburt. Für mich war das so eine Art Gewaltakt gegen die Religion… Im Nachhinein finde ich es total daneben, was wir getan haben. Es gibt andere Wege, um diese Ansichten deutlich zu machen. Der Friedhof hat seine Wichtigkeit für viele Menschen, das weiß ich, und wären wir nicht so alkoholisiert gewesen, hätten wir das nicht gemacht… Ich hoffe, die Leute glauben uns, dass wir bereuen.«[31]

Der Sektenexperte und Seelsorger Georg Otto Schmid macht deutlich, dass die aufgeklärten Fälle von Grabschändungen mit satanischer Symbolik auf eine recht spezifische Täterschaft mit ebensolchen Motiven hinweisen:

- **Protest:**

Dass sie protestieren wollten, gegen die Erwachsenenwelt und gegen deren Werte, ist das von Grabschändern am häufigsten genannte Motiv. Grabschändung ist Protest, Protest gegen eine Gesellschaft, die den Grabschänder überfordert, ihm zu viel abverlangt, ihm Regeln auferlegt, denen er sich nicht beugen mag. Grabschänder sind oft beruflich wenig erfolgreiche junge Menschen. Es der Allgemeinheit heimzuzahlen ist der wichtigste Antrieb des Grabschänders. Mit dem Friedhof sucht er sich einen der letzten Bereiche aus, welche auch in unserer weltanschaulich pluralistischen Gesellschaft noch durch ein Tabu geschützt sind.

- **Mutprobe:**

Der Friedhof ist faszinierend und beängstigend zugleich. Diverse Zombie- und Gruselfilme trugen in den letzten Jahrzehnten das ihre dazu bei, dass zu nächtlichem Besuch des Friedhofs ein gerüttelt Maß Kaltblütigkeit gehört. Wer sich gar noch traut, die Toten in ihrem Frieden zu stören, muss – so der Plot mancher Filme – erst recht mit gespenstischen Gegenwirkungen rechnen. Der Grabschänder begegnet auf dem Friedhof seinen eigenen Ängsten und überwindet sie. Er kann sich selbst als Held wahrnehmen.

- **Aggressionsstau:**

Grabschändung ist Vandalismus. Vandalismus ist eine gescheiterte, weil rein destruktive Form des Aggressionsabbaus. Mancher junge Mensch, beruflich und vielleicht auch privat wenig erfolgreich, kassiert Frust, ohne dass er über ein Ventil zum Abbau der Aggressionen verfügt. So entlädt sich das Angestaute in purer Zerstörung.

- **Selbstwirksamkeit:**

Das öffentliche Interesse an Grabschändungen, so verständlich es ist, wirkt sich auf Folgetaten leider förderlich aus. Je mehr die Medien über Grabschändungen berichten, umso attraktiver werden Friedhofsverunstaltungen für die potenzielle Täterschaft. Durch die Medienberichte erhält der beruflich wenig erfolgreiche junge Mensch eine Chance, die er sonst nie hätte: Seine Tat, sein Werk erfährt öffentliche Aufmerksamkeit.

- **Serien:**

Oft bleibt eine Grabschändung im Leben eines jungen Menschen Episode. Er kommt zusammen mit Freunden oder Kollegen im Alkoholrausch auf die Idee, mal ein paar Grabsteine zu versprayen und umzuhauen. Es kann aber auch passieren, dass Grabschändung zur Serientat wird. Die erfahrene Entlastung von Aggression und die erlebte Selbstwirksamkeit heischen nach Wiederholung. Seltener geschieht es, dass sich Grabschändergruppen eine satanistische Ideologie zulegen.

Fazit: Gerne werden Grabschändungen mit zwei Strömungen in Verbindung gebracht, die zwar zu Friedhöfen eine gewisse Affinität aufweisen, als Grabschänder aber eher nicht in Frage kommen: Sowohl organisierte Gemeinschaften erwachsener Satanisten als auch Gruppen von Grufties kann man durchaus nächtens auf Friedhöfen antreffen, Beschädigungen verursachen sie jedoch in aller Regel nicht.[32]

Wie Andreas in *Yam* plakativ schildert, brauchen jugendliche Satanisten keine Gruppe – er selbst gehöre »keinem satanischen Zirkel an, nimmt an keinen Ritualen teil und hat keinen Kontakt zu Gleichgesinnten«. Auch ein junger Mann namens »Rafa« unterstreicht auf seiner Webseite (www.rafa.at), dass im Satanismus »das Individuum geheiligt wird und jeder für sich selbst zu entscheiden hat, was Satanismus ist und was er diesbezüglich tun oder lassen will«.

Nichtsdestotrotz kann Jugendsatanismus »in zahlenmäßig nicht häufigen Fällen« (so die Expertenmeinung) auch dazu dienen, eine Gruppe meist männlicher Jugendlicher zu definieren und von anderen Gruppen abzugrenzen. »In solchen Zusammenschlüssen Jugendlicher spielen die viel zitierten satanistischen Aufnahme-Mutproben eine Rolle, die aber im Grunde nur eine Fortsetzung in Gruppen Jugendlicher üblicher Mutproben sind, die nun mit einem satanistischen Kontext versehen werden.«[33] Der Sektenexperte Schmid führt weiter aus: »Der liturgische Aufwand dieser Gruppen ist meist gering, geht es ihnen ja weniger um die Bekräftigung eines Glaubens gegen innen, sondern um Abgrenzung gegen außen. Was geübt wird, ist meist von Filmen und Presseberichten inspiriert und trägt klar experimentellen Charakter, etwa durch die Suche nach dem immer noch größeren emotionalen Kick. In den uns bekannten Fällen steht das Opfern von Tieren im Vordergrund. Sexuelle Praxis ist Jugendlichen zumeist nicht angenehm (womit sich ein Unterschied zum Satanismus Erwachsener zeigt, wo der Sex im Vordergrund steht, dem Opfer jedoch eher randständiger Charakter zukommt). Der Übergang einer solchen Gruppe zum religiös-weltanschaulichen Satanismus ist zwar möglich, aber nicht häufig zu beobachten. Zumeist wendet sich die Gruppe bald anderen Themen zu. Oder bricht auseinander.«[34]

Andreas dagegen ist laut *Yam* an »einsamen Hügeln«, Moorweihern oder Tümpeln anzutreffen. Nur nicht am Wochenende. Dann nämlich »fährt er mit seiner Freundin Angie in die Disco. Dort hat er sie auch kennen gelernt. Ganz ohne Magie.«

2.3 Kriminelle und Sadisten:
Satanismus als Möglichkeit, Verbrechen zu begehen

»Im Kindergarten war Varg Vikernes ein Einzelgänger, auch in der Schule blieb er allein. Zu Hause verkroch er sich am liebsten in seinem Zimmer und ließ Spielzeugsoldaten aufeinander losmarschieren. Später kämpfte er seine Schlachten mit Videospielen, und wenn er keine Lust zum Spielen hatte, dann las er im *Herrn der Ringe*. Von den vielen Figuren, die durch Tolkiens Buch toben, gefielen ihm die Orks, die Bösen, am besten.«[35]

Als der spätere »Krieger Odins« 14 Jahre alt ist, lässt seine Mutter sich von ihrem prügelnden Ehemann scheiden. Die fehlende Zeit und Liebe für ihren Sohn versucht sie durch Geschenke zu ersetzen, etwa eine Gitarre. Stunden-, manchmal tagelang übt Vikernes auf dem Instrument. Je härter er spielt, desto mehr Spaß macht es ihm. Bald gründet er seine erste Band: »Uruk-Hai«. Den Namen hat er ebenfalls im *Herrn der Ringe* gefunden. So heißt dort die Herrenrasse der Dämonen.

Opposition statt Vertrauen. Hass anstelle von Liebe. Satanismus und entsprechend motivierte kriminelle Akte als emotional geleitete Trotzreaktion? Durchaus möglich. »Wollen Sie wissen, wie es passieren kann, dass aus einer guten Familie ein Rowdy, Rocker oder eben eine Satanshure kommt?«, fragt die 16-jährige Sarah in der US-Radiosendung *Talk Back* den Moderator Bob Larson. Die Antwort gibt sich das Mädchen gleich selbst: »Ich könnte natürlich sagen, es war meine eigene Aufsässigkeit oder es waren Dämonen, die mich dazu gebracht haben. Aber es wäre bestimmt nie so weit gekommen, wenn meine Eltern sich mehr um mich gekümmert hätten. Mein richtiger Vater mag mich nicht und mein Stiefvater hat nie Zeit für mich. Meine Mutter ist immer unterwegs, und wenn sie mit mir redet, dann nur, wenn ich etwas falsch gemacht habe.«[36]

Larson, ein ehemaliger Rockmusiker, der heute aus einer christlich-evangelikalen Perspektive heraus okkultgefährdete Teenager betreut, ist nach zahlreichen Gesprächen überzeugt: »Das Böse gewann in ihrem Leben die Oberhand, weil niemand sich die Mühe machte, ihre Grundbedürfnisse nach Liebe und Angenommensein zu erfüllen, und Zuwendung durch materiellen Überfluss ersetzt wurde. Wie sollten sie glauben, dass es einen Gott gibt, der sie liebte, wenn sie bei ihren Mitmenschen Liebe und Vertrauen nicht kennen gelernt hatten. Sie wurden aus Trotz zu Satanisten, entschlossen, mit Hilfe der Gewalt eine gewisse Art der Anerkennung zu bekommen. Wer allgemein akzeptierte Normen auf das Gröbste verletzt, ist sich der Aufmerksamkeit anderer sicher. Er erhält Macht über die Maßstäbe von Moral und Gerechtigkeit.«[37]

Im August 1998 wird in Balgach (Schweiz) die 56 Jahre alte Magda B. ermordet aufgefunden. Bei der Gerichtsverhandlung gegen den 26-jährigen Täter offenbart sich eine bizarre Konstellation: Der geständige junge Mann war der »satanistische« Schüler des einzigen Sohnes des Mordopfers und von diesem zu der Bluttat angestiftet worden.

Gewaltfantasien gegen seine Eltern hatte der zur Tatzeit 28-Jährige schon im Alter von 15 Jahren geäußert, als er mit dem Satanismus in Kontakt kam. Auch später schwärmt er davon, wie schön das Leben ohne seine überbehütende Mutter und seinen strengen Vater wäre. Außerdem hätte er »dann auch viel Geld«.

Der Satanisten-Lehrling absolviert Schulungen bei dem bekannten Sankt Gallener Magier »Akron« und legt sich schließlich selbst einen Zirkel von »Schülern« zu, darunter den späteren Mörder, den er bis zur Hörigkeit instrumentalisiert. Der wiederum – ein in der Ostschweiz aufgewachsener Italiener, der sich mit 18 für Okkultes und Satanisches zu interessieren beginnt – sucht »Verständnis und nicht zuletzt eine Freundin«, stellt das Gericht später fest. Bei beiden werden im Laufe der Untersuchungen zahlreiche Bücher über Satanismus, Kultgegenstände sowie Stichwaffen und eine Kalaschnikow sichergestellt. Außerdem soll das Duo im Juli 1998 einen Sprengstoffanschlag auf das Auto eines gemeinsamen Kollegen verübt haben.[38]

Den Ermittlungsbehörden fällt schließlich ein schriftlich niedergelegter »Pakt« in die Hände, in dem sich der Mörder von Magda B. verpflichtet, alle Befehle seines »Vaters Satanas« sofort auszuführen, seinen eigenen Willen aufzugeben und bedingungslos gehorsam zu sein. Derartige Anweisungen Satans, sagt der Angeklagte vor Gericht aus, seien ihm von seinem Freund und Lehrmeister übermittelt worden – darunter auch der »krasse« Auftrag, die Eltern seines Freundes umzubringen.

Wenn persönliche Schwierigkeiten und verdrängte Konflikte sich in Richtung Satanismus verdichten, dann kann »Teufelswerk durch Menschenhand« die Folge sein, wie es der Psychiatrieprofessor und Gerichtsgutachter Christian Scharfetter formuliert. Ob jedoch tatsächlich finstere Mächte ihre Hand im Spiel haben oder die Täter den Satanismus wie eine Teufelsmaske vor ihre Persönlichkeit schieben und dahinter konventionelle Motive wie Eifersucht, Fanatismus, Lustgewinn, Habgier oder Geltungssucht ausleben, ist in jedem Einzelfall neu zu fragen – und meist sehr schwierig zu beantworten.

Das gilt insbesondere für Fälle von sadistischer und/oder sexueller Gewalt, die als kultische »Straf-« oder »Opfer«-Zeremonien verbrämt werden. Die Leiterin der Beratungsstelle »Sekten-Info Essen e. V.«, Heide-Marie Cammans, nennt drei Beispiele, die eher an Zuhälterei als an einen Flirt mit Satan gemahnen:

»Manuela, 15, seit ihrem 13. Lebensjahr in einer satanistischen Gruppe, sprach nach Ansicht des ›Priesters‹ den Namen Satan nicht gläubig genug aus. Daraufhin wurde ihr eine ›Maulsperre‹ verpasst, d. h., mit einem Holzgerät wurde der Mund ausgeweitet und die Zunge eingespannt. Als wir miteinander nach dem Kultausstieg ins Gespräch kamen, hatte sie noch

Holzsplitter in der Zunge, die ihr große Schmerzen bereiteten«, berichtet Cammans.

Oder: »Corinna erlebte bei einer schwarzen Messe die rituelle Vergewaltigung eines ihr unbekannten, gefesselt herbeigeführten Mädchens und ahnte, dass sie selbst die Nächste sein könnte, was sie geradezu in Panik versetzte.«

Oder: »Aussteiger erzählen, dass bei solchen Anlässen Mädchen oft furchtbar gequält und verletzt sowie vielfach vergewaltigt werden, z. B. um ein Kind für Satan zu zeugen.«[39]

Der US-Psychologe Anthony Moriarty zögert nicht, den Vollstreckern solcher Rituale eine sadistische Persönlichkeitsstörung zu bescheinigen, die auch bereits im jugendlichen Satanskult auf besonders fruchtbarem Boden hemmungslos wuchern kann. Nicht selten werden indes auch die Aspiranten eines Kults von den Anführern bewusst kriminalisiert und damit in Abhängigkeit gebracht – in Form von »Mut-« und »Eignungsproben« mit Delikten wie Diebstahl, Sachbeschädigung oder Körperverletzung.

Zum kriminellen Sadomasochismus organisierter Satanslogen sollen selbst Sodomie, Nekrophilie und ritueller Missbrauch von Kindern und Jugendlichen (siehe Kapitel 8) sowie Tötungsrituale zählen. So bekennt sich ein Großmeister der »Fraternitas Saturni« im Gespräch mit einem Journalisten ausdrücklich zu sadistischen und masochistischen Praktiken: »Sadistisch: Junge, hübsche Mädchen zu züchtigen und zu quälen und so zum sexuellen Höhepunkt zu gelangen. Auspeitschen, foltern und anschließend lieben. Masochistisch: Wünsche mir eine strenge Erzieherin, die mich zu ihrem Sklaven macht und zwingt, sie anschließend zu lieben.«[40]

Das Oberhaupt des Thelema-Ordens (mittlerweile: »Ethos-Gemeinschaft Thelema«), Michael Dietmar Eschner, verbüßte mehrere langjährige Haftstrafen wegen Vergewaltigung und Körperverletzung. Thelema-Aussteiger äußern übereinstimmend die Überzeugung, dass es dem ehemaligen Fernsehtechniker ausschließlich um die Befriedigung perverser Bedürfnisse auf Kosten seiner Anhänger gehe.

Auch der italienische Serienmörder Pietro Pacciani (das »Monster von Florenz«), der acht Liebespaare grausam niedermetzelte und 1998 unter mysteriösen Umständen starb, könnte nach Erkenntnissen der Zeitung

La Repubblica möglicherweise seine perversen Neigungen im Auftrag einer Satanssekte ausgelebt haben und dann von den Teufelsanbetern vergiftet worden sein.[41]

Als Christian »Varg« Vikernes in Oslo der Prozess gemacht wurde, versuchte sein Anwalt Tor Erling Staff das Gericht davon zu überzeugen, dass sein Mandant geistig verwirrt gewesen sei, als er Oystein Aarseth erstach. Zwei psychologische Gutachter bestritten dies. Für sie war der »Count« voll zurechnungsfähig.

Auch Vikernes' Mutter Lene Bore wurde mittlerweile von der norwegischen Polizei verhaftet – als Kopf einer neonazistischen Terrorgruppe. Bei ihrer Festnahme in Bergen stellten die Beamten ein umfangreiches Waffenarsenal und detaillierte Pläne für Attentate auf führende norwegische Politiker sicher.[42] Im Gegensatz zu seiner Mutter trachtete Vikernes stark danach, die Ausartung des Anti-Guten demonstrativ und ritualistisch auszuspielen und satanistisch aufzuwerten. Und doch bleiben beide, der Satanist wie die Rechtsextremistin, letztendlich das, was sie sind: gewöhnliche Verbrecher.

2.4 Depressive und Selbstmordgefährdete: Satanismus als Möglichkeit, negative Gefühle und Verzweiflung zu artikulieren

Über Franks Bett hängt eine »Alchemy Gothic Flagge« mit einem Totenschädel darauf. Zum Geburtstag lässt er sich noch mehr Totenköpfe schenken – an einer Kette, als Aschenbecher, als Kerzenleuchter. Als der 17-Jährige aus Klietz in der Nacht vom 8. auf den 9. Juli 2000 mit einem gestohlenen Mazda absichtlich in den Tod rast, erstatten die Eltern Strafanzeige gegen Unbekannt. An einen freiwilligen Selbstmord ihres Sohnes können sie nicht glauben: »Wir sind gewiss, dass andere Frank in den Tod getrieben haben.«

Franks Vater beobachtete, wie sein Sohn auf der Straße Freunde grüßte: zwei Finger hoch, drei runter – ein Satanszeichen. Doch niemand in seinem

Umfeld machte sich ernsthafte Gedanken, galt der Berufsschüler doch als stabile, zupackende Persönlichkeit ohne private oder schulische Probleme.[43]

Bei Frank wie auch bei den drei jugendlichen Selbstmördern von der Göltzschtalbrücke »ist eine Einbindung in die organisierte Satanistenszene ebenso wenig erkennbar wie die Teilnahme an satanistischen Kulthandlungen«, so warnt der evangelische Weltanschauungsbeauftragte Harald Lamprecht vor »voreiligen Schlüssen«. Auch der Göttinger Satanismusfachmann Ingolf Christiansen erklärt: »Selbstmord ist bei Satanisten extrem verpönt, weil er ein Zeichen von Schwäche ist. Satanismus aber ist eine Ideologie der Stärke.«[44]

Das trifft gewiss zu. Und die wahren Hintergründe der Selbstmordserie im nördlichen Sachsen-Anhalt werden sich wohl nie vollständig erhellen lassen. Tatsache ist allerdings auch, dass die Beschäftigung mit dem Satanismus – ob allein oder in der Gruppe – an das rührt, was der Psychoanalytiker Carl Gustav Jung die »Schattenseiten der Seele« genannt hat.

»Tod – süße Verwesung, lockender Gestank, holdes Gebein … Tot zu sein ist für uns der Zustand absoluter Erfüllung«, halluziniert sich auch der »Satansmörder« von Sondershausen, Hendrik Möbus, zusammen. »Erst nach dem Tod hat man seinen Astralkörper unter völligster Kontrolle. Wir wünschen den Tod!!! Und zwar aller Lebewesen. Denn für die einen wird es zur ewigen Freude, für andere zur ewigen Qual!«

Das Dilemma auch vermeintlich »harter« Satanisten, wie es hinter solchen Sätzen deutlich hervortritt: Satanistische Überzeugungen und Aktionen sind weitgehend destruktiv. Sie haben keinerlei Gestaltungskraft, entwerfen keine positive Alternative, sondern bleiben im trotzigen Neinsagen stecken. Der »Kult der Macht und Stärke« ist eher ein Kult der Verzweiflung. Denn an der »Heuchelei« und »Doppelmoral« der »scheinheiligen« Welt ändern Satanisten letztendlich gar nichts. Mögliche Folge: Aufgrund der als ausweglos erlebten Situation kommt es nicht selten zu Suizidversuchen.[45]

Viele Jugendliche interessieren sich intensiv für den Tod oder scheinen sich zumindest nicht als Teil des Lebens in seiner ganzen Bedeutung zu fühlen. Darauf verweist nicht zuletzt der gigantische kommerzielle Erfolg des so genannten Teen-Horror-Genres. Filme wie *Scream, Ich weiß, was du letzten Sommer getan hast* oder *Carrie II* zelebrieren höchst einträglich ein Spiel mit Angst, Selbstverlorenheit, Gewalt und Sterben aus der puren Lust am Grauen heraus.

Auch die Gruftie- oder Gothicszene besteht zu ganz wesentlichen Teilen aus jungen Menschen.[46] Der despektierliche Name »Grufties« wurde den kalkweiß geschminkten Boys und Girls der »schwarzen Szene« von außen angehängt. »Gothic« ist eine Selbstbezeichnung, die sich auf die »gothic novels«, die englischen Schauerromane des 18. und 19. Jahrhunderts, bezieht. Hansjörg Hemminger, Weltanschauungsexperte der evangelischen Landeskirche, erklärt dazu: »Die Grufties/Gothics gelten als eine unpolitische Jugendszene, die sich als Gegensatz zu den plebejischen und politisch radikalen Punks versteht. Meist stammen sie aus dem gebildeten Bürgertum, sie sind Studenten und junge Angestellte und häufig recht bildungsbeflissen. Sie lassen sich von schaurig-mystischen Götterkulten aus der keltischen und germanischen Vergangenheit faszinieren, tragen schwarze Kleider mit Spitzendekolleté und halten nachts an angeblichen alten Kultplätzen ihre Zusammenkünfte ab. Man trifft sich darüber hinaus in den ›schwarzen‹ Diskos, bestellt seine Devotionalien über das Internet oder anhand der Anzeigen in den Musikmagazinen *Orkus*, *Legacy* und *Gothic*. Die schwarze Szene wird im Wesentlichen durch den gemeinsamen Musikgeschmack zusammengehalten. Trotz ihrer (überwiegenden) Friedlichkeit ist sie eine Protestkultur, die den Finger auf eine Wunde unserer Gesellschaft legt: die Verdrängung des Todes und die Verniedlichung des Bösen. Sie hält der Spaßgesellschaft, der Medienwelt der Schönen und Jungen, der Welt der ewig Erfolgreichen einen Spiegel vor. Ihre Totenköpfe sagen uns, dass sich hinter dem geschminkten Fleisch auch bei uns nichts anderes verbirgt. In der Barockzeit hätte man diese Symbolik christlich gedeutet, nämlich als »memento mori«.[47]

Wie viele Anhänger »schwarzer« Gruppen es in Deutschland gibt, vermag niemand seriös zu schätzen. Das »Über-einen-Kamm-Scheren« will die Szene indes selbst vehement verhindern. Der Verein »Gothic-Culture e.V.« in Bielefeld etwa versteht sich als Informationspool für In- und Outsider. Der Blick des Laien, für den »schwarz gleich schwarz« sei, habe nichts mit den Realitäten der Szene zu tun, sagt die Sprecherin Christina Arensmann. Der Insider erkenne beim schwarzen Outfit sehr wohl viele feine Unterschiede. Eigentlich habe man es mit einem Sammelsurium von Individualisten zu tun: »Die Gruppenidentifikation findet sich über gemeinsame Vorlieben für Bands oder Literatur und eine Lebensphilosophie, die der Fit-for-Fun-Gesellschaft abschwört.« Und mit Satanismus will man schon gar nichts zu tun haben.[48]

Das mag weitgehend richtig sein. Allerdings sind Sektenexperten »nur wenige jugendliche Satanisten bekannt geworden, die sich nicht auch in der Gruftieszene bewegten beziehungsweise nicht auch ein gruftieähnliches Outfit zeigten«.[49]

Eine »Gemeinschaft der Einsamen« nennen das Wissenschaftler wie Werner Helsper. Für den Frankfurter Sektenkenner handelt es sich bei den Grufties oder Gothics um eine »Gegenbewegung gegen den Rationalisierungsprozess in der Gesellschaft«, um eine »jugendliche Trauerkultur«, die um Individualität, Autonomie und Toleranz ringe. Eine Gruftiegruppe sei ein »Zusammenschluss einsamer Kinder, die düstere Lebensgefühle und Todesgedanken« artikulierten.[50] Zum Beispiel in Gedichten wie diesem:

>»Bleich geschminktes Gesicht, blutrote Lippen, schwarze Haare und dunkle Klamotten.
>Eine Vorliebe für düstere Dinge. Für Friedhöfe. Okkultismus. Anzeichen des Wahnsinns?
>Der Todessehnsucht? Ich bin ein Gruftie. Harmlos-zurückgezogen. Mit Vorurteilen beworfen.
>Ausgeschlossen aus der normalen Welt. Nicht als Mensch akzeptiert. Nur als Objekt.
>Woran rumgemeckert werden kann. Warum lasst ihr mich nicht mein Leben leben?
>So, wie ich es will? Noch ist mein Sargdeckel offen. Noch ist Zeit, zu begreifen.
>Dass auch ich ein Mensch mit Gefühlen bin.

> Gibt es überhaupt noch etwas Gutes auf der Welt? Man hört nur noch Morde, Katastrophen, Kriege. Alles ist verändert. Alles dreht sich zum Bösen hin. Kann man denn da die Menschen nicht schon verstehen, dass sie zu Satan hinübergehen. Dass sie kein Vertrauen mehr zu Gott haben. Er gab uns einen Willen. Na und?
>
> Aber wenn es ihn wirklich gibt, dann sieht er uns doch, wie wir leiden. Wie wir zugrunde gehen. Ich hatte ihn angebetet. Ich hatte ihn angefleht. Mir zu helfen. Nie hatte er mir geholfen. Er hat mir meine Freunde genommen. Die ich geliebt habe. Er hatte mir nie geholfen. Er hat mich nur immer wieder traurig gemacht. Oh nein, er hilft uns nicht. Er kann es gar nicht.
>
> Ich schreie. Ich will schreien. Ich schreie. Doch keiner hört mich. Keiner hört und sieht meine Seele weinen. Alle achten nur auf mein Äußeres. Und das scheint für viele erschreckend zu sein. Hässlich – provozierend.
>
> Schaut doch in mich hinein. Noch findet ihr vielleicht etwas Gutes.
>
> Doch bald. Sehr bald könnte sich meine Seele in etwas Böses verwandeln. Denn so halte ich es nicht mehr aus. Bald suche ich **Seine** Hilfe.
>
> Und dann werde ich meine Feinde vernichten.
>
> Und dann mich selbst.«[51]

Schmerz, Endlichkeit, Sinn, Flucht, Ausweglosigkeit, Sterben: Um diese Themen kreisen auch die »neoromantischen« Texte so genannter Dark-wave-Bands wie »Lacrimosa« (lat.: Tränenreiche), »Silke Bischoff«, »Das Ich« oder »Goethes Erben«. Zu einer neuen CD der letztgenannten Gruppe schreibt das Gothic-Musikmagazin *Zillo*: »Eine Parabel auf die Unfähigkeit der satten, gelangweilten Gesellschaft von heute, Trauerarbeit zu leisten, die einhergeht mit dem Verlust der Identität. Gleichzeitig ein musikalisches Melodram über Schmerz, eines der intensivsten menschlichen Gefühle, und über die Frage, was es heißt, Mensch zu sein in einer Gesellschaft, die an Medien-Overkill, Apathie, Einsamkeit und Emotionslosigkeit langsam zugrunde geht.«

Jugendliche, die aus Seelenleid oder Lebensüberdruss Gothic oder auch Satanismus als geistige Heimat und Lebensform wählen, stehen natürlich nicht zwangsläufig mit einem Bein im Grab. Sich zugleich mit den Umgangsformen der verhassten Gesellschaft arrangieren zu müssen kann aber die negative Wahrnehmungsverschiebung durchaus ins Pathologische abgleiten lassen. Hansjörg Hemminger warnt denn auch zu Recht vor unangebrachter Verharmlosung: »Die schwarze Szene ist gefährlich, nicht weil alle jungen Leute in ihr Satanisten wären, sondern weil sie mit Ideen und Gefühlen herumspielen, mit denen man besser nicht spielen sollte. Vergänglichkeit, Tod und Gewalt sind uns viel zu nahe, als dass man sie leicht nehmen könnte. Leichtigkeit, Distanz, ist aber die Voraussetzung für das Spielen. In der Jugend sieht es so aus, als seien die Totenköpfe und die blutüberströmten Leichen weit weg. Aber das ist eine perspektivische Täuschung, denn auch für junge Leute gilt, dass sie mitten im Leben vom Tod umgeben sind. Und auch für sie gilt, dass sie jederzeit zu Zerstörung und Gewalt fähig sind. ›Damit spielt man nicht‹, müssen wir den Grufties sagen, die sich allzu sehr an Todes- und Nachtgedanken, Mord- und Blutrhetorik aufgeilen. Es ist möglich, dass es beim Spiel bleibt – Gott sei Dank ist das bei den meisten so. Nur die Jugend kann überhaupt auf die Idee kommen, mit Todes- und Schmerzerfahrungen zu spielen, genau genommen nur eine im Wohlstand lebende und äußerlich geborgene Jugend. Es ist kein Zufall, dass die meisten jungen Gothics (anders als viele jugendliche Satanisten) Kinder des gesicherten Bürgertums sind, die alles hatten: Nahrung, Kleidung, Wohnung, medizinische Versorgung, Unterhaltung, Freizeit, sogar Erfolg – nur keine Antworten.«[52]

Am Ende bleibt dann allenfalls die nicht mehr zu klärende Frage nach Ursache und Wirkung: Gehen Verzweiflungstaten wie die von Frank und seinen Freunden ursächlich auf »schwarze« oder »satanistische« Betätigung zurück? Oder hat sich die problematische psychische Konstitution der Suizidalen den Satanismus oder Gothic als eine Art Frischhaltefolie gewählt? Bei Franks Beerdigung stiftete auch seine Clique einen Kranz. Darauf stand: »Du bist nur von uns gegangen.«

3 Was Satanismus nicht ist

Ist es ein Zufall, dass der satanistische Zeitgeist besonders grell in Kalifornien zu spuken scheint, wo maßgebliche Gruppierungen wie die »Church of Satan«, der »Temple of Set« oder »Solar Lodge« entstanden sind – also dort, wo auch die Kultur- und Unterhaltungsindustrie ihren Stammsitz hat? »Satan sells«, und das nicht nur in Hollywood. Auch bei uns wird der Boom des Bösen in ein ausdifferenziertes Warenangebot für den modernen Freizeitokkultisten umgemünzt. Teenie-Blätter wie die *Bravo* machen mit obskuren Foto-Lovestories à la *Im Bann des Teufels* oder *Die Satansfalle – Zwischen Himmel und Hölle* Auflage; im Fernsehen feiern z. B. die *Kinder des Satans* bei SAT 1 mit einem äußerst telegenen Aufwand an Liturgik schwarze Messen. Über den Spezialitätenkatalog des emsländischen EMP-Versandhauses decken Jugendliche sich mit satanischen Fan-Artikeln wie T-Shirts mit Pentagrammen oder kopulierenden Skeletten ein. Schock-Rocker Gene Simmons von »Kiss« spreizt auf dem Cover der CD *Love Gun* die Finger seiner linken Hand zum Satansgruß ab. Anhänger des Teufelsglaubens sind die Musiker von »Kiss« gewiss nicht – als verkaufsfördernder Mummenschanz indes kommt der Satanismus vielen Musikern, Filmemachern und Verlagen gerade recht.

Begünstigt werden spekulative Düsterdramen wie *Im Bann des Teufels* oder *Kinder des Satans* nicht zuletzt auch durch die Tatsache, dass echte Satanisten in der Regel wenig auskunftsfreudig sind. In organisierten Zirkeln sollen gar Schwüre wie »Tod dem Verräter!« die Lippen der Mitglieder binden.

»Dazu kommt als weiteres Problem eine Unzahl von Berichten angeblich Ehemaliger, die zumindest wenig glaubwürdig, wenn nicht gar frei erfunden sind«, urteilt der evangelische Sektenexperte Georg Otto Schmid. »Gerade wegen der Geheimniskrämerei, die den Satanisten umgibt, ist dieses Thema ein Feld, auf welchem sich Menschen mit Geltungsbedürfnis mit einer recht geringen Gefahr ihrer Enttarnung bewegen können. Das Medieninteresse sorgt für die Publikation der so entstandenen Erzählungen. Außerdem ist der Satanismus sehr geeignet, Ängsten und Wahn-vorstellungen von Menschen mit psychischer Erkrankung eine Sprache zu geben.«

Diese Einschätzung trifft mit einiger Sicherheit auch auf zwei Veröffent-lichungen zu, die als angeblich authentische Insiderreports in unzählige Infobroschüren, Vorträge, Referate, Schüleraufsätze etc. eingeflossen sind und noch immer einfließen. Es handelt sich dabei um das Buch *Lukas – Vier Jahre Hölle und zurück* und um das Selbstzeugnis einer gewissen Ramona über ihre Zeit bei der Gemeinschaft »The black Omen« (T. B.O.).

3.1 »Lukas« – Vier Jahre Horrortrip?

Endstation Psychiatrie. Nachdem er sich Messer an die Hände gebunden hatte, bevor er schlafen ging, **wird** Lukas in die geschlossene Abteilung einer Nervenklinik eingeliefert. Hier beginnt er, einer Sektenexpertin namens »Marlies« Details über einen Satanskult zu erzählen. Nach Gesprächen über Tage und Wochen bündelt die sich bis heute unter dem Deckmantel der Anonymität versteckende Frau die Erzählungen zu einem Buch. Unter dem Titel *Lukas – Vier Jahre Hölle und zurück* erscheint es 1995 in der renom-mierten Reihe »Erfahrungen« des Bastei-Verlags.

Der Inhalt: Lukas lebt seit seinem 11. Lebensjahr in einem Heim. Ver-haltensauffällig wurde der Junge vor allem durch brutale Gewalt gegenüber schwächeren Mitschülern. Er selbst musste schon als Kind die Schläge und Misshandlungen seines türkischen Stiefvaters ertragen. Auch im Heim wird Lukas von den älteren Mitbewohnern tyrannisiert. Er flüchtet sich in Alkohol- und Videoexzesse mit so genannten »Massaker-Filmen« und zet-telt auf der Straße und in Gaststätten Schlägereien an. Schließlich beginnt er eine Malerlehre.

An seinem 15. Geburtstag wird Lukas von einem wesentlich älteren Bekannten in eine Gruppe von Satanisten eingeführt. Bei den überwiegend erwachsenen Satanisten wird er sofort zu einer (lateinisch vorgetragenen) schwarzen Messe zugelassen, obwohl er unter den Teilnehmern einer der

Jüngsten ist und niemand nähere Kenntnis von seiner Person hat. Lukas wird Zeuge blutiger Rituale und beschließt, der Gruppe unverzüglich wieder den Rücken zu kehren, wird aber mit Gewalt gezwungen, bei der Stange zu bleiben – der »Priester« bricht ihm einen Finger und droht, ihn umzubringen.

Schon bald wird Lukas zum »Jünger« geweiht. Als Aufnahmeritual wird er sinnlos verprügelt, muss eine Mutprobe bestehen und wird mit einem Pentagramm und drei Sechsen tätowiert. Um seine Freundin Sandra nicht »hineinzuziehen«, beendet er die Beziehung zu dem Mädchen.

Nach zwei Monaten erklimmt Lukas den nächsten Rang in der Hierarchie der Satansanhänger. Er muss dafür einen lebenden Hamster essen, auf welchem er mehrere Stunden lang herumkaut. Lukas erfährt nun, dass die Gruppe Teil einer internationalen Organisation ist. Der harte Kern in seiner unmittelbaren Umgebung umfasse 50 Mitglieder.

Um weiter aufzusteigen, verprügelt Lukas unter Aufsicht seiner Oberen wahllos Passanten auf der Straße. Nach einiger Zeit ergeht an ihn der Befehl, sich auch Bekannte und Freunde vorzunehmen, darunter die junge Nathalie, die infolge der Schläge eine Fehlgeburt erleidet. Immer häufiger wird Lukas von nächtlichen Albträumen geplagt, in denen groteske Wesen und ein Mann mit einem Messer ihn jagen. Aber auch im Wachzustand bildet der Jungsatanist nach und nach paranoide Symptome, nämlich Verfolgungswahn, aus.

Bei der nächsten Zusammenkunft der Gruppe erlebt Lukas die rituelle Tötung eines Kindes: Im Rahmen einer schwarzen Messe opfern zwei gruppeninterne Ärzte ein gerade entbundenes Baby dem Bösen.

Zur Sommersonnenwende versammeln sich schließlich 250 Satanisten aus ganz Deutschland auf einem großen Friedhof. Sie opfern rituell eine junge Frau, ehe die Feier in eine wilde Orgie mündet. Lukas »Wahnvorstellungen«, wie er seine paranoiden Schübe nennt, verschlimmern sich: In der Folgezeit hört er immer wieder die Stimme der Ermordeten.

Mittels »paranormaler Fähigkeiten«, konkret durch Gedankenlesen, erfahren die Satanisten, wie es um Lukas' seelische Verfassung bestellt ist. Zur Strafe muss er in einem Bottich mit Leichenteilen baden, dann wird er verprügelt, mit Stacheldraht an ein Kreuz gekettet, später auf einem Friedhof ausgesetzt und dann in einen Sarg mit einer verwesten Leiche gelegt, wo er die ganze Nacht auszuharren hat.

Das Heim verlegt Lukas in eine Außenwohngruppe. Seinen beiden Mitbewohnern bleibt Lukas' Zugehörigkeit zum organisierten Satanismus verborgen – obwohl er sein Zimmer mit okkulten Symbolen und selbst gemalten Teufelsdarstellungen dekoriert. Stimmen und Geräusche, die Lukas nächtens zu hören glaubt, übertönt er mit lauter Heavymetalmusik. Während Lukas von der Teufelssekte für seine Fortschritte mit einem äußerst attraktiven 17-jährigen Mädchen als Gespielin belohnt wird, wird zugleich ein Abtrünniger bestraft: Nach diversen Folterungen hängt der »Priester« den Verräter an einen Baum und schlitzt ihm mit einem Messer den Bauch auf. Zu Weihnachten opfert die Gruppe ein weiteres Baby.

Mittlerweile hat Lukas die Geschwister Tobias und Daniela kennen gelernt, die profimäßig Bodybuilding betreiben. Die »sehr gut aussehende« Daniela verliebt sich in Lukas. Dieser weist das Mädchen zurück, weiht das Geschwisterpaar aber in seine düsteren Verstrickungen ein. Tobias will Lukas aus der Sekte »herausholen«. Lukas redet ihm das aus.

Aufgrund seiner weiteren Fortschritte schickt die Gruppe Lukas zu »Schulungen« in die USA, nach Fort Lauderdale/Florida. Er, der kein Wort Englisch spricht, trifft dort ausnahmslos auf amerikanische »Priester« mit exzellenten deutschen Sprachkenntnissen. Unter ihrer Anleitung paukt Lukas »satanistische Begriffe, Symbole und die Namen und Bedeutungen verschiedener Dämonen«.

Der trockene Alltag des okkulten Crashkurses wird durch eine pikante Episode unterbrochen. Lukas wird mit einer besonderen Beschwörungsformel hypnotisiert und verliert das Bewusstsein. Am nächsten Tag kann er auf Fotos sehen, was derweil geschehen ist: Lukas hatte Sex mit zwei »wunderschönen« Frauen gleichzeitig.

Nach seiner Rückkehr aus den USA ist Lukas, der ehemalige Sonderschüler, weiter »auf dem Weg nach oben«. Die Satanisten erwählen ihn für eine Kaderposition. Endlich erfährt er Näheres über die Interna der Gruppe, der Polizisten, Ärzte, Lehrer, Rechtsanwälte, Wissenschaftler und Politiker angehören. Trotzdem muss Lukas unablässig weitere, eher triviale »Prüfungen« ablegen: Leute verprügeln und Kleintiere töten – so etwa den

Papagei des Nachbarn seiner Eltern, mit dessen Blut er ein Pentagramm auf die Hausfassade malt. Am Ende des Sommers lernt er das »korrekte« Töten und Opfern von Schafen. Von seinem Freund Peter erfährt er, dass die nächste Stufe die Ermordung eines Menschen vorsieht. Lukas zaudert.

Tobias und Daniela, seine einzigen Vertrauten, bekommen das Angebot, im Bodybuilding-Mekka Kalifornien zu trainieren. Doch vor der Abreise wird Tobias von den Satanisten auf bestialische Weise umgebracht. Daniela reist allein. Lukas sieht sie nie wieder.

Auch er fliegt kurze Zeit später wieder in die USA. Diesmal soll er in Fort Lauderdale die rituelle Tötung von Menschen erlernen. Die »Übungen« dazu finden an Leichen in einem Kühlraum statt. Die lebendigen Opfer für die schwarzen Messen werden tagsüber am Strand angesprochen und mit Drogen vollgepumpt. Niemand scheint sie zu vermissen. Die Menschenopfer zerrütten Lukas' Gemüt. Am Meer liegend fasst er den Entschluss zum Selbstmord. Doch plötzlich erscheint die »bildhübsche« Pamela, die als Au-pair-Mädchen in Stuttgart perfekt Deutsch gelernt hat und die nun Lukas die Lebensfreude zurückbringt – auf jedwede Weise.

Zurück in Deutschland vertraut Lukas sich seinem Chef in der Malerfirma an. Der empfiehlt ihm, weniger Horrorvideos zu schauen. Damit ist für beide die Sache erledigt. Doch Lukas' Wahnvorstellungen eskalieren weiter. Während er in einem Restaurant mit einem attraktiven Mädchen flirtet, wähnt er sich plötzlich von einer hünenhaften Gestalt bedroht. Lukas will den vermeintlichen Angreifer erwürgen, doch tatsächlich geht er dem jungen Mädchen an die Gurgel. Peter kann gerade noch das Schlimmste verhindern.

Obwohl er sich selbst nun für »nicht mehr zurechnungsfähig« hält, bekommt Lukas von der Sekte das Foto einer jungen Frau. Sie soll sein erstes Menschenopfer sein. Lukas unternimmt einen halbherzigen Versuch, sich von den Satanisten zurückzuziehen, wird aber nach zwei Wochen wieder »eingefangen«. Überraschenderweise wird er nicht bestraft. Stattdessen erhält er Videokassetten mit den versäumten schwarzen Messen ausgehändigt, die er zu Hause anschauen soll.

Dort aber hat sein Betreuer mittlerweile den Videorekorder konfisziert. Es kommt zu einem heftigen Streit. Mit einer Glasscherbe versucht Lukas, seinem Leben ein Ende zu setzen. Jetzt erst wird der Betreuer auf seinen Zustand aufmerksam.

Kurz darauf tritt »Marlies« auf den Plan, die Lukas trotz seiner hellen Kleidung (»was ungewöhnlich für einen Satanisten ist«, wie Marlies im Nachwort selbst einräumt) auf Anhieb glaubt, dass er Satanist ist. Sie nimmt ihn zu einem Wochenende von Sektenaussteigern mit, wo Lukas sich jedoch nur mit den anwesenden Mädchen beschäftigt.

Wieder zu Hause erleidet er einen massiven Wahnanfall und wird in die Psychiatrie eingewiesen. »Brocken für Brocken«, berichtet Marlies, kommen dort die Erinnerungen an seine Satanistenzeit hoch. Außerdem lernt Lukas in der Klinik Petra kennen, mit der er seither zusammenwohnt. Über Petras Aussehen erfährt der Leser nichts.

Was ist von dieser Geschichte zu halten, von der sich nicht zuletzt auch viele jugendliche Möchtegernsatanisten »inspirieren lassen«, wie der Journalist und Autor Hugo Stamm bei seinen Recherchen in der Szene festgestellt hat?

Georg Otto Schmid (im Internet unter www.relinfo.ch) hat sich eingehend mit »Lukas« beschäftigt. Seine Analyse möchten wir mit seiner freundlichen Genehmigung im Folgenden wiedergeben. Denn: »Das Schüren von übersteigerten Ängsten und Verschwörungsfantasien im Zusammenhang mit dem Jugendsatanismus ist weder zur Deutung des Phänomens als Ganzen noch zur realistischen Einschätzung eines konkreten Einzelfalls dienlich.«

Eines ist klar: Als Zeuge vor Gericht hätte Lukas größte Mühe, ernst genommen zu werden. Zu deutlich werden seine paranoid-schizophrenen Zustände. Lukas räumt selbst ein, dass er Dinge sieht und hört, die nicht existieren. Mehr als einmal handelt er im Wahn. Er selbst hält sich für »nicht mehr zurechnungsfähig«.

Wie ist dieser unbestrittene Sachverhalt mit Lukas' Geschichte zu verbinden? Es gibt hierzu im Wesentlichen zwei Möglichkeiten:
1. Die Lösung, zu welcher »Marlies« kommt: Marlies glaubt Lukas alles, was dieser erzählt. Lukas' Krankheit, die geeignet ist, seine Glaubwürdigkeit zu erschüttern, sieht sie als Folge seiner satanistischen Betäti-

gung: Gerade die Tatsache, dass Lukas so krank ist, betrachtet Marlies als ein Indiz dafür, dass er in etwas Furchtbares involviert gewesen sein muss.

2. Dem entgegen steht die kritische Sicht der Dinge: Lukas als zweifellos durch seinen Stiefvater schwerst belasteter junger Mann mit deutlicher Gewaltproblematik. Der Konflikt um Gewalt und Reue verbunden mit einem offenbar maßlosen Konsum von Horrorvideos führt zu Albträumen, dann zu paranoiden Zuständen. Seine Selbstwahrnehmung als Satanist entnimmt er Filmen und Zeitschriftenartikeln. Diese Richtung liegt als Oppositionshaltung zum katholischen Heim recht nahe. Die satanistische Ausstattung seines Zimmers scheint weitgehend selbst fabriziert und ohne Kontakt zu einer okkulten Tradition. Lukas legt sich offenbar eine satanistische Geschichte zurecht, die allerdings auf Außenstehende recht wirr wirkt und als Ausfluss des Horrorfilmkonsums erkennbar ist. Dass er sie während eines Klinikaufenthalts »nach und nach, Brocken für Brocken« erzählt, macht ein Entstehen dieser »Erinnerungen« zum Zeitpunkt des Sich-Erinnerns im Sinne des »False-Memory-Syndroms« äußerst wahrscheinlich. Die »Erinnerungen« spiegeln denn auch die Ideenwelt von Lukas wider: Gewaltfantasien, Bilder aus »Massaker-Filmen«, pubertäre sexuelle Fantasien.

Beide dieser Theorien sind im Grunde möglich. Lukas kann infolge seiner Geschichte krank geworden sein, ebenso kann Lukas infolge seiner Krankheit die Geschichte erfunden haben. Gibt es eine Möglichkeit, hier eine Entscheidung zu treffen? Wohl schon. Hat Lukas das von ihm Berichtete wirklich erlebt, muss es sachlich in jeder Hinsicht möglich, widerspruchsfrei und plausibel sein. War Lukas wirklich Teil, ja Priesteranwärter einer satanistischen Organisation, muss er außerdem die satanistische Tradition gut kennen. Hat er seine Teilhabe erfunden, ist zu erwarten, dass sich seine Kenntnisse auf das beschränken, was aus Illustrierten und Filmen allgemein zugänglich ist.

Zur Prüfung der Wahrscheinlichkeit von Lukas' Erzählung über seine Aktivität in einer satanistischen Organisation kommen folgende Punkte in Betracht:

1. Gibt es in dem Buch Passagen, die sachlich unmöglich sind?

Lukas' Beschreibung des »Schafopfers« soll hier zitiert werden: »Der Priester griff eines der bereitliegenden Messer… Während er weitersprach, beugte er sich vor und schlitzte dem blökenden Tier die Bauchdecke auf. Eine neue Welle der Übelkeit und der Kälte stieg in mir hoch, als ich die Hände des Priesters in der klaffenden Wunde verschwinden sah. Wo bin ich hier bloß gelandet, fragte ich mich fassungslos, aber ich starrte weiter nach vorne. Nun zog der Priester einen roten, fleischigen Klumpen aus dem Bauch des Tieres – sein Herz. Mit weit ausgestreckten, blutverschmierten Armen hielt er es hoch. Seine dunkle Stimme forderte jetzt energisch: »Preiset Satan!« Er drehte sich zu seinen vier Hünen um und schien ihnen das Herz anzubieten. Aber wozu? Es war unfassbar: Jeder von ihnen biss ein Stück ab, kaute und schluckte. Ich bekam meine nächste Panikattacke. Würden sie das etwa auch von mir verlangen? Könnte ich mich dazu überwinden, ohne umzukippen?

Aber ich hatte Glück. Denn nun wollte der Priester selbst seinen Anteil: Er schob seine Kapuze gerade so hoch, wie es nötig war, um seinen Mund freizulegen, und aß den Rest des rohen Tierherzens. Er kaute langsam und genießerisch… Und noch einmal kam der Dolch zum Einsatz: für einen Stich in die Halsschlagader des Opferlamms. Das herausschießende Blut wurde im Totenkopfkelch aufgefangen. Frisches, warmes Tierblut.«

Zu dieser Passage ist zu bemerken, dass Lukas behauptet, die Schafopferung später selbst gelernt und durchgeführt zu haben. Das Argument, dass Lukas hier infolge seiner angeblichen Aufregung etwas nicht richtig mitbekommen habe, fällt also weg.

Dass diese Geschichte so nicht stimmen kann, dies möge jede Leserin, jeder Leser für sich selbst überprüfen. Rohe Tierherzen sind in jeder Metzgerei zu haben. Man versuche, von einem solchen ein Stück abzubeißen und »genießerisch« zu verzehren. Das geht nicht. Das Gebiss des Menschen ist zum Verzehr von rohem Fleisch, insbesondere eines kompakten Muskels, wie das Herz einer ist, schlicht nicht in der Lage. Wir bräuchten dazu die Reißzähne eines Hundes oder einer Katze. Die geschilderte Szene, die Lukas viele Male erlebt haben will, kann so nicht stattgefunden haben.

Problematisch ist die Vorgehensweise des Priesters bei der Schafschlachtung auch aus anatomischer Sicht: Der Priester schneidet die Bauchdecke auf, greift hinein und holt das Herz heraus. Dass sich zwischen Bauchraum und Herz das Zwerchfell befindet, das ebenfalls aufgeschnitten werden müsste, davon weiß Lukas nichts. Er berichtet davon nicht einmal dort, wo er beschreibt, wie er selbst in das Schaf hineingreift und das Herz herausholt. Bei der Schilderung seiner eigenen Lehre als Schafopferer meint Lukas: »Zusammen (Lukas und der Priester) schnitten wir die Arterien durch und unterbrachen den Blutstrom.«

Wie diese Unterbrechung des Blutstroms ohne chirurgische Geräte wie Klemmen geschehen soll, nur mit einem Messer und bloßen Händen, bleibt völlig offen. Macht Lukas einen Knopf in jedes Blutgefäß? Ärztliches Fachpersonal wird bestätigen, dass diese Darstellung äußerst unwahrscheinlich, ja unmöglich ist. Für Lukas' Geschichte ist diese Unterbrechung des Blutstroms aber wichtig. Denn er behauptet, dass dem Tier nach Entfernung und Verzehr des Herzens die Halsschlagader aufgestochen wird und Blut herausspritzt. Zu diesem Zeitpunkt müsste das tote Schaf aber längst ausgeblutet sein.

Fazit: Lukas hat wohl nie ein Schafopfer miterlebt, erlernt hat er es auf gar keinen Fall. Lukas stützt seine Darstellung wohl auf einen schlecht recherchierten Horrorfilm.

Für Lukas' Satanistengeschichte bedeutet dies: Seine Darstellung ist in zentralen Punkten (es geht um das spezifische Fachwissen, das Lukas erlernt haben will) so nicht möglich.

2. Kommen in dem Buch Handlungen vor, die nachprüfbare Spuren hätten hinterlassen müssen, die aber eigenartigerweise nicht vorhanden sind?

Einige Passagen in Lukas' Geschichte geben Handlungen wieder, die objektive Spuren zurücklassen oder den Betroffenen noch in Erinnerung sein müssten. Zum Teil ist gar von einer Berichterstattung über bestimmte Ereignisse in der lokalen Presse auszugehen. Im Einzelnen gilt dies für folgende Passagen:
– In der ersten Zeit von Lukas' Mitgliedschaft bei den Satanisten nimmt er an »Gemeinschaftsaktionen« teil: »Da wurden Christen zusammenge-

schlagen oder Gottesmessen gestört, die Gläubigen eingeschüchtert oder zumindest belästigt.«

Diese Vorkommnisse müssten in den betreffenden Pfarreien und Kirchengemeinden in Erinnerung geblieben sein. Außerdem ist die Störung eines Gottesdienstes strafbar. Juristische Konsequenzen für die Satanisten wären die Folge. Sind sie unmaskiert aufgetreten? Dann würde man ihre Gesichter kennen. Waren Sie maskiert? Dann hätte ein solches unerhörtes Ereignis seinen Niederschlag in den Medien gefunden.

- Als Lukas nach seiner Prügelei mit Nathalie diese im Krankenhaus besuchen will, wird er von ihren Angehörigen erkannt und hinausgeworfen. Dass sie aber keine Strafanzeige gegen Lukas stellen, ist unbegreiflich angesichts der Tatsache der Fehlgeburt seines Opfers. Wie dem auch sei: Zwingend hätte die Versicherung von Nathalie Lukas in Regress genommen.

- Dass von den zahllosen in den USA rituell ermordeten Menschen niemand vermisst wird, erscheint selbst Lukas verdächtig. Er meint: »Wie das sein kann, verstehe ich bis heute nicht.«

- Zum Mordfall Tobias (Tobias wird in dem Buch von den Satanisten umgebracht und seine Leiche von der Polizei entdeckt) meint Lukas nur: »Für die Polizei blieb es wohl ein mysteriöser Mord, der nie aufgeklärt wurde.« Warum machen sich weder Marlies noch der Verlag die Mühe, nachzuforschen, ob dem wirklich so ist? Ob eine Person, auf die die Beschreibung von Tobias passt, wirklich zum von Lukas angegebenen Zeitpunkt und unter den genannten Umständen tot aufgefunden wurde?

Fazit: Lukas behauptet vieles recht unbefangen, was beweiskräftige Spuren hätte hinterlassen müssen, die aber nicht zu finden sind.

3. Finden sich in Lukas' Erzählung innere Widersprüche?

- Lukas' zugeteilte 17-Jährige, sein »Privatbesitz«, verschwindet ohne Angaben von Gründen aus der Geschichte.

- Widersprüchlich ist Lukas' Schilderung der Partnerschaftsverhältnisse unter den Satanisten. Zuerst sagt er über die Frau in der Gemeinschaft: »Sie ist Allgemeingut, das heißt: Jeder kann sie haben. Du weißt ja, Satan duldet keine Liebe, also auch keine Besitzansprüche, die aus solchen Gefühlen heraus entstehen können.«

Später meint er über die ihm zugeteilte junge Frau: »Als Frau eines Jüngers war sie annähernd so etwas wie mein Privatbesitz. Wer nun mit ihr schlafen wollte, musste erst mich um Erlaubnis fragen.«

Von anderen Frauen in der Gruppe erzählt Lukas: »Bei den zahlreichen Orgien hatten mich meine Partnerinnen oft gefragt, ob ich sie nicht zu meinem festen Verhältnis machen wolle.«

Gibt es nun feste Partnerschaften unter den Satanisten oder nicht? Besitzansprüche – ja oder nein? Und wie ist folgende Aussage Lukas' zu verstehen: »Man kann mir doch nicht verbieten, mich zu verlieben! Und wenn ich verliebt war, dann wollte ich diese Frau auch nicht mit anderen Kerlen teilen.«

Selbst mit anderen Frauen schlafen, das möchte Lukas in seinen Träumen sehr wohl. Aber dass die betreffenden Frauen außer ihm auch noch mit anderen Männern verkehren, hält Lukas sogar im Traum nicht aus. Bei real existierenden Satanisten aber wäre dies eine Selbstverständlichkeit. Hier führt Lukas mit seinen Vorstellungen von einer Frau als sein »Privatbesitz« so etwas wie konservative Moralvorstellungen in den Satanismus ein.

- Mit der Mitgliederzahl des Zirkels kann etwas nicht stimmen, wenn dessen harter Kern auf 50 Personen veranschlagt wird. Bei der ersten schwarzen Messe, der Lukas beiwohnt, sind nur 30 Mitglieder anwesend, obwohl Präsenzpflicht unter Androhung grausamer Strafen besteht. Außerdem passen die lokalen 50 Mitglieder nur schlecht zur Gesamtzahl von 250 in ganz Deutschland.

- Widersprüchlich ist auch Lukas' Beschreibung der Methoden seiner Gruppe: Einmal meint er: »Durch rohe Gewalt also, und offenbar nur durch sie, sollte ich Satan verehren lernen. Das war ihr Rezept.« Dies trifft zunächst auch den Duktus von seinem Bericht, denn er wird durch die Anwendung von Gewalt zur Teilnahme an den Veranstaltungen gezwungen. Später aber sagt er: »Es gehört nun mal zur Taktik von Satanisten, die Mitglieder über sämtliche zukünftigen Ereignisse im Unklaren zu lassen. Das ist die einzige Möglichkeit, die Leute bei der Stange zu halten … Wenn ich zum Beispiel vor meiner ersten Prüfung gewusst hätte, dass ich einen lebenden Hamster würde essen müssen – ich wäre bestimmt nicht hingegangen.« Selbstredend wäre Lukas auch in Kenntnis des Hamsterschmauses, der seiner harrte, hingegangen, weil er ansonsten umgebracht worden wäre. Hier tönt Lukas aber so, als hätte er sich jedes Mal frei entscheiden können.

4. Ist der Satanskult, den Lukas beschreibt, als Gemeinschaftskult überhaupt plausibel? Oder anders gefragt: Kann eine derart strukturierte Gruppe überhaupt funktionieren?
– Wer sich auch nur am Rande mit Sekten beschäftigt, dem fällt ein fundamentaler Unterschied zwischen den tatsächlich existierenden Gruppen und der von Lukas beschriebenen Gemeinschaft auf: nämlich die Methodik. Während Sekten ihre Mitglieder psychisch beeinflussen und mehr oder weniger subtil manipulieren, schlagen Lukas' Satanisten einfach zu. Wo Sekten beachtliche Rafinesse an den Tag legen, sind Lukas' Satanisten von erschreckender Plumpheit. Jedes Problem wird mit Prügeln oder zumindest der Androhung solcher »gelöst«. Das mag durchaus Lukas' Kindheitserfahrungen entsprechen; ob sich allerdings die geschilderten »Ärzte, Politiker, Wissenschaftler etc.« durch Schläge und physische Brutalität in einen Kult einbinden ließen, muss mehr als bezweifelt werden.
Selbst der wegen seiner Gewaltexzesse berüchtigte und vorbestrafte Michael D. Eschner vom Thelema-Orden bietet seinen Anhängern doch weit mehr an ideologischem Überbau und Liturgik. Außerdem zielen seine Brutalitäten mehr in Richtung sexueller Abhängigkeit als auf ein primitives Belohnung-Strafe-Schema. Unwahrscheinlich, dass eine Sekte, wie Lukas sie zeichnet, auch nur drei Tage lang funktionsfähig wäre.
– Auch Lukas' Darstellung der schwarzen Messe ist äußerst untypisch, etwa das stundenlange Herunterleiern von lateinischen Texten. Die Frage drängt sich auf, ob Lukas hier nicht eher den durch sein katholisches Heim erzwungenen oder zumindest angeratenen Messbesuch beschreibt – dieser mag ihm subjektiv durchaus »wie drei Stunden« vor-

gekommen sein. Auch die Teilnahmemotivation hätte dann ihre Entsprechung: die Angst vor Strafe.

– Warum sollte ein Zusammenschluss von Akademikern sich einen Sonderschüler mit Lernschwierigkeiten für eine Kaderposition aussuchen?

– Was macht es für einen Sinn, jemanden zu Studien in die USA zu schicken, der kein Wort Englisch spricht – zumal, wenn es sich um eine international operierende Gruppe handelt?

– Nirgendwo ist die Rede davon, dass Lukas auch nur einen Satz aus der mitunter dreistündigen lateinischen Liturgie der schwarzen Messe gelernt hat und wenigstens einen Teil der Texte heute noch auswendig aufsagen kann. Seine Kenntnisse, wie man Schafe opfert, als Beweis vorzuführen, wird Lukas kaum je aufgefordert werden. Namen von Dämonen u. Ä. kann man zur Not erfinden. Bei der Beherrschung lateinischer Texte verhält sich die Sache anders.

– Eigentlich kennt der beschriebene Kult nur eine Charge, die Lukas auf den Leib geschrieben wäre: die eines Schergen. Hier könnte sich Lukas voll und ganz auf seine Schlagkraft verlassen und seine begrenzten intellektuellen Fähigkeiten würden nicht weiter störend ins Gewicht fallen. Als »Priester« ist er nur überfordert. Warum also sollte ihn die Gruppe ausgerechnet für diese Position vorsehen? Handelt es sich bei Lukas' Satanistengeschichte vielleicht nur um Wahnträume, in die er seine Wunschvorstellungen betreffs Erfolg und Karriere hineinprojiziert?

Zusammenfassend kann festgehalten werden, dass die Struktur einer sektenähnlichen Gemeinschaft, wie Lukas sie beschreibt, gänzlich ohne Beispiel ist.

5. Steht der von Lukas beschriebene Orden in der satanistischen Tradition? Lukas' Kenntnisse der satanistischen Tradition und Gepflogenheiten sind, so viel kann vorgreifend gesagt werden, mehr als mangelhaft.

– Schon Marlies fällt auf, dass Lukas für einen Satanisten die falsche Kleiderfarbe trägt. Das gilt auch für die Kutten seines Kults, die braun sind, diejenige des Priesters ist gar beige. Hat sich hier die Kleidung der Kapuziner in Lukas' Wahnträume eingeschlichen?

- Die Okkultschwarte *6. und 7. Buch Mosis*, die Lukas durchgängig als die »Satansbibel« bezeichnet und die er von den Satanisten ausgehändigt bekommt, hat mit Satanismus nichts zu tun. Eine *Satansbibel* hat Anton LaVey, der Gründer der »Church of Satan«, verfasst. Lukas bringt beides durcheinander, besessen hat er wohl weder das eine noch das andere Buch.
- Das Sonnwendfest, das Lukas auch so bezeichnet, datiert er auf die Schnapszahl 7.7. statt auf das korrekte Datum 21.6. Satanisten würde ein solch grober Fehler nicht unterlaufen.
- Ein Dämon namens Membaris (es ist die einzige Kostprobe in Sachen Dämonennamen, die Lukas liefert) ist in der okkulten Literatur unbekannt.
- Die von Lukas beschriebenen liturgischen Geräte sind zum Teil sehr fragwürdig. Eine »offene Weinflasche« etwa gehört nirgendwo auf einen Altar. Ebenso die »verschiedenen Messer und Dolche«, die »säuberlich aufgereiht« an den Seiten des Altars liegen. Diese Messerbatterie erinnert an Folterfilme; für den schwarzmagischen liturgischen Gebrauch reicht ein Messer. Dass Lukas die »vier schweren Eisenketten«, die am Altar angebracht sind, aus »Horrorfilmen mit Folterszenen« kennt, gibt er selbst zu.
- Vieles, was Lukas seinen Satanisten in den Mund legt, ist einfach falsch und im Rahmen eines internationalen Satanskults undenkbar – etwa, wenn Lukas bei seiner Aufnahme mehrfach als »Geburt Christi« bezeichnet wird. Lukas versteht darunter offenbar »jemand, der als Christ geboren wurde«. Tatsächlich meinen die Worte aber die »Geburt von Christus«. Offenbar verarbeitet Lukas auch hier Versatzstücke seiner katholischen Messbesuche. Man könnte nun einwenden, dass Satanisten bewusst Teile des katholischen Ritus umdeuten. Das trifft auch zu, nur geschieht dies wenigstens sprachlich korrekt.
- Die überwiegende Zahl der Zitate macht einen zusammengebastelten Eindruck, so etwa dieses: »Die Kraft Satans ist die Kraft der Toten und Dämonen.« Tote und Dämonen mögen für den Horrorfilmkonsumenten etwas ganz Ähnliches sein – nicht aber für einen mythologisch gebildeten Satanisten.

Fazit: Lukas kennt die satanistische Tradition so gut wie überhaupt nicht. Das wenige Konkrete, das er zu satanistischen Lehren und Liturgien äußert, ist falsch oder bestenfalls fragwürdig. Lukas hat wohl nie ein satanistisches Buch gelesen, sonst wären seine Auskünfte präziser und von anderer Art.

6. Finden sich in Lukas' Geschichte Passagen, die auf Vorbilder in Literatur, Film und Fernsehen hindeuten?

- Lukas' Rettung am Strand in Florida erinnert stark an die TV-Serie *Baywatch*. Dass die Schöne, die sich über ihn beugt, auch noch »Pamela« heißt (analog zur *Baywatch*-Nixe Pamela Anderson), ist doch sehr bezeichnend.
- Die beiden sportiven Bodybuilder Tobias und Daniela, die kaum zu Lukas' Lebenswelt passen, haben zahlreiche Vorlagen in amerikanischen Jugendserien. Ihr beinahe klischeehaftes Gutsein passt bestens in dieses Genre.
- Der Anmarschweg zu den schwarzen Messen, der jeweils von einem Industriegebäude durch einen dunklen Wald zu einem anderen Industriegelände führt, entstammt in seiner völlig unnötigen Waldpassage wohl der Märchentypologie. Industrieanlagen sind durch Straßen erschlossen.
- Die Geschichte von Nathalie, die so eigenartig folgenlos bleibt, stand im Rahmen eines thematisch ganz anders gelagerten Lebenszeugnisses in einer Illustrierten zu lesen.

Kenner des Horrorfilmgenres könnten diese Liste von Bezügen zweifellos noch erheblich verlängern.

Neben solchen Quellen spielen bei der Entstehung von Lukas' Erzählung pubertäre Wunschträume eine wesentliche Rolle. Es fällt auf, dass jede Frau, der Lukas während seiner Satanistenzeit begegnet, mit ihm Geschlechtsverkehr haben möchte. Sehr unwahrscheinlich ist die Beschreibung, die Lukas von den Satanistinnen seiner Gruppe gibt: Sie alle sind ausnahmslos jung und sehr attraktiv. Auf den Gedanken, dass einem Satanskult auch »normale« und vor allem auch ältere Frauen angehören könnten, scheint er nicht zu kommen. Bezeichnend ist die Tatsache, dass die einzige Frau in der Geschichte, über deren körperliche Vorzüge sich Lukas nicht auslässt, seine jetzige Freundin Petra ist. Wunsch und Wirklichkeit klaffen in seinem Leben offenbar weit auseinander.

Lukas' Geschichte lässt sich zusammenfassend sehr plausibel deuten als Kombination aus

– einer erzählerischen Verarbeitung von Lukas' Gewalterfahrungen durch seinen Stiefvater,
– pubertären Fantasien von Allmacht und sexueller Attraktion,
– Inspirationen aus Horrorvideos, Nazifilmen und TV-Serien.

Nichtsdestotrotz: Könnte das Buch *Lukas – Vier Jahre Hölle und zurück* nicht trotzdem dazu geeignet sein, Jugendliche von satanistischer Betätigung abzuhalten – gerade wegen seiner unrealistischen Krassheit? Auch dieses Argument lässt sich nicht halten. Zwar ist Lukas' Buch zweifellos keine Einladung zu satanistischer Praxis. Als »Warnung« vor den faktisch existierenden satanistischen Organisationen indes taugt es nicht: Da Lukas den Satanismus völlig falsch schildert, ist es für echte Satanisten ein Leichtes, Interessenten zu beweisen, dass sie doch »ganz anders« sind als in den Medien dargestellt – nicht »schlimm und dumm« wie bei Lukas, sondern »nett und vernünftig«. Die Sekte kann problemlos darlegen, dass übertriebene Darstellungen wie die von Lukas und Marlies inkorrekt sind – und damit zugleich Kritik im Ganzen als unseriös und wahrheitswidrig zurückweisen.

Auch beim aufmerksamen Teil der Leserschaft, der Lukas' Darstellung aufgrund der zahllosen Widersprüche nicht so einfach glauben mag, ergibt sich möglicherweise ein nachteiliger Effekt: Wer feststellen muss, dass viele angebliche Insiderberichte über den Satanismus erfunden sind, kann geneigt sein, die Existenz satanistischer Gruppierungen insgesamt anzuzweifeln. Dieser Reflex wäre das Beste, was den real existierenden Satanisten passieren kann.[53]

3.2 Ramonas Geschichte(n) – »The black Omen«

»Der Cult T. B. O. ist, glaube ich, einer der schlimmsten, die ich kenne. Denn ich war mal Mitglied von ihm und weiß, von was ich spreche. Das Schlimmste, was ich durchmachen musste, war das Lösen von dieser

Gruppe. Die Jahre, die ich damit verbracht habe, den Teufel anzubeten, waren meist fürchterlich. Warum? Weil es mehr und mehr zu einer Sucht wurde, so wie Zigaretten.«

So fängt das Tagebuchprotokoll der damals 14-jährigen Ramona K. über ihre Mitgliedschaft in dem Satanskult »The black Omen« (T. B. O.) an. 1992 will die Schülerin aus einer Kleinstadt bei Osnabrück von Bekannten zunächst aufs Gläserrücken angesprochen worden sein. Da ihr an jenem Nachmittag langweilig war, ging sie mit. Bei der Sitzung waren zehn Jungen und Mädchen im Alter von 13 bis 18 Jahren anwesend. »Ich war natürlich wild darauf, mehr zu erfahren, und stimmte zu, an einer schwarzen Messe teilzunehmen.« So nimmt die Geschichte ihren Lauf.

»Der Fall T. B. O.« gilt als der wohl meistzitierte Bericht aus dem Bereich des Jugendsatanismus. Namhafte Experten nehmen bis heute darauf Bezug. Auch Zeitschriften und Zeitungen berichteten ausführlich. Und doch halten auch Ramonas Tagebuch sowie diverse Briefe und Interviews von ihr einer kritischen Überprüfung kaum stand. Von einem »Super-GAU« für die seriöse Sektenarbeit spricht gar Georg Otto Schmid, der auch dieses vermeintliche Insiderzeugnis abklopfte und zu folgendem Ergebnis kam:[54]

> »Das Lösen von der Gemeinde – das ist das Schlimmste, was ich durchmachte. Ich weiß, dass der Messias versuchen wird, mich zu finden, um mich zurückzuholen. Aber, Gott sei Dank, habe ich drei bestimmte Freundinnen, die mir im Notfall beistehen werden. Denn Freundschaftsliebe ist meistens stärker als das Böse. Hoffentlich. R.«

Diese eher unspektakuläre Passage in Ramonas Tagebuch enthält möglicherweise den Schlüssel zu den gesamten Geschehnissen. Um den Jahreswechsel 1991/1992 hat Ramona eine beste Freundin namens Yvonne und zwei weitere Freundinnen, Janine und Jeannette. Wie sich die Beziehung der vier Mädchen zueinander darstellt, lässt sich im Nachhinein nicht mehr exakt rekonstruieren. Auf jeden Fall aber ist Ramona besorgt. Es scheint, dass Yvonne sich von ihr ab- und Janine und Jeannette zuwendet.

Kurz darauf bekommt Yvonne einen mysteriösen Brief. Der Unterzeichner nennt sich Thomas B. Ohlsen und rät Yvonne nachdrücklich von der

Freundschaft mit Ramona K. ab. Weder ist von einer Gruppe die Rede noch geht es um etwas Weltanschauliches oder gar Okkultes.

Tatsächlich zieht sich Yvonne aus verschiedenen Gründen von Ramona zurück und verkehrt nur noch mit Janine und Jeannette.

Ein zweiter Brief an Yvonne taucht auf:

> Ich muss euch beglückwünschen, dass ihr euch endlich von R. gelöst habt und ihr eingesehen habt, dass diese Freundschaft keinen Wert hat. Endlich steht uns nichts mehr im Wege, um sie ganz zu uns zu holen. Denn sie weiß nicht mehr, was sie tut oder sagt. Dank euch ist sie uns endlich gefügig geworden, sie gehört zu uns. Ich danke euch. Endlich können wir sie auf ihre (neue) Taufe vorbereiten. Dann gehört sie für immer uns. Endlich.
> *Thomas B. Ohlsen*

Jetzt geht es klar um irgendeine Sekte. Satanisches ist nicht daraus zu erkennen. Schließlich findet Yvonne einen »Abschiedsbrief« von Ramona selbst im Briefkasten:

> Wenn du diesen Brief erhältst, werde ich nicht mehr sein. Ich weiß einfach nicht mehr, was mit mir werden soll. Ich habe keine Achtung mehr vor Gott, seit ich wieder im Kult bin. Vielleicht fasst du das als Scherz auf, vielleicht auch nicht. Aber das ist mein voller Ernst. Was soll ich denn noch auf dieser Welt? Ihr könnt die Probleme, die ich habe, ja doch nie verstehen oder ernst nehmen. Es ist auch einfach, zu sagen: ›Ich habe keinen Lebensmut mehr.‹ Es hat sich ausgespielt mit meinem Leben. Ich bin heute deshalb nicht mehr zur Schule gekommen. Ich kann einfach nicht mehr. Nämlich, wenn ich euch so fröhlich sehe, weiß ich, dass ich es nicht mehr sein kann. Denn hinter meinem Rücken verhindert das immer wieder T.B.O. oder der Rückfall in den Kult, damit sie euch nicht belästigen. Spätestens am Donnerstag erfülle ich mein Vorhaben. Sollte ich es nicht tun, dann weiß ich, dass ich dazu keinen Mut habe. Dann bin ich nur noch ein Feigling, der eurer Freundschaft nicht wert ist. Aber man weiß ja nie. Vielleicht tue ich es doch. Ich brauchte viel Mut, um diesen Brief zu schreiben, der vielleicht der letzte sein wird. Nämlich, wenn ich zurückdenke, habe ich uns vier vor Augen, wie wir zusammen gelacht haben. Die Erinnerung daran kann mich nur halb davon abbringen.
> P.S. Wenn ich am Donnerstag nicht zur Schule komme, weißt du, warum. Und sage es vorher nicht Janine oder Jeannette (bitte). Es ist mein Ernst.
> *Tschau R.*

Dass Ramona einem Kult angehört, setzt sie hier als bekanntes Faktum voraus. Okkultes oder Satanisches fehlt weiterhin vollständig.

Es muss in der Zeit nach diesem dritten Brief sein, dass die Religionslehrerin von Ramona K. eine Unterrichtsstunde zum Thema Okkultismus hält. Vielleicht wird Ramona dadurch auf die Idee gebracht, den »Cult« um den gefährlichen »Thomas B. Ohlsen« als satanistische Gemeinschaft zu zeichnen. Jedenfalls lernt sie nun einige Begriffe, die sie später in zum Teil abenteuerlicher Schreibweise in ihrem »Tagebuch« verwenden wird: »TARO«, »Wodu«, »schwarze Messen«, »Pentagramm«.

Erheblich folgenreicher wächst sich indes aus, dass eine von Ramonas Freundinnen sich an die Lehrerin wendet. Zusammen mit der Klassenlehrerin wird die Frau aktiv und versucht, Ramona bei ihrem »Cult«-Problem zu helfen.

Um ihre Schülerin fachkundig beraten zu können, besuchen die beiden Lehrerinnen einen Vortrag des inzwischen pensionierten Hannoveraner Sektenexperten Wilhelm Knackstedt in Herford und schildern ihm nach der Veranstaltung den Fall Ramona K. Dieser rät dazu, Ramona solle ihre Erlebnisse in dem satanistischen »Cult« aufschreiben.

Nun steckt Ramona in der Bredouille. Denn, wie ein Vergleich der Handschriften zeigt, hat Ramona die beiden Briefe von »Thomas B. Ohlsen« an Yvonne selbst geschrieben. Das Motiv ist unschwer zu erraten: Von dem ersten Schrieb erhoffte sich das Mädchen, dass Yvonne genau das Gegenteil dessen tun würde, was der böse Ohlsen ihr riet, nämlich ihrer Freundin Ramona beistehen. Als das nichts fruchtete, appellierte sie im zweiten Brief an das schlechte Gewissen von Yvonne: Ihr habt mich verlassen, deshalb hat mich eine Sekte gepackt. Überflüssig zu erwähnen, dass keine Sekte einen solchen Brief an Freundinnen verfassen würde, die sich (endlich) vom neu geworbenen Sektenmitglied abgewandt haben. In der Realität könnte ein solches Vorgehen allenfalls nachteilige Wirkung für die Organisation haben, da die Freundinnen ihre Entscheidung eventuell nochmals überdenken würden. Und genau das war es wohl, was Ramona beabsichtigte.

Ein Zurück gibt es jetzt nicht mehr – schließlich würden sich Yvonne, Janine und Jeannette zu Recht übel veräppelt vorkommen. Also bleibt nur eins: hinsetzen und schreiben. Sich etwas aus den Fingern saugen und den »Cult« des T. B. O. ausgestalten.

Ramonas Problem: Sie weiß so gut wie nichts über Satanismus. So greift sie auf Begriffe aus ihrem christlichen Umfeld zurück. Der Chef der Satanisten heißt »Messias«, seine Anhänger »Jünger« – originellerweise unterteilt in »Oberjünger«, »mittlere Jünger« und »niedere Jünger«. Die Gruppe als Ganzes bezeichnet die Schülerin als »Gemeinde«.

Große Feste müssen natürlich ebenfalls sein. Aber Walpurgis oder Derartiges kennt Ramona nicht. So konstruiert sie in ihrer Not – vielleicht inspiriert durch die Einweihung des neuen Vereinslokals um die Ecke – ein Fest namens »die große Einweihe«. Dabei wird angeblich der Satan selbst geweiht – was einigermaßen absurd und im echten Satanismus undenkbar erscheint. Wer weiht schon seine Gottheit?

Auch einen Namen für die Gruppe braucht Ramona dringend. Eine Fantasiefigur namens »Thomas B. Ohlsen« hat sie bereits geschaffen. Wie wäre es, die Initialen T. B. O. nun einfach als »The black Omen«, das schwarze Omen, zu deuten? Schließlich gibt es auch einen sehr bekannten Horrorfilm, der den Begriff »Omen« im Titel führt.

Und natürlich wird reichlich geopfert: Hähne, Hühner, Katzen, Hasen, Hunde müssen dran glauben. Angesichts der dargebrachten Unmengen an Blut müssten die Tierheime im weiteren geografischen Umkreis nahezu leer sein.

Daneben plündert Ramona sämtliche Vorurteile, die bei Schülern über Sekten so herumgeistern: »Um neue Mitglieder zu gewinnen, zieht T. B. O. immer und immer wieder die gewohnte Masche ab: Anreden auf dem Schulhof oder auf der Straße. In einem das Interesse wecken, sich mehr für Okkultismus (zum Beispiel Kartenlegen oder Gläserrücken) zu interessieren. Versuchen, (einen) zu überreden, ob man nicht Lust hat, an einer schwarzen Messe teilzunehmen. Wenn der Kult das geschafft hat, einen zu überreden, dann ist es meistens schon zu spät. Denn dann will man sich immer mehr dafür interessieren. Denn nach der ersten Messe fragt man den Neuen, ob er nicht Mitglied werden möchte. Sagt derjenige aber nein, versuchen die Satansanhänger, ihn oder sie immer und immer wieder zu überreden, bis man eben ja sagt.«

Auch die Mär von den hypnotisierten oder mit Medikamenten abgefüllten Sektenzombies tischt Ramona auf: »Falls einer der Jünger der Gemeinde die Lust am Anbeten des Satans verliert, wird er in Hypnose durch ein Pendeltrack versetzt. Mit einer Spritze wird ihm außerdem ein Serum gegeben, das sonderbare Wirkung hat. Und die ist so: Nachdem man ihm das Serum gegeben hat, wird er aus der Hypnose geholt. Bevor man ihn gehen lässt, wird ihm noch mit Worten gedroht, wie zum Beispiel: ›Denke daran, dass Satan über große Macht verfügt.‹ Oder: ›Bedenke, wir sind Diener des Satans und er bestraft diejenigen, die versuchen, uns und ihm nicht zu gehorchen.‹ Das Serum zeigt erst seine volle Wirkung, wenn man schläft. Man bekommt fürchterliche Albträume, die man vorher nie hatte. Ich hatte leider die Erfahrung damit gehabt.«

Offen bleibt, was der Satan eigentlich für seine Anhänger tut. Er reist zwar über den Himmel und lässt sich einmal jährlich weihen und gelegentlich straft er auch, aber irgendeinen Nutzen scheint seine Verehrung nicht zu bringen. So fehlt denn auch jede Angabe zur Motivation der AnhängerInnen. Die dargestellte Gemeinschaft lebt nicht (allerdings ist die Erfindung einer plausibel wirkenden religiösen Sondergruppe zugegebenermaßen eine sehr knifflige Angelegenheit, an der auch manche Experten schon gescheitert sind).

Insgesamt ergibt sich ein Bericht, der reichlich Ungereimtheiten aufweist und mit tatsächlich existierendem Satanismus nicht viel zu tun hat.

Dennoch ist die satanistische Verstrickung von Ramona K. für ihre Lehrer nun nicht mehr fraglich. Sie ziehen die Konsequenz daraus, dass das Mädchen vor befürchteten Anschlägen des T.B.O. geschützt werden muss.

Prompt zeigt Ramona einen »Drohbrief« vor, den sie vom »Schwarzen Omen« erhalten haben will:

Diesen Fehler können wir dir nicht verzeihen, R. Oh nein, das können wir nicht. Du hättest dich nicht wieder mit ihnen vertragen sollen. Für diesen Fehler wirst du noch schwer bezahlen und wie du dafür bezahlen wirst.
Denn wir wissen, wie du verletzbar bist, wenn es um deine Freunde geht.

Entweder deine Freunde oder T.B.O. Wir erwarten dich am Mittwoch um 20 Uhr im Zirkel. Ob du kommst oder nicht, ist deine Sache. Aber denke genau darüber nach, welche Entscheidung du triffst. Denn du bist und bleibst eine T.B.O.-Anhängerin und dienst Mephisto. Du trägst sein Zeichen.
T.B.O.
Denke genau darüber nach (wir erwarten dich).

Ziel dieses Schreibens ist es wohl, in ihrem persönlichen Umfeld der allgemeinen Erwartung einer Bedrohung durch die Satanisten zu entsprechen und den »Ernst« der Situation zu belegen. Gegenüber dem »Tagebuch« hat Ramona schon dazugelernt: T.B.O. wird nun nicht mehr als »Gemeinde«, sondern weit passender als »Zirkel« bezeichnet.

Ein Lehrer, der Ramona K. vor den Satanisten beschützt, wird in dieser Zeit von der AG Sekten in Herford betreut. Er sucht die Leiterin, Karin Paetow-Froese, zu mehreren Gesprächen auf. Ein direkter Kontakt der Expertin mit Ramona ergibt sich aber nicht, so dass sich Paetow-Froese keinen persönlichen Eindruck von der Glaubwürdigkeit des Mädchens machen kann. Schließlich wird Ramona K. in einer psychiatrischen Klinik stationär untersucht. Die Therapeuten kommen zu dem Schluss, dass an ihrer Geschichte nichts dran ist. Auf Wunsch der Ärzte und Psychologen besucht Heide-Marie Cammans vom Essener Sekten-Info die Schülerin, kann sich aber in nur einem Gespräch kein seriöses Urteil über die Wahrheit der Geschichte bilden.

Nach ihrem Klinikaufenthalt kehrt Ramona in ihr gewohntes Lebensumfeld zurück. Eine Nachbetreuung durch einen Experten ergibt sich nicht; vermutlich auch deswegen nicht, weil die behandelnden Therapeuten Ramonas Erzählungen keinen Glauben schenkten.

Ramona befindet sich noch in der Klinik, als ihr »Tagebuch« bereits seinen Zug durch die Publikationen von Okkultismusexperten im deutschen Sprachraum antritt. Wie das? Das »Tagebuch« und die vier Briefe werden Wilhelm Knackstedt zur Verfügung gestellt – zusammen mit einer Vollmacht zur weiteren Verwendung in eigenem Ermessen. Knackstedt versendet das Dossier an diverse Beratungsstellen, natürlich in der Meinung, endlich einen detaillierten Erfahrungsbericht zum Thema Jugendsatanismus vorliegen zu haben. Dieses Vorgehen ist im Prinzip völlig richtig. Wäre die Geschichte echt, wäre sie brisant und für die Beratungsarbeit äußerst wichtig.

Warum aber klärt Wilhelm Knackstedt vor dem Versand nicht die Glaubwürdigkeit des Materials ab? Der Grund ist ein Missverständnis: Knackstedt geht davon aus, dies sei längst geschehen. Er denkt, dass sowohl die AG Sekten in Herford wie das Sekten-Info Essen mit Ramona in Kontakt stehen. Die Empfänger des Dossiers können wiederum davon ausgehen, dass der Versender als anerkannter Experte die Glaubwürdigkeit von Ramonas Darstellungen abgeklärt hat. Weil aber im Anschluss an den Klinikaufenthalt des Mädchens niemand mehr mit ihr zu tun hat, erfährt auch niemand von der Tatsache, dass Ramonas Therapeuten auf einen Schwindel geschlossen haben.

Diese Verkettung unzutreffender Annahmen ergibt schließlich die Situation, dass ein Zeugnis, das nie auf seine Glaubwürdigkeit geprüft wurde, allgemein als »echt« wahrgenommen wird – und eine enorme Wirkungskraft als angeblich »bestbekannter Fall von Jugendsatanismus« entfalten kann.

Allerdings setzt auch Ramona K. selbst noch eins drauf. 1995 suchen Guido und Michael Grandt, die für ihr *Schwarzbuch Satanismus* (Pattloch Verlag, 1995) recherchieren, das Mädchen zu Hause auf. Das Zusammentreffen mit den beiden Experten macht Ramona sichtlich nervös: »Die 16-Jährige wirkt schüchtern. Aus grünen, traurigen Augen mustert sie uns scheu … Es fällt ihr schwer, sich an das Geschehene zu erinnern und darüber zu reden. Immer wieder hält sie inne, irrt ihr Blick durch das kleine Wohnzimmer.«

Möglicherweise findet Ramona dennoch Gefallen daran, Eltern, Lehrer, Freundinnen und Sektenspezialisten an der Nase herumzuführen. Denn gegenüber ihrem »Tagebuch« baut sie die Geschichte vor den Grandts nun erheblich aus – allerdings nicht unbedingt mit Elementen, die das Ganze glaubwürdiger erscheinen lassen könnten. So berichtet sie unter anderem von einem Buch namens *Testament Satans*, das verkehrt herum gedruckt sei und auch so gelesen werden müsse. Ein Exemplar dieser bislang unbekannten bibliophilen Rarität kann sie natürlich nicht vorweisen.

Kaum glaubwürdiger wirkt ihr Bericht vom »allsehenden Auge«: »Es gibt dort – in dem alten Haus – das allsehende Auge. Es ist mit roter Farbe auf ein Tuch gezeichnet und von einem Dreieck umgeben. Es könne alles sehen, hat man uns gesagt. Und wir haben das geglaubt.«

Bezüglich der Dauer ihrer Mitgliedschaft im »Schwarzen Omen« kommt Ramona sogar erheblich durcheinander. Bei der Abfassung des »Tagebuchs«, als Ramona 14 war, spricht sie von »Jahren«. Wilhelm Knackstedt erinnert sich, ihre Lehrerinnen hätten von vier Jahren der Mitgliedschaft bei den Satanisten berichtet. Dies würde bedeuten, dass sie im zarten Alter von 10 Jahren dem Kult freiwillig beigetreten ist. Den Grandts erzählt sie nun, sie sei 13 gewesen, was den Ausdruck »Jahre« in ihrem Tagebuch völlig widersprüchlich erscheinen lässt.

Und schließlich bereichert Ramona ihre Story – alterskonform – um einen Egotrip: Sie sei im »Cult« besser behandelt worden als die anderen Mädchen, weil sie etwas Besonderes sei: Wegen ihrer grünen Augen und Feuermale habe man sie schließlich als »Opfer« auserkoren. Dies habe sie mitbekommen, als sie ein Gespräch belauscht habe. Da sei sie endlich »schockiert« ausgestiegen. Warum sie von alledem im »Tagebuch« keine Silbe erwähnt, erklärt Ramona nicht.

Seither hat keine der Personen, die mit Ramona K. in dieser Angelegenheit zusammentrafen, mehr etwas von dem Mädchen gehört. Wo sie lebt und wie sie heute zu ihrer Geschichte steht, ist damit offen. Auch hat sich zu keinem Zeitpunkt je ein weiterer Zeuge bei einer Beratungsstelle im Raum Osnabrück gemeldet, der in irgendeiner Form mit einer Gruppe namens »The black Omen« zu tun bekommen hätte.

Besonders problematisch ist die T.B.O.-Geschichte für die Sektenarbeit. Denn sie bestätigt all die gegenstandslosen Vorurteile, die gerade bei Jugendlichen gehäuft anzutreffen sind und denen nicht genug widersprochen werden kann, wenn das Phänomen Sekte wirklich verstanden werden soll: Sektenmitglieder sind alle irgendwie doof, sie werden hypnotisiert und/oder mit Medikamenten vollgedröhnt. Mitglied wird man, indem man so lange bequatscht wird, bis man nachgibt, und eigentlich möchte jeder aus der Sekte aussteigen, kann das aber nicht, weil die Sekte ihn bedroht. Alle diese Fehleinschätzungen werden in der Story um das »Schwarze Omen« mehr oder minder deutlich bestätigt.

Über den Satanismus ist aus dem Berichteten gar nichts zu lernen, weil Ramona keine Ahnung davon hat. Es ist zu hoffen, dass diese Geschichte alsbald in der Versenkung verschwindet.

4 »A Modern Satanic Lifestyle«

4.1 Die »Satanskinder« von Sondershausen

Einer der wenigen authentischen Fälle von jugendlichem Teufelskult, bei dem die Zeugnisse der Beteiligten mit den Erkenntnissen von Ermittlungsbehörden und anderen Experten übereinstimmen, betrifft die »Kinder des Satans« im thüringischen Sondershausen (siehe auch Kapitel 1.3). Aus diesem Grund sollen die Hintergründe hier noch einmal dargestellt werden – und um aufzuzeigen, dass die in Kapitel 2 genannten Motive Jugendlicher, sich dem Satanismus zuzuwenden, selbstredend ineinander fließen und sich überschneiden können.[55]

»Ich hatte auf dem Erfurter Kirchentag im Juli 1992 einen Vortrag zum Thema Sekten zu halten. Während dieses Vortrages wurde ich von einem schwarz gekleideten Jugendlichen gefragt, was ich denn von Luzifer halte. Ich schaute mir den jungen Mann genauer an. Er war nicht nur schwarz angezogen, sondern trug alle Insignien des Satanskultes an sich.« So erinnert sich der Jenaer Religionswissenschaftler Winfried Müller an den damals 16-jährigen Sebastian S. und gibt folgende Beschreibung von dem sonderbaren Jungen: »Sein Outfit entsprach genau dem Klischee der einschlägigen Regenbogenpresse. Und doch war dieser junge Mann irgendwie anders, es ging von ihm eine Faszination aus, die mich bewog, ihm die Gelegenheit zu geben, sich vor der Gemeinde zu äußern. Er kam nach vorn und legte ein Glaubensbekenntnis ab. Er sagte, er glaube an die Macht Luzifers, die Macht des Bösen, und ihr würde er alles unterordnen und opfern. Die Gemeinde reagierte unwillig, teilweise verständnislos. Opfer? Was war das bloß für einer? Ein dreiviertel Jahr später ermordete er mit seiner Gruppe einen Mitschüler ...«[56]

Sebastian S. Andreas K. Und Hendrik Möbus. Das sind für Außenstehende »die schrägen Vögel aus der Elften«, schreibt die Schülerzeitung *Kurz und Gut* des Professor-Irmisch-Gymnasiums in Sondershausen im November 1992. »Diejenigen, die anders sind als die anderen. Diejenigen, über die gruselige Dinge erzählt werden, dass so manchem ein Schauer über den Rücken läuft.«

Kurz und gut führt deshalb ein schriftliches Interview mit Hendrik, das ungekürzt, unkommentiert und ohne Fotos erscheint:

»Was ist wahr an den Gerüchten, die über euch im Umlauf sind (Blutfeten, nächtliche Treffen auf dem Judenfriedhof usw.)?«

»Lüge ... Wir tun schon seltsame Dinge. Aber das geht nur uns etwas an. Judenfriedhof? Forget it, wir bevorzugen den düsteren Wald. Blutfeten? Was soll das sein?«

»Woran glaubt ihr eigentlich?«

»Diese Frage!! Aber gut ... Unser Glaube ist eine Verbindung von uralten indianischen Ritualen mit skandinavischer Mystik, angereichert mit dunklem Voodoo-Kult, und das alles durchsetzt mit der brutalen Genialität von Lucifers Antireligion. Wir glauben an das Böse; an den Tod; an das Fleisch; an die Lust; an die Macht; an die Finsternis; an die Schlacht; an den Sieg; an die Seelen; an die Dämonen; an Lucifer, unseren Vater und Meister; an das Blut; an die Zerstörung; an das Chaos; an die Anarchie; an die Nacht; an unsere Kraft ... Das ließe sich noch fortsetzen. Aber ich denke, das reicht.«

»Was denkt ihr über Christen?«

»Christen? Wenn ihr so was wie den CVJM meint, we hate and destroy it!!! Scheiß-Pseudos. Wenn aber aufrechte und ehrliche Christen gemeint sind wie die Apostel und Jesus Christ, nun, wir akzeptieren einzigst sie als unsere Gegner in der ewigen Schlacht zwischen Gut und Böse.«

»Feiert ihr ›schwarze Messen‹? Wenn ja: Wie? Was ist das überhaupt?«

»Primitiv, diese Frage ... Feiert ihr denn Partys und Feten?! Ich denke doch. »Schwarze Messen« ist ein mit Vorurteilen belasteter Begriff ... Wir haben unsere eigenen Riten und Zeremonien, aber das braucht euch in keinster Weise zu interessieren!!! Nur: So ein Shit, wie in *Bravo* und sonst wo zu lesen, ist es auf keinen Fall!«

»Macht ihr im Religionsunterricht mit? Wenn ja: Was haltet ihr davon und wie verhaltet ihr euch?«

»Nein. Nichts Neues am Horizont der Schein-Christen. Alte, abgedroschene Phrasen, leere Worthülsen. Langweilig.«

»Habt ihr schon einmal etwas erlebt, was für euch ein Zeichen war, dass es einen Satan gibt? Wenn ja: Was? Wann? Wo?«

»Fuck you und DIE!!! Eine sinnlose Frage, dennoch will ich sie beantworten: Jeder von uns hat seine Erlebnisse mit der dunklen Seite, aber das geht nur uns etwas an. Sahen denn die Christen unter euch schon Jehova oder Jesus? Sicher nicht, aber dennoch wissen sie: Es gibt Gott. Es lebte Jesus.«

»Wie seid ihr zu euren Ansichten gekommen?«

»Die kamen mit der Post ... Go to HELL! Natürlich durch langes, intensives Nachdenken und tiefe Überzeugung. Was denn sonst?«

»Trefft ihr euch mit anderen Leuten, die eure Glaubensrichtung vertreten? Was macht ihr zusammen?«

»Mit ›Vertretern‹ treffen wir uns nie. Nur mit Personen und Wesen, die die gleichen Ansichten/Absichten wie wir haben.«

»Habt ihr bestimmte Musik? Bestimmte Rituale? Wenn ja: Welche?«

»Musik ... Unser musikalisches Spektrum reicht von Deathmetal über Blackmetal und Grindcore bis zu Darkwave/Gothic Rock. Hardrock, Punkrock, Pop und all so ein Scheiß ist nicht unser Geschmack. Riten? Hab ich schon beantwortet.«

»Benutzt ihr Alkohol oder Drogen, um euch evtl. in Trance zu bringen?«

»Jaaa!!! Wir pumpen uns mit LSD voll, konsumieren Unmengen von Rotwein/Wodka und benutzen verschiedene Lösungsmittel zum ›Schnüffeln‹. Und wenn wir dann so richtig trancig sind, machen wir Jagd auf hübsche Jungfrauen, um sie zu foltern und zu opfern. Alles klar?!«

»Was sagen eure Eltern zu diesem Thema?«

»Sätze, Wörter, Wortgruppen, Buchstaben ..., ganz unterschiedlich.«

»Bemerkt ihr, dass euch Leute, ohne dass sie euch kennen, offen Abneigung entgegenbringen? Wenn ja: Wie werdet ihr damit fertig?«

»Ich liebe diese Frage!!! Die einen wollen uns erniedrigen, die anderen uns körperlich verletzen ... Ich sage nur: The Victory is Our!!! Und wer uns kennt, weiß, dass dies nicht nur hübsche Worte sind ...«

»Der Friedhof: Was ist das für ein Platz für euch?«

»Der Friedhof ist ein ruhiger, verträumter, romantischer Ort, nur leider wurde seine Atmosphäre erheblich zerstört, weil einige Nachwuchsgrufties meinen, es uns gleichtun zu können ... Nun, wir haben uns in den Wald zurückgezogen. Ein fantastischer Ort.«

»Wer gehört überhaupt zu euch?«

»Hahaha, selten so gelacht. Wir sind Legion und das sind ihrer viele ... Manche von uns stechen aus der Masse hervor, andere tarnen sich perfekt darin. Zu uns gehört nur, wen wir anerkennen und tolerieren und wer sich zu uns bekennt. Sandro B. gehört definitiv nicht zu uns, auch wenn er so etwas in der Art behaupten mag. No Chance! Falls irgendwer auf den Gedanken kommen sollte, uns besuchen zu wollen, so sei er gewarnt: Unser Verhalten hängt sehr stark vom Verhalten unseres Gastes ab. Im tiefen Wald hört dich niemand schreien ...«

> *»Womit beschäftigt ihr euch noch in der Freizeit?«*
>
> »Wir versuchen, so wenig Normales wie möglich zu machen. Also, wir schauen recht oft Video, am liebsten Splatter- und Actionfilme, wo die Menschen auf das Grausamste getötet werden. Lesen tut auch jeder, bevorzugter Autor ist Stephen King. Und am wichtigsten: Wir proben häufig zusammen, da wir sogar eine Band darstellen: ABSURD. Wir spielen den härtesten, rauesten und genialsten Blackmetal in ganz Deutschland.«

Unter der Überschrift »Warning!!!« schickt Hendrik noch einen Anhang mit einer dilettantischen Zeichnung eines Pentagramms und eines umgekehrten Kreuzes mit:

»Falls irgendjemand aufgrund der Antworten vorhat, uns mit Fragen etc. zu belästigen, sollte besser nicht mit einer vernünftigen Antwort gerechnet werden. Bastelt euch doch eure abgefuckten Gerüchte selbst zusammen, sie zeugen nur von eurem Unvermögen, uns zu akzeptieren.

Und wer uns gar besuchen will …, kann dies gerne tun. Nur sollte derjenige sich vorher genauestens überlegen, welches Risiko er einzugehen gedenkt. Wir tun niemandem etwas an, solange derjenige uns keinen Grund dazu liefert … Wir verspeisen mit Freude all jene, welche uns bezwingen wollen! Also beherzigt meine Worte und ihr lebt vielleicht noch ein bisschen länger. Vielleicht …«

Die merkwürdige Clique um Hendrik, Sebastian und Andreas entsteht 1990. »Ich wollte meinen Kindern nie etwas verbieten«, sagt Hendriks Mutter später. »Die Freiheiten, die mit der Wende kamen, wollte ich nicht gleich wieder einschränken.« So wie Renate Möbus schauen auch die Lehrer, die Ortspfarrer und die Betreuer im Jugendclub weg, als das Trio mit schwarzer Kleidung, umgekehrten Kreuzen und Pentagrammtüchern zu kokettieren beginnt – oder aber sie wissen gar nicht um die Bedeutung solcher Symbolik.[57]

Schwarzmarktkopien von Horrorfilmen, die wegen Gewaltverherrlichung in Deutschland verboten sind, ordern die drei im Kleinanzeigenteil diverser Undergroundzeitschriften. Statt den »Phudys« oder »Karat« ist jetzt der Heiden-Lärm von Blackmetalbands wie »Venom«, »Sodom« oder »Angel Ripper« angesagt. Sebastian liest nicht nur Stephen King, Aleister

Crowley und das apokryphe Buch *Henoch*, sondern auch die verzweifelt-schwermütigen Werke des Polen Stanislaw Przybyszewski, der wie Crowley in »Fachkreisen« als einer der Ahnherren des modernen Satanismus gilt und 1927 starb. »Den Rest sucht er sich aus der Bibel, der *Bravo* und dem Brockhaus zusammen«, schreiben die beiden Journalisten und Autoren Liane von Billerbeck und Frank Nordhausen im Rahmen ihrer ausführlichen Recherchen zum Fall Sondershausen.

Bis zur 11. Klasse nimmt Sebastian am Religionsunterricht teil. Dort verkündet er eines Tages: »Ich stamme aus der Hölle, mein Vater ist der Teufel.« Sein Äußeres unterstreicht diesen Satz: »Langes, dunkles Haar, ein bleiches, hageres Gesicht mit einem oft bösen, kalten Blick, schwarze Augenränder, dazu schwarz gekleidet und mit einem umgekehrten Kreuz um den Hals geschmückt«, erinnert sich die Religionslehrerin Renate Schulz. Selbstbewusst und fasziniert schildert Sebastian der verdutzten Klasse die Qualen der »Guten« und der »Ungläubigen« in der Hölle: »Aufgeschlitzt werden sie, mit Mistgabeln ins Feuer gestoßen und wir tanzen rundherum.« Eine Schülerin zeigt ihm den Vogel, andere murmeln »Spinner!« Eine spontane Provokation, eine Art von Unterrichtsboykott?

Als etwa ein Jahr später die ganze Tragik der Satanistenszene von Sondershausen zutage tritt, analysiert Renate Schulz rückblickend: »Satanismus ist oft ein Notschrei der eigenen Hilflosigkeit gegenüber einer Welt, die immer komplexer und unüberschaubarer wird. Besonders die drastischen Veränderungen nach der Wende gehen an den Schulen Ostdeutschlands nicht spurlos vorbei. Wo finde ich noch eine vertraute Nische, wo Geborgenheit, Orientierung, Anerkennung und Trost?, fragen sich viele Schüler. Sebastian ist stolz, dies in seiner satanistischen Gruppe gefunden zu haben: ›Wir halten zusammen wie Pech und Schwefel.‹ Hier allein finde er noch ›Liebe, Vertrauen und Trost.‹ Durch die Gruppe erlebe er ein Machtgefühl wie nie zuvor und könne seinen Rachegedanken und Aggressionen freien Lauf lassen: ›Die Hölle eröffnete sich in Deutschland/Thüringen und drei wahre böse Blackmetalkrieger wurden von Meister Luzifer gesandt, alle schwachen Seelen mit ihrer diabolischen Musik zu vernichten.‹

Sebastian strahlt ein übersteigertes Selbstbewusstsein, ja Machtbewusstsein aus und erntet dafür von vielen Schülern, besonders von Schülerinnen,

Bewunderung, die bis zu ehrfurchtsvoller Verehrung geht. Ein narzisstisches Problem deutet sich an: ›Wir sind besessene und wütende Kreaturen.‹ Man gewinnt den Eindruck, dass Sebastian sich über Jahre mühsam ein künstliches, negatives Größenselbst aufgebaut hat, das ständig mit Anerkennung und Huldigung gefüttert werden muss. Ruht dahinter, mit Minderwertigkeitskomplexen beladen, sein reales Ich?

Von außen betrachtet lassen sich nur Vermutungen anstellen, wie auch zum Beispiel, dass bei Sebastian unverarbeitete Konflikte mit seinem Vater vorliegen. Immer wieder betont Sebastian: ›Mein leiblicher Vater ist nicht mein wahrer Vater.‹«[58]

Die Satanisten sind bald stadtbekannt, obwohl sie sich Pseudonyme zulegen: Sebastian nennt sich »Dark Mark Doom« (»Zeichen des dunklen Schicksals«), Hendrik »Randall the Vandall Flagg, Called Messiah«. Den Kern der Gruppe bilden Sebastian als »Chefideologe«, Hendrik, Andreas sowie zwei Freunde vom Gymnasium, Udo und Thoralf. Mädchen sind anfangs nicht dabei, später werden sie – angezogen von der Aura des Geheimnisvollen und dem außergewöhnlichen Aussehen der Mitglieder – mehr oder weniger geduldet.

Gerüchte von nächtlichen »Satanstaufen« machen in der thüringischen Kleinstadt die Runde. Was darunter zu verstehen ist, schildern Billerbeck/Nordhausen so: »Wie geplant, treffen Christina, Lena, Heidje und ein Freund am vorgesehenen Ort auf Thoralf, der sie unerbittlich schweigend zum Wald in den Steinbruch führt. Es ist dunkel, nur der Mond bescheint die stille Satansgemeinde.

Im Steinbruch haben Sebastian und Hendrik für eine mystische Atmosphäre gesorgt. Fackeln und Feuerchen werfen ein unheimliches Licht. Aus einem Kassettenrekorder quäken teuflische Rhythmen. Düster ragt ein morscher Baumstumpf in die Höhe, dessen Schatten im Flackerlicht wie ein großes gefährliches Tier wirkt. Der Wald steht schwarz und schweigend und nur die Bäume rascheln manchmal leise vor sich hin.

Es ist nicht ungefährlich, in den Steinbruch hinabzuklettern. Kaum angekommen müssen sich alle an den Ecken eines gedachten Pentagramms aufstellen. Sebastian und Hendrik schreiten mit einer Flasche Sangria das Fünfeck ab, träufeln das süße Gebräu auf den Felsboden und verbinden die

›Unterwürfigen‹ damit. Die Legende will, dass das entstandene Pentagramm heute noch zu sehen ist. Wohl nur bei Vollmond.

Nun schreitet Dark Mark Doom zur Taufzeremonie. Er breitet die Arme aus und hält eine kurze Predigt, die so rätselhaft und unfassbar ist, dass niemand sich mehr an seine Sätze erinnert.

Er ruft sodann Heidje zu sich und sieht sie durchdringend an, während die anderen auf dem staubigen Boden knien müssen. Dann murmelt er minutenlang unverständliche Formeln. Es fallen Worte wie ›Tod‹, ›Satan‹ und ›Luzifer‹. Nach einer weiteren Folge von Beschwörungen greift Sebastian nach dem Arm seines Täuflings. Plötzlich hat er ein Messer in der Hand und schneidet dem Mädchen in den Finger. Sie blutet stark und Sebastian schlürft ihr Blut. Als eine halbe Stunde vergangen ist, erklärt der Meister das Ritual für beendet. Während Sebastian zufrieden das Messer abschleckt, ist Heidje total schockiert – und für alle Zeiten vom Satanismus geheilt.

›Es war eine mit Todernst betriebene Angelegenheit‹, resümiert Lena in einem Brief, ›nach der Taufe unterhielt man sich. Im Wald waren bald Angst einflößende Laute von Tieren zu hören, die das baldige Ende der Messe förderten. Man ging zurück in Hendriks Bungalow, wo sich Sebastian und Hendrik in einigermaßen normale Menschen verwandelten. Sie waren ja auch normal, außer es ging um ihre Religion.‹«[59]

Schließlich gründen die selbst ernannten »Kinder des Satans« die Blackmetal-Band »Absurd«. Sebastian und Udo spielen Gitarre, Hendrik bearbeitet das Schlagzeug. Auf einer Demokassette, betitelt *Death From The Forest*, spielen sie unter anderem den Düstersong *Werewolf* ein:

Wenn der Vollmond scheint in finstrer Nacht
Hör ich die Wälder klingen
Wenn der Tod über den Gräbern lacht
Hör ich die Nachtgeschöpfe singen.
Niemand weiß, wer ich wirklich bin
Niemand hält das Böse auf
Niemand weiß, dass ich ein Werwolf bin
Und das Grauen nimmt seinen Lauf.
Blut und Tote überall im Land

> Keine weiße Macht kann mich bezwingen
> Eine schwarzgraue Pfote formt sich aus meiner Hand
> Ihr könnt meinem Blutdurst nicht entrinnen.
> Ich stille meine Gier mit Menschenfleisch
> Mit Zyklon B, mit Gift und Blut
> Willst du mich, so komm in mein Reich
> Deine Eingeweide schmecken sicher gut! Aaarrr…!
> Im Wald hört niemand der Opfer Schrei
> Wieder ist die graus'ge Tat vollbracht! Ha!
> Der Toten letzte Worte waren: Gott, steh mir bei!
> Und der Vollmond scheint in finstrer Nacht. Aaarrr…

Pubertäres Imponiergehabe, die anhaltende Tristesse der Nach-Wende-Zeit in Sondershausen und der unbedingte Wunsch, sich untergrundmäßig von allen anderen abzugrenzen, mutieren schließlich zu einer »satanischen« Ideologie, die ebenso faszinierend wie zerstörerisch ist. »Lucifer be my guard«, tragen die »Kinder des Satans« auf selbst gestickten Emblemen stolz zur Schau. Ihr Glaube ist ihnen Halt und Stütze. Gesellschaftlichen wie familiären Zwängen und »Fremdbestimmtheit« schmettern sie das satanistische Gebot: »Tue, was du willst!« entgegen.

Außerdem scheinen sie für die allgegenwärtigen sozialen Probleme einen Sündenbock zu suchen – und finden ihn im Christentum: Dieses habe laut Sebastian »versagt«, es trete schon 2000 Jahre auf derselben Stelle. Den Teufel verstehen sie als Gegenentwurf zu einem leibfeindlichen, vergeistigten Gott. Jesus Christus gilt ihnen als langweiliger »Softie« ohne jede »Power«. Die Kreuzigung ist für sie ein Zeichen der Schwäche, des Versagens und nicht der Liebe Jesu.[60]

»Der Satanismus hat diese Jugendlichen, die allesamt aus geordneten, gutbürgerlichen und nicht aus asozialen, gewalttätigen Verhältnissen stammen, seelisch zerstört und zu Mördern gemacht«, meint der evangelische Pfarrer von Sondershausen, Jürgen Hauskeller.

Am 29. April 1993 begegnen Sebastian, Hendrik und Andreas gegen 20 Uhr Sandro Beyer. Der 15-Jährige versucht seit längerem, in die entrückte Welt der »Satanskinder« aufgenommen zu werden; doch diese halten den Schüler vom Irmisch-Gymnasium für einen lästigen »Wimp« und

»Poser«. Enttäuscht versucht Sandro daraufhin, die Gruppe in der Öffentlichkeit lächerlich zu machen: »Als sie uns mal zu 'nem Friedhofsspaziergang bei Nacht (21 Uhr ist bei denen Nacht?!) eingeladen haben, haben sie so 'ner großen Engelsstatue die Finger abgedroschen. Echt primitiv!«

Fatal: Sandro weiß auch, dass Sebastian ein Verhältnis mit einer verheirateten Katechetin hat, was ihm zusätzliche Munition für seine Aktivitäten liefert. Hinzu kommt, dass der Zusammenhalt der einst verschworenen Clique mehr und mehr bröckelt. »Mir gefielen einige Briefe und Predigten von Hendrik nicht, das habe ich ihm auch gesagt«, begründet Thoralf seinen Ausstieg. Auch Udo zieht sich von seinen Kumpels zurück.

Ein Brief lockt Sandro an jenem Donnerstagabend zu einem geheimen Treffen mit den »Satanskindern«. Was danach geschieht, schildert Sebastian später in seiner Vernehmung: »Er ist uns dann freiwillig gefolgt. Wir sind ein Stück durch den Wald gegangen und dann unterhalb des Steinbruchs runterwärts in Richtung des Gartens von Hendrik Möbus und sind dann in den Garten gegangen, das heißt in den Bungalow, wo Sandro sich auf einen Stuhl setzte und wir uns auf die umliegenden Stühle, um uns vorgeblich mit ihm zu unterhalten.«

Doch die »Unterhaltung« verläuft ganz und gar nicht im Sinne der »Absurd«-Leute. Sandro lässt sich von den drei 17-Jährigen wider Erwarten nicht einschüchtern, sondern sagt sogar, dass es ihm »langsam zu lächerlich« werde.

Etwa um 21 Uhr ist Sandro Beyer tot. Brutal erdrosselt mit einem Elektrokabel.

Ein kühl kalkulierter Ritualmord? Oder ein tragisch eskalierter gruppendynamischer Affekt? Darüber gehen die Meinungen auseinander. Tatsache ist, dass Hendrik und Andreas bei der Gerichtsverhandlung in Mühlhausen von einem »Unfall« sprechen, Sebastian hingegen von einem kaltblütigen, vorsätzlichen Verbrechen.

Die Richter kommen indes zu der Überzeugung, Sebastian habe es während der zehntägigen Verhandlung wohl »genossen, nochmals zu schockieren, in der Annahme, sich damit nicht mehr wesentlich zu schaden«. Deshalb schmücke er die Tat aus – mit erbarmungsloser Selbstbezichtigungsrhetorik und mysteriösen Andeutungen.

Schon bei seiner Vernehmung hat Sebastian behauptet: »Der Gedanke, jemanden umbringen zu wollen oder mehr oder weniger zu wissen, einfach das zu tun, dieser Gedanke steckt schon seit längerer Zeit in meinem Kopf... Es stand also auf jeden Fall seit einiger Zeit fest, dass ich irgendwann mal irgendjemand umbringen würde ... einfach aus dem Muss heraus, aus diesem Muss, es zu tun, nicht, um sich selbst zu bestätigen, sondern einfach, um sich selbst am Leben zu erhalten, ohne dass er jetzt mein Leben bedroht hätte. Aber es stand ganz einfach fest, dass entweder ich alleine oder in der Gruppe mal jemanden töten würde.«

Von einem »Ritualmord« aber will Sebastian nichts hören: »Es besteht kein direkter Zusammenhang zu unserem Glauben, also kein direkter Zusammenhang zum Satanismus. Wir haben das nicht aus religiösen Gründen getan, also nicht, um ihn zu opfern ... Wir haben ihn einfach so, ohne religiöse oder antireligiöse Hintergründe, ermordet.«

Nur »rein theoretisch«, räumt er ein, lasse der Satanismus eine solche Handlung zu: »Der wahre Satanismus sieht zwar von Menschenopfern und Tieropfern strengstens ab, da das keinen Sinn erfüllt. Aber es war ja keine Opfertat, und da der Teufel der Widersacher Gottes und somit der Widersacher des Menschen ist, ist die Tötung eines Menschen also durchaus kein verwerfliches Delikt in unserem Glauben.«

Am 3. Februar 1994 urteilt der Vorsitzende Richter Jürgen Schuppner, dass die drei Angeklagten Sandro Beyer bewusst und einvernehmlich getötet haben. Die Tat sei nicht im Voraus geplant gewesen, aber im Verlauf des Treffens mit Sandro abgesprochen worden. Für Sebastian und Hendrik ordnet er acht Jahre Jugendstrafe an. Andreas, ein eher blasser Mitläufer, kommt mit sechs Jahren davon. »Der Angeklagte hat sich zwar für den Satanismus interessiert, er hat sich aber nie mit diesem identifiziert.« Für Andreas sei nur Hendrik wichtig gewesen – der Freund, nicht der Satanist. Über Hendrik wiederum sagt Schuppner: »Da die Mutter es ihrem Sohn auf subtile Art und Weise fast unmöglich gemacht hat, sich von den Eltern abzulösen, hat Hendrik versucht, sich auf anderen Gebieten abzugrenzen und dadurch anerkannt zu werden.«

Spätestens auf dem Weg zum Bungalow (einer Art Blockhaus, das Hendriks Eltern als Datsche nutzten) hätten die drei 17-Jährigen »beschlossen,

Sandro Beyer in Todesangst zu versetzen, damit dieser derart eingeschüchtert sei, dass er sich nicht mehr traue, Gerüchte zu verbreiten.«

Nach den Erkenntnissen der Kammer seien sie übereingekommen, Sandro ein Seil um den Hals zu legen und damit eine Situation herbeizuführen, die ihn an eine berüchtigte Genickbruchszene in dem Hollywood-Film *1492* erinnern sollte. Anscheinend aber verstand Sandro die grausige Anspielung nicht. Richter Schuppner: »Sie waren sehr aufgeregt und überlegten, wie sie die Situation retten könnten. Dabei kam die Möglichkeit zur Sprache, alle Probleme seien gelöst, wenn man ihn umbrächte … Dadurch, dass Sandro Beyer zu schreien begonnen hatte, wurde den Angeklagten bewusst, dass er sich nicht fügen würde. Sie fassten den Entschluss, Sandro Beyer zu töten, nachdem dies bereits in der vorhergehenden Unterhaltung als einziger Ausweg erkannt worden war.«[61]

Der Vorwurf einiger Buchautoren an das Mühlhauser Landgericht, es habe die Rolle, die der Satanismus für die Tat spielte, nicht ausreichend gewürdigt, ist schlichtweg unzutreffend. Zwar ging die Kammer nicht von einer rituellen Satansopferung aus; die Staatsanwaltschaft erklärte aber: »Der Satanismus hat in der Persönlichkeitsentwicklung der drei Täter die Hemmschwelle zum Verbrechen so weit herabgesetzt, dass sie selbst im Prozess durch mangelnde Schulderkenntnis auffielen und das Gericht durch arrogantes Auftreten provozierten.« Richter Jürgen Schuppner wurde noch deutlicher: »Wir sind davon überzeugt, dass die Tat ohne diesen Hintergrund nicht möglich gewesen wäre. Ganz egal, aus welchen Motiven sie sich damit beschäftigten, sie haben die Achtung vor dem Menschen, vor seiner Würde, verloren. Die anderen haben sie längst zu Menschen zweiten oder noch niedrigeren Grades erniedrigt.«

Das Bild der harten Satanisten, welches das Trio in besagtem Schülerzeitungsinterview und in ihren Liedtexten vermittelte, »hat zu einer inneren Prägung geführt, die sich dem nach außen getragenen Bild der bösen und zu allem fähigen Satanisten immer weiter annäherte.« Zum Schluss der Urteilsbegründung wendet sich der Vorsitzende Richter noch einmal direkt an Sebastian, Hendrik und Andreas: »Reißen Sie sich endlich die Scheuklappen von den Augen! Sandro haben Sie den Tod gebracht. Ihren Familien haben Sie Unglück gebracht, Sie stehen am Rande Ihrer Existenz und sind am Rande des Ruins. In Ihrer Zelle haben Sie genau das bekommen, was Sie verherrlicht haben: den ewigen Winter, die ewige Kälte… Sie müssen begreifen, dass der Satanismus Sie nicht in Freiheit bringt, sondern ständig weiter unterwirft.«

Fast zehn Jahre nach den Ereignissen studiert Sebastian S. in Dresden. Andreas K. hat Freundin und Beruf gefunden. Nur Hendrik klammert sich nach wie vor an die »schwarze« und mittlerweile auch an die Neonaziszene (siehe Kapitel 1.3), ergeht sich in Parolen wie »Make war, not love!« und kläfft gegen die angebliche »jüdisch-christliche Fremdherrschaft auf germanischem Boden«.

Erklärungen fallen schwer. Die Sondershausener Religionspädagogin Renate Schulz weist darauf hin, dass der neosatanistische Grundsatz »Tue, was du willst« auch im Christentum gilt. »Nur steht hier noch ein Wort davor.« Nämlich: »Liebe – und dann tu, was du willst« (Augustinus).

4.2 Totenkopf und Suff: Die Gruppe »Exodus«

Das Sonnenlicht ist ausgesperrt. Schwarze und rote Kerzen um einen provisorischen »Altar« werfen unheimliche Schatten an die Wände des alten Wasserhauses. Ein Junge holt einen Totenkopf aus einem Versteck und stellt ihn auf. Dann legt er mit Phosphor und Schwarzpulver einen Kreis um den Kultgegenstand. Ein Streichholz flammt auf. Das Pulver entzündet sich mit einem aggressiven Zischen. Rotes Feuer treibt die Dunkelheit um ein paar Schritte zurück. Aus der zehnköpfigen Gruppe von Jugendlichen hebt ein beschwörendes Murmeln an. Das »Anrufen von Satan« beginnt…

Sie nennen sich »Exodus«. Und den Totenkopf haben sie aus der Schule »geklaut«. Von dort sowie aus einem Krankenhaus (ein Vater ist Arzt) stammen auch teilweise die verwendeten Chemikalien. Zur Vorbereitung gehört außerdem die Beschaffung des »Suffs« – also Bier und Schnaps.

Bei einem Tagesseminar für Schüler der zehnten Klasse kommt der Psychologe und Kultexperte Gerhard Hellmeister in Kontakt mit einigen »Exodus«-Mitgliedern. Über seine Gespräche mit den jugendlichen »Satanisten« berichtet er ausführlich im Rahmen einer Fachtagung des rhein-land-pfälzischen Ministeriums für Kultur, Jugend, Familie und Frauen: »Sie gaben darüber Auskunft, dass ›Exodus‹ zur Zeit zehn männliche Mitglieder im Alter von 15 bis 17 Jahren habe. Auf die Frage nach den Inhalten und dem Zweck ihrer Gruppe antworteten sie: ›Exodus ist eine Gruppe, die halt eine gemeinsame Überzeugung hat: No future … Das Leben ist nur Arbeiten.‹ Und: ›Erst mit dem Tod wird man vom Leben erlöst … Glück ist der Tod.‹ Auf die Frage nach dem Sinn des Lebens seien sie im Deutschunterricht reingefallen. Da seien so positive Sinngedichte behandelt worden, und als sie dann ihre Ansicht und Texte – über das Glück des Sterbens – gebracht hätten, habe die Lehrerin sofort abgeblockt und nur ihren Standpunkt erläutert. Aber auch die Mitschüler hätten wenig Verständnis für ihre Philosophie. Vor allem die Mädchen in der Klasse seien geistig verklemmt. Viele Jungs dagegen, auch wenn sie nicht zur Gruppe gehörten, wären ihrer Ansicht mit no future und so. Die Gesellschaft ist eh vor dem Hund.

Ein weiteres Anliegen der Gruppe ist es, Protest zu üben gegen das Kleinbürgertum, die Schule und die Politik. Dort sei es z. B. nicht möglich, dass ein guter Vorschlag vom politischen Gegner akzeptiert würde, das ist doch sowieso alles nur Show. Die Form ihres Protestes sei ihre Satansgruppe … Über die Beziehung von Gesellschaft und Jugend sagte eines der Gruppenmitglieder: ›Die Jugend spiegelt das wider, was in der Gesellschaft auch ist. Und die Gesellschaft ist am Arsch. Wenn man sich organisiert, heißt das gleich, die haben nur ‚Scheiß im Kopf‘. Wir wollen aber etwas verändern, auch wenn uns keiner Mut macht.‹

Ein anderer meinte: ›In der Gesellschaft bröckelt alles ab und irgendwo braucht man doch Halt …‹

Der von den Jugendlichen beschriebene Ablauf der Treffen lässt sich in vier Phasen unterteilen:

1. Meditative Phase: Die erste Phase der schwarzen Messe wird von den Teilnehmern als eine meditative Phase bezeichnet. Es werde ca. 10 bis 30 Minuten geschwiegen bzw. Musik gehört.

2. Beschwörungsphase: Die zweite Phase werde dann durch das Anstecken des Phosphors und einer Geisterbeschwörung, ›Anrufen von Satan‹, be-

gonnen. Anlässlich besonderer Tage werde auch ein Huhn auf dem Altar geopfert und man reibe sich das Gesicht mit Blut ein. Einige würden es auch trinken. Dazu meinte einer der Jugendlichen: ›Es soll sehr gesund sein.‹

3. Gesprächsphase: Die dritte Phase sei geprägt durch Gespräche über Probleme: ›Worüber man halt sonst nicht reden kann.‹

4. Gaudiphase: Die letzte Phase, die sich daran anschließt, wird von den Jugendlichen mit Gaudiphase bezeichnet: ›Bier trinken und auch schon mal Drogen.‹

Die Gruppenmitglieder von ›Exodus‹ verstehen sich als eine Gruppe von guten Freunden. Der Film *Der Club der toten Dichter* hat sie ermutigt, eine solche Gruppe zu gründen. Ihre Freundschaft soll sich dadurch gefestigt und bestätigt haben: ›Etwas Besonderes muss es halt schon sein.‹

Die Gruppe ›Exodus‹ besteht seit einem Jahr. Neugier und der Wunsch nach Abwechslung hätten am Anfang gestanden: ›In unserer Gegend gibt es keine Disco, kein Schwimmbad und keinen Jugendclub mehr.‹ Die Beziehung zu ihren Eltern bezeichnen die Mitglieder durchwegs als nicht so gut, aber auch nicht schlechter als die von anderen Mitschülern zu deren Eltern. Es ist aber auffallend, dass von den acht Interviewten nur zwei mit ihrem leiblichen Vater zusammenleben.

Zu der von den Jugendlichen bevorzugten Musik gehört z. B. die Gruppe ›Goethes Erben‹. Die Titel der CDs dieser Gruppe haben Titel wie *Das Sterben ist ästhetisch bunt*. Die Musik ist ziemlich meditativ und getragen. Die Texte sind ›neoromantisch‹ und pennälerhaft …

Auf die Frage, ob sich die Jugendlichen vorstellen könnten, dass ihre Gemeinschaft auch abgleiten oder für jemanden gefährlich oder bedrohlich werden könnte, heißt die Antwort: Dies könne dann der Fall sein, wenn sie nicht mehr zusammenhielten oder sich einer in der Gruppe zu sehr verrannt hat oder den anderen Angst macht.

Außer einem sind die Jungen nicht religiös erzogen. Der Einzige, der zusätzlich in einer evangelischen Jugendgruppe ist, habe viel zum Inhalt beigetragen: ›Zum Beispiel wollte der einen Altar mit Kerzen und hat ihn auch bekommen.‹ Andere Elemente hätten sie sich selbst ausgedacht oder durch den Kontakt zu anderen satanistischen Gruppen bekommen.

Als Berufsziel wird von den meisten Jungen der Wunsch genannt, zur Bundeswehr oder zum Bundesgrenzschutz zu gehen. Der Wunsch nach männlichen Identifikationsfiguren – das erlebte ich auch während meiner Gespräche mit den Jugendlichen – ist stark ausgeprägt. Es verwundert deshalb nicht, dass zumindest zwei Jungen der Gruppe berichten, dass sie noch bis vor einem Jahr mit der rechten Szene sympathisiert hätten. Sie hätten sich jedoch davon distanziert und bezeichnen sich nunmehr politisch als ›Stinos‹ (stinknormal).

Anders als viele Sektenmitglieder leben die Jugendlichen von ›Exodus‹ nicht ausschließlich in einer Gegenwelt. So sind die meisten von ihnen auch bei der Freiwilligen Feuerwehr. Ein angesetztes Treffen musste deshalb auch wegen des Hochwassers in Thüringen und den damit verbundenen Einsätzen der Feuerwehr ausfallen.«[62]

4.3 Der Hüter des Ich

Ein »Magier«, der erklärtermaßen »nicht mehr tätig ist und nicht mehr genannt werden möchte«, berichtet im Internet (http://www.anthros-online. de/magie/baphomet. htm) über seine »Haltung zu Baphomet und seinen Weg in den Satanismus hinein«:

»Ich bekenne mich ganz offen zu Baphomet, da für mich die Offenheit und Ehrlichkeit immer noch eine der größten spirituellen Übungen sind. Bist du offen und ehrlich, kannst du dein Gegenüber auf einer sehr persönlichen Ebene treffen, bist aber auch sehr verletzlich.

Alles fing im April 1998 an, indem ich plötzlich einen fremden Gedankenstrom in mir bemerkte. Sein erster Satz war: ›Ich bin Baphomet, der Hüter des Ich, und mein Symbol möge die schwarze Flamme sein.‹

Hört sich gut an, gell!! Anfangs hielt ich mich für reiflich verrückt, aber dann sagte Baphomet, es gebe da ein Buch, das seine Energie am besten ausdrückt, und ich solle es mal besorgen.

Also bin ich zu meinem Esoterikbuchladen gegangen und war ziemlich verblüfft, dass es dieses Buch, dessen Titel er mir sagte, tatsächlich gab. Die Verkäuferin führte mich zu einem Regal, in dem es stand. Ich nahm es und schlug es auf. Als ich die Bilder sah, hätte es mich beinahe aus den Socken gehauen. Na ja, auf jeden Fall verließ ich fluchtartig den Laden (ohne das Buch gekauft zu haben). Ich gebe zu, ich bin ein kleiner Hasenfuß.

Aber ich musste permanent an dieses Buch denken, und wenn ich ehrlich bin, reizten mich die Bilder mehr und mehr. Irgendwie war mir vollkommen klar, dass es nur meine eigene Verlogenheit war, die mich davon abhielt, dieses Buch zu kaufen. Ich wollte mir einfach nicht eingestehen, dass mir, dem lieben kleinen N., so etwas Abstoßendes gefallen konnte. Das passte überhaupt nicht in das Bild, das ich von mir selbst hatte. Also bin ich noch mal in den Laden gegangen und habe noch mal das Buch in die Hand genommen. Unter uns: Ich verließ den Laden wieder mit leeren Händen und hochrotem Kopf. Dieses kleine Spielchen praktizierte ich siebenmal, bis ich es endlich geschafft habe. Als ich dann mit dem Buch zu Hause war, war mein erster Impuls, es wieder wegzuschmeißen.

Das tat ich nicht, sondern ich las darin und merkte zur gleichen Zeit, dass ich einen immer stabileren Kontakt zu Baphomet aufbauen konnte. Ich wollte unbedingt den Menschen kennen lernen, der so etwas schreibt, und habe mich mit Akron, dem Autor, verabredet. Er stellte mir dann jemanden zur Seite, mit dem ich mich über Faxen und Mailen unterhalten konnte.

Reini (das ist dieser Jemand) half mir sehr weiter und brachte mich schnell davon ab, dass ich verrückt sei, sondern machte mir begreiflich, dass das, was ich erfuhr und auch heute noch erfahre, etwas Schönes ist.

Also fing ich an zu versuchen, Baphomet als Realität anzunehmen. Heute ist er für mich so eine Art Seelenführer.

Also, was ist nun Baphomet: Geist, Gott oder Schizophrenie? Ich glaube, er vertritt einen Teil meines Geistes, den man in der Psychologie das Unterbewusstsein nennt. Er ist für mich so eine Art Plattform, auf die ich (oder besser gesagt: mein Unterbewusstsein) mein unerkanntes oder das mir nicht zugängliche Potenzial projiziere. Nichtsdestotrotz glaube ich, dass es Baphomet als eine für uns nicht begreifbare Energie gibt.

Am besten kann man das anhand eines Fensters beschreiben: Wenn du auf eine Fensterscheibe schaust, siehst du ein Spiegelbild von dir selbst.

Schaust du aber hindurch, erkennst du, was hinter dem Fenster ist. Ähnlich ist das meiner Meinung nach mit Baphomet und mir... Der Mensch braucht immer etwas, an was er sich halten kann, damit er sich eine Sache erklären kann. Und was ist dazu besser geeignet als ein Bild oder ein Name? Aber der Geist, der mit dem Bild oder dem Namen Baphomet in meinem Unterbewusstsein verknüpft ist, kommt, wie ich denke, aus der Energie, die Menschen als gehörnte Gottheiten anbeten. So kann ich es annehmen und Nutzen daraus ziehen.

Es führt mich immer tiefer in meine eigenen seelischen Kellerräume, in denen all das versteckt ist, von dem ich hoffte, dass es nie wieder an die Oberfläche kommen würde. Manchmal, besonders in den Situationen, wo ich bemitleidet werden will, verblüfft mich seine Kälte und Sachlichkeit, mit der er meine Situation beurteilt. Er ist nicht in dem Sinne zu verstehen, dass er ein Gott wie JHVH ist, der einen an der Hand nimmt und durch die Krisen des Lebens mit Mitleid und Verständnis führt. Sondern er lässt keine Gelegenheit aus, mir meine Schwachpunkte zu zeigen, um mich dann in Situationen zu bringen, in denen ich mich dem Erkannten aussetzen muss.

Er sagte mal, wenn ein Mensch es schafft, das, was er hasst, mit Liebe zu tun und kein Widerstand mehr im Gemüt ist, dann stehen einem die Wege zu innerer Harmonie und Gelassenheit offen.

Viele Menschen, die sich mit Baphomet beschäftigt haben, sagen, dass er oft fälschlicherweise zu Gott erhoben wird. Für mich ist Baphomet eine Synthese aus Satan und Gott und damit der wahre Gott, weil er sowohl seinen eigenen Schatten wie auch sein Licht nicht fürchten muss.«

Aufschneiderei à la »Lukas« (Kapitel 3.1)? Oder gar Symptome einer ernstlichen psychischen Störung? Glaubwürdig ist die Story dieses selbst ernannten »Magiers« wohl bestenfalls als Beschreibung eines rein subjektiven Zustands, der ebenso »richtig« ist wie individuelle Aussagen à la »Ich esse gerne Tomaten« oder »Ich mag Gruselfilme«. Psychologisch betrachtet sakralisiert jener namenlose Autor seine persönliche Erfahrung: Was ich erlebt habe, ist wahr.

Sein privatologischen Gesetzen gehorchendes Wahnsystem trägt die Charakteristika zeitgenössischer Esoterik. Anders als der Satanismus von

»Absurd« (Kapitel 4.1) und »Exodus« (Kapitel 4.2) erscheint »Baphomet« als Erklärung für das Unerklärliche und zugleich als Teil einer sich allmählich vollziehenden Transformation des Bewusstseins. Das »Absurd«-Trio meint in »Satan« den starken Herrn der Welt auszumachen, der für die Seinen sorgt. Die »Exodus«-Kids kokettieren mit dem Gegenteil von dem, was üblich ist. Unserer Satanismustypologie von Kapitel 2 folgend lassen sich die Mitglieder beider Gruppen einordnen unter »Narzissmus« und »Protest«.

Wo aber steht nun unser »Magier«, der in Satan den »Hüter des Ich« sieht? Auffällig ist die gedämpfte, leicht melancholische Grundstimmung seines Internetbekenntnisses. Denkbar, dass der Verfasser annimmt, selbst nicht genügend »Lebensenergie« zu produzieren und daher in dieser Form von Offenbarungssatanismus eine Art Junkfood-Spiritualität zur Lebensbewältigung sucht. Damit kommt er in die Nähe der »Schwarzen« und »Grufties« von Kapitel 2.4: Auch für ihn erscheint der Satanismus offenkundig als Möglichkeit, negativen Gefühlen, Ängsten und Unsicherheit einen Namen zu geben.

Interessant daran ist die Vermischung von Satanismus mit Esoterik- und New-Age-Ideen. »Baphomets« Einflüsterungen lässt sich anscheinend keinerlei höhere oder außergewöhnliche Einsicht entnehmen. Der Webtext des »Empfängers« jedenfalls dokumentiert Gedanken, die im Grunde auf die mystische Überhöhung der eigenen Persönlichkeit und der individuellen Möglichkeiten zielen.

Wie bei »Lukas« liegt auch beim »Hüter des Ich« der Verdacht nahe, dass der Autor möglicherweise von diversen Filmen inspiriert worden ist: So z. B. von der »*Star War*«-Reihe, in der »erhöhte Meister« ihre Schüler in das Geheimnis der »Energie« einweihen und zum »Höheren Selbst« führen.

Wenn wir annehmen, dass der »Hüter des Ich« in diesem indifferenten Nebel subjektiver Gewissheit wohl lediglich ein Produkt des eigenen Seelenlebens des Verfassers ist, dann begegnet dieser letztendlich nur seiner eigenen anstelle der erwarteten ganz anderen Realität. Psychologen warnen, dass diese anhaltende Auslieferung an unkontrollierbare Mechanismen des eigenen Unterbewusstseins die Gefahr einer psychischen Erkrankung erhöht.

4.4 Ein moderner satanistischer Lebensstil

»Die Anklage«, überschreibt ein Satanist, der sich »Lex« nennt, sein Internetforum, wo er einen »modernen satanistischen Lebensstil« propagiert (www.lexsatanicus.de):

4.4.1 Der Ankläger

»Wie viele andere meiner Mitmenschen bin auch ich den oft so üblichen Weg in unserer Gesellschaft gegangen und kam in jungen Jahren in den Genuss des Konfirmandenunterrichts. Da das damals alle machten, fand ich auch nichts dabei und sah das Ganze eher als (mehr oder weniger) willkommene Abwechslung zum langweiligen Schulalltag. Und es ist auch beeindruckend, wie viel Schwachsinn der Mensch in der Lage ist auswendig zu lernen, ohne auch nur einmal wirklich zu hinterfragen, wo da der Sinn hinter dem ganzen religiösen Geschreibsel steckt! Als ich diese zwei Jahre überstanden hatte, ging ich auch nicht mehr in die Kirche (gähn) – da war ich natürlich nicht der Einzige …

Die Jahre gingen ins Land; mit der Kirche hatte ich schon lange nichts mehr am Hut und dachte auch nicht mehr an sie. Schule – Ausbildung – Arbeit. Dann starb eine Person aus meiner Familie. Wir saßen alle in der Kirche beim Trauergottesdienst und danach dachte ich nur: ›So schnell wie möglich weg hier! Was hast du hier nur verloren?‹ Ich dachte endlich mal wieder über Kirche & Co intensiver nach und da wurde mir bewusst, was ich die Jahre über bereits schon fühlte, aber bisher wohl irgendwie unter Belanglosigkeit abhakte: Die Kirche, der Gottglaube, das Christentum, ja sogar die Religionshörigkeit im Allgemeinen ist etwas, mit dem ich mich NICHT identifizieren kann! In jenen Tagen fiel mir auch auf, dass ich ja noch Kirchensteuer zahlte! Wozu eigentlich? Anscheinend nur, damit, wenn ich irgendwann sterbe, irgendein Pfarrer beim Nachruf eine lange Rede über mein Leben hält und dabei auch noch alle Daten, die er sich im Vorgespräch notiert hatte, durcheinander bringt! Das musste ich nicht haben und trat endlich (leider einige Jahre zu spät) aus der Kirche aus.

Als ich einige Zeit später Die Satanische Bibel las, sagte ich zu mir: DAS ISSES!...

Endlich entschloss ich mich, etwas zur Aufklärung beizutragen oder es zumindest zu versuchen! Nun habe ich also diese Seite hier entworfen, um allen Interessierten einen Einblick zu geben in eine Thematik, die aus Unwissenheit überall verunglimpft wird. Da bin ich nun!«

4.4.2 Die Anklage

»Um allen Uneingeweihten und Interessierten den Zugang zu den folgenden Seiten zu erleichtern, schreibe ich diese nun folgende Einleitung. Ich möchte dabei das Thema Satanismus und was damit zusammenhängt nur kurz umschreiben...

In unserer ach so religiösen und toleranten Welt wird keine Möglichkeit ausgelassen, den SATANISMUS zu verteufeln und alles Unheil, was so über uns hereinbricht, dem Bösen zuzuschreiben...

Ich möchte nicht behaupten, dass hinter dem Ganzen nicht auch ein Fünkchen Wahrheit stecken könnte. Nein! Warum auch? In jeder Glaubensrichtung, in allen Gruppierungen, über alle Gesellschaftsschichten verteilt gibt es schwarze Schafe. Diese kranken Hirne leben ihre abscheulichen Gelüste aus und es scheint ihnen egal zu sein, wenn sie dabei ihre Mitmenschen peinigen und womöglich der Gruppe oder Glaubensrichtung, der sie sich zugehörig fühlen, schaden!

GEWALTVERBRECHEN! Ein profitables Thema für die Journalisten! Und wenn diese oder jene Verbrechen womöglich sogar von schwarz gekleideten Jugendlichen, die Ketten mit umgedrehten Kreuzen tragen und die Wände öffentlicher Gebäude mit Pentagrammen beschmieren, verübt werden, dann ist ihnen eine Schlagzeile auf den Titelseiten schon so gut wie sicher! (Stichwort: Jugendsatanismus)

Aber glaube nicht alles, was dir in den Medien vorgesetzt wird! Lerne, zu hinterfragen! Ich möchte versuchen, dir, der/die du jetzt diese Zeilen liest, den SATANISMUS in einer Form näher zu bringen, die vielen Außenstehenden unbekannt ist. Denn das, was die Allgemeinheit zu fürchten beschlossen hat, ist ein bewiesenermaßen oft extrem überzeichnetes Lügengebilde, mit dem die Medien eine publikumswirksame Gänsehaut erzeugen wollen; von Evangelisten und paranoiden Möchtegern-Weltverbesserern, die sich abmühen, ihre Kassen zu füllen.

›Realistisch gesehen basieren die satanischen Lebensregeln auf der menschlichen Natur, wie sie wirklich ist, und erscheinen daher den meisten Menschen selbstverständlich. Es ist eine Tatsache, dass sich viele Menschen heutzutage Christen nennen, aber eigentlich keine klaren Vorstellungen darüber haben, was diese Philosophie nach sich zieht. Deshalb benehmen sie sich allgemein auf eine satanische Art und Weise. Wir denken, dass es höchste Zeit ist, dass das erkannt wird und die Menschen sich als das bezeichnen, was sie wirklich sind, und nicht als das, was für sie gesellschaftlich bequem ist.‹ (Zitat Magister Peter H. Gilmore, ›Church of Satan‹) …

SATANISMUS bedeutet Individualität

Selbst wenn einige Nazis satanistisches Gedankengut hegten; selbst wenn einige Jugendliche mit verwirrtem Geisteszustand meinen, sie wären vom Satan persönlich dazu auserkoren worden, ihre Mitmenschen zu bedrohen und zu ängstigen, so sind dies doch alles Taten von Individuen, die von der breiten Masse der Satanisten aufs Schärfste verurteilt werden und mit der wahren Glaubenslehre eines MODERN SATANIC LIFESTYLE nicht in Einklang zu bringen sind!

Alle Satanisten sind Individuen, die ihre eigenen Entscheidungen treffen. Dass diese manchmal falsch sind, ist (wie bei jedem Menschen) leider nicht auszuschließen. Daher ist es auch nicht fair (sondern nur als Sensationsmache zu verurteilen), wenn bei Leuten, die in Verbrechen verwickelt sind und bei denen sich dann herausstellt, dass sie Satanisten sind, gleich der ganze SATANISMUS an den Pranger gestellt wird! (Gegenfrage: Wie viele Mörder, Vergewaltiger, Pädophile, Verrückte sind denn wohl Christen?) … Warum schimpfen denn die großen Kirchen und alle selbst ernannten Moralapostel dieser Welt auf das angeblich ›Böse‹ und versuchen alles zu ›verteufeln‹, was sie nicht verstehen? Ganz klar:

– Das Unbekannte macht Angst!

– Angst schüchtert Menschen ein und macht sie mit der Zeit gefügig!

Es ist aber an der Zeit, die Menschen aufzuklären!

Die Lehren, die auf den folgenden Seiten geschrieben stehen, zeigen eines in aller Deutlichkeit auf: Der SATANISMUS ist eine Philosophie, die den Menschen mit seinen natürlichen Bedürfnissen in den Mittelpunkt stellt. Jeder Mann ist sein eigener Gott. Jede Frau ist ihre eigene Göttin. Es geht hierbei nicht darum, mit einem Teufel einen Pakt zu schließen und ihm Opfer darbringen zu müssen, sondern das Ziel ist die ›Vergöttlichung des Egos‹ …

Es gibt viele verschiedene Arten von Satanismus. Fast ebenso viele Definitionen, wie von Gott und Satan existieren. Der Satanist oder die Satanistin sucht sich einfach ganz individuell seine/ihre zu ihm/ihr passende Sichtweise heraus …

Für mich gibt es keinen Gott im herkömmlichen Sinne – auch keinen Satan! Das sind beides keine Personen, denen man die Schuld in die Schuhe schieben könnte oder die man lobpreisen müsste, wenn einem etwas gut gelungen ist. Sie sind höchstens Symbole für das Gleichgewicht der Kräfte in der Natur.

Wenn es so viele krasse Meinungsverschiedenheiten darüber gibt, welcher Weg der Gottesanbetung der richtige ist, wie viele verschiedene Interpretationen von Gott selbst mag es wohl geben – und wer hat Recht? Selbst die Christen scheinen sich in ihrer Bibel nicht ganz einig zu sein, wie ihr Gott denn nun eigentlich ist … Im Alten Testament ist es ein Gott der Rache, der wie ein Sturmgewitter über alle, die ihm nicht folgen wollen, hereinbricht. Im Neuen Testament hingegen tritt er eher als ein gütiger Gott auf. Wenn also selbst dieser allmächtige Gott, von dem sie alle sprechen, nicht nur ›der liebe Onkel von nebenan‹ ist, der alles wieder zum Wohl des Menschen ins Lot bringt, wie kann dann ein Satan, der von den Gottgläubigen aufs Schärfste gemieden wird, eine durch und durch ›böse‹ Gestalt sein?

Was ist überhaupt Gut und Böse?

Gott soll gut sein und Satan böse? Man denke doch nur an all die Menschen, die gestorben sein sollen, weil es angeblich ›Gottes Wille‹ war. Jeder Angehörige eines plötzlich Verstorbenen würde diesen doch lieber wieder bei sich wissen als ›in der Hand Gottes‹ oder nicht? Wenn Gott so allmächtig sein soll, warum lässt er dann so schreckliche Dinge passieren? …

Dem Satanisten ist bewusst, dass es letztendlich nichts bringt, zu beten, um auf bessere Zeiten zu hoffen. Gegen Trauer ist nichts einzuwenden, aber das Leben geht bekanntlich weiter. Du kannst nur weiterkommen im Leben, wenn du dein Schicksal selber in die Hand nimmst! Wenn du dabei von anderen unterstützt wirst – wunderbar. Aber mach dir auch klar, dass diese Personen nicht immer für dich da sein können und du wohl oder übel die Kraft haben musst, dein Ziel auch selbstständig zu erreichen.

Der Mensch, der einen Gott anbetet, betet eigentlich nur das Wesen an, das irgendeiner seiner Vorfahren in grauer Vorzeit selbst erschaffen hat. Aber wenn der Mensch sowieso nur eine im entferntesten Sinne selbst erschaffene Fiktion anbetet, könnte er sich im Grunde genommen doch gleich selbst vergöttern! Warum tut er es dann im Allgemeinen nicht? Hat er etwa Angst vor seinem eigenen göttlichen Geist? Der Satanist hat erkannt, dass er sich seiner Göttlichkeit nicht zu schämen braucht, geschweige denn Angst haben muss.

Jeder Mann ist ein Gott – Jede Frau ist eine Göttin! …

Einen Gott um die Vergebung deiner Sünden bitten? Oder noch erniedrigender: Einem Priester deine Sünden beichten? Wozu soll das gut sein und was soll das bringen? Es ist ganz natürlich, Fehler zu machen! Daraus lernt man und begeht diese Fehler hoffentlich nicht noch einmal. Wenn du deine Sünden beichtest und dich davon reinwaschen lässt, erhöht das nur die Gefahr, dass dein soeben erleichtertes Gewissen unbelastet entweder neue oder wieder die alten Sünden begeht! Wahre Satanisten stehen zu ihren Sünden oder versuchen, gemachte Fehler in Zukunft zu vermeiden.

Der Satanismus sagt auch nicht: Du sollst nicht! Sondern nur: Du solltest nicht …!

Das bedeutet, dass jeder Satanist und jede Satanistin für sich selbst verantwortlich ist! Wenn er/sie dann meint, einen sträflichen Fehler begehen zu müssen, dann hat er/sie dafür gefälligst auch alleine geradezustehen und nicht das Recht, als Vorwand für diese Taten ein Glaubensbekenntnis missbräuchlich anzugeben! Das ist nicht nur feige und verunglimpft eine ganze Glaubensrichtung, sondern stellt auch noch jeden einzelnen Satanisten automatisch an den Pranger der unwissenden Menge, die durch die sensationsgeile Medienmaschinerie auch noch angestachelt wird!!! …

Viel zu lange haben falsche Propheten richtig und falsch, Gut und Böse nach ihrem Ermessen ausgelegt. Und das aufgrund einer angeblich göttlichen Sichtweise, die ihnen durch eine gebündelte Loseblattsammlung alter

Schriften serviert wird. Deren Aussagen, Herkunft, Genauigkeit und Glaubwürdigkeit müssen jedenfalls als äußerst fragwürdig betrachtet werden ...

Dies hier soll keine Gotteslästerung werden, sondern ist als ein Versuch zu betrachten, alteingesessene Pfade zu verlassen, um über einen alternativen Weg nachzudenken, welcher weitaus realistischere Denkansätze liefert als all die frömmelnden Schriften, die bisher die Regale in den Buchläden verstopften!«

4.4.3 Die Wahrheit

»Meine Glaubensgrundsätze wurden inspiriert durch die Lehre des Anton Szandor LaVey. Diese Richtlinien bilden die Grundlagen für eine satanistische Weltanschauung:
1. Satan repräsentiert die Hingabe statt Enthaltsamkeit.
2. Satan repräsentiert das Leben statt spiritueller Weltentfremdung.
3. Satan repräsentiert die Wahrheit statt verlogener Heuchelei.
4. Satan repräsentiert die Liebe für alle, die sie verdienen, anstatt vergeudeter Zuneigung.
5. Satan repräsentiert die Vergeltung statt wehrloser Kapitulation.
6. Satan repräsentiert die Erkenntnis der Falschheit statt blindem Gottvertrauen.
7. Satan repräsentiert den Menschen als nur ein Tier unter vielen Tieren.
8. Satan repräsentiert (angebliche) Sünden, denn sie bringen die Erfüllung.
9. Satan repräsentiert das alles als ein Symbol für die physische und psychische Freiheit und Selbstbestimmung des Menschen, wie es seiner Natur entspricht.«

4.4.4 Die Gesetze

»Lex Satanicus – Das Gesetz Satans
Die zweite Gruppe meiner Glaubensgrundsätze sind als Richtlinien im Sozialverhalten des Satanisten in seiner Umwelt zu verstehen:
– Belästige andere nicht unnötig mit deinen Sorgen, wenn du nicht sicher bist, dass sie sie hören möchten!

- Wenn du den Grund und Boden jemandes anderen betrittst, so benimm dich nicht einfach so, als ob du dort zu Hause wärst!
- Behandle deine Mitmenschen so, wie sie dich behandeln!
- Erweise den Vernünftigen Respekt und strafe die anderen mit Verachtung!
- Wenn du auf deinem Grund und Boden belästigt wirst, so behandle deinen Peiniger grausam und ohne Gnade!
- Respektiere die (sexuellen) Vorlieben deines Gegenüber!
- Lass dich niemals zu Dingen zwingen, die du strikt ablehnst!
- Achte auch darauf, dass dein gegebener Respekt erwidert wird!
- Belaste dich nicht unnötig mit den Problemen anderer!
- Wenn du merkst, dass deine Gutmütigkeit und Hilfe auf Dauer nur ausgenutzt werden, so unternimm etwas dagegen, bevor die Qualen des anderen zu deinen werden!
- Beschwere dich nicht über eine selbst verschuldete Situation, in der du dich befindest, sondern versuche aus dem Gegebenen deine Vorteile zu ziehen!
- Füge Kindern keinen Schaden zu – denn sie sind das Wichtigste!
- Belästige in der Öffentlichkeit nicht deine Mitmenschen!
- Wenn dir jemand zu nahe tritt, so bitte diese Person, dich in Ruhe zu lassen; ansonsten unternimm alles mit der Verhältnismäßigkeit der Mittel, die dir zur Verfügung stehen, um dich deiner zu wehren!
- Wenn dich jemand auf die eine Wange schlägt, schlage ihn auf die andere. Selbsterhaltung und der Schutz deiner Liebsten sind das oberste Gebot!«

Zugegeben: »Das Gesetz Satans« klingt auf den ersten Blick nicht unplausibel – wenn man darüber hinwegsieht, dass hier ein Satanist als Verneiner von Ethik und Moral eine Art moralisches Traktat formuliert. Die andere Wange hinhalten? Geradezu reflexartig wehrt die »Lex« die humanitäre Tiefensicht der Bergpredigt ab. Dass die Ohnmächtigen das Land gewinnen werden, erscheint dem Verfasser hinreichend von der Realität widerlegt. Respekt zollt er allein den »Mächtigen« und »Starken«, die rein diesseitsbezogen fähig sind, das Leben nach ihren Vorstellungen und Zielen zu manipulieren: Sehnsüchte zu stillen, Freunde zu gewinnen, Feinde zu vernichten. »Satan« repräsentiert hier alles, was das Leben lebenswert zu machen scheint – freilich um den Preis eines bedenklichen ethischen Relativismus und des Verlustes sozialer Verantwortung.

Die nahezu ekstatische Selbstbemeisterung des Autors erinnert fatal an die eindimensionalen Kalenderspruchparolen prominenter »Erfolgstrainer« à la Erich Lejeune: »Wer schwach ist, gewinnt nie; wer gewinnt, ist nie schwach.« Unabhängigkeit und Autonomie gelten »Lex« als narzisstischer Beweis für die eigene Souveränität. Mit den Niederungen der Alltagskultur hat der wahre Satanist als enthüllter »Gott« nichts zu schaffen. Begrenzungen, die zum Menschsein gehören, werden stolz und »selbstbestimmt« verneint.

Doch wie nahe diese absolute Selbstherrlichkeit der Verzweiflung des bindungs- und heimatlosen Menschen unserer Zeit kommt, lässt sich unter anderem an Kultmitgliedern beobachten, »bei denen der Wahn vom fortschreitenden Machtzuwachs zerbricht«, stellen Ausstiegsberater wie Hansjörg Hemminger in zahllosen Gesprächen immer wieder fest.

Diffuse Verheißungen einer allgemeinen Machbarkeit und persönlichen Unantastbarkeit mögen eine Zeit lang euphorisierend wirken. Doch eigentlich gibt die »Lex Satanicus« kaum mehr als die Stichwörter für eine platte Selbstinszenierung vor, die im Teufelskreis einer schwer entrinnbaren Ich-Bezogenheit endet. Vor allem aber spiegelt »Das Gesetz Satans« die völlige Ignoranz gegenüber den tatsächlichen Problemen und Bedürfnissen jener wider, die sich vom Satanskult angezogen fühlen: Kontaktschwäche, Ängste, Frustrationen und fehlende Bewältigungsstrategien.

Der Satanist, der die »Lex Satanicus« tatsächlich verinnerlicht, wird kaum zum alles überstrahlenden »Stern« oder zu seiner eigenen Gottheit – sondern nur zum Schattenriss eines Menschen, der sich selbst dumpf hinters Licht führt. Denn die echten menschlichen Bedürfnisse, über die die »Lex« bloß infantil schwadroniert, verbieten es uns geradezu, unseren Mitmenschen autoritär zu begegnen. Wahre Freiheit hat mit nichts weniger zu tun als mit Exzessivität und Destruktivität. Dass jeder Mensch »Mittelpunkt« ist, ist logischerweise gar nicht möglich. Die überdrehte Betonung des Ich weicht denn auch in unserer Gesellschaft notwendigerweise der

Suche nach Kernwerten wie Authentizität, Aufrichtigkeit und sozialer Stabilität. Banale Attitüden wie »mein Haus, mein Auto, mein Boot« tragen ebenso wenig wie die von der »Lex« geforderte Diesseitigkeit und unsoziale Verherrlichung des Einzelnen. Im Gegenteil: Lebenskunst scheint heute gerade darin zu bestehen, genau die Grenzen zu erkennen und Täuschungen nicht zu erliegen.

Das Diabolische als »alternatives« Lebensprinzip ist eine solche Täuschung – auch wenn das »Gesetz Satans« durchaus nicht auf einem Prinzip der Bosheit aufbaut, sondern das Recht des Stärkeren verherrlicht, das wohl zu den fragwürdigsten Errungenschaften einer entfesselt globalisierten Wirtschaft gehört. Der »Lex« zufolge ist der Satanist ein Mensch, der gelernt hat, seine inneren Kraftquellen zu finden und sie für sein individuelles Wohlergehen sprudeln zu lassen. Und in der Tat: In fast jeder aktuellen Lifestyle-Zeitschrift »powert«, »pusht« und »dynamikt« es durchgehend.

Aber funktioniert Leben wirklich so? Konsequent gelebter Egoismus, frei von christlich-humanitären Überzeugungen, kann keine Defizite aufwiegen und auch keine negative Erfahrung ungeschehen machen. Große Worte und wütende Attacken gegen Doppelmoral und Scheinheiligkeit schaffen noch lange kein »höheres Bewusstsein« oder gar ein goldenes Zeitalter. Die Aufwertung des Ich durch Einheit mit einer diffusen kosmisch-göttlichen Kraft namens Satan führt wohl eher zum »Abheben« – Satan wird hier zu einer Art trendigem Erlöser, der den Menschen von sich selbst und damit von sozialen Verpflichtungen befreit. Was die »Lex« zudem nicht berücksichtigt: Für einen überzeugten Christen ist Gott gerade nicht ein Wesen, dem man »seine Schuld in die Schuhe schieben kann«. Auch im Christentum muss der Mensch die Folgen seines Handelns tragen. Aber das ist eben keine Drohung, sondern Ausdruck seiner hohen Stellung vor Gott. Der Weltentwurf der »Lex Satanicus« mag auf den ersten Blick »grandios« und möglicherweise faszinierend wirken. Letztendlich aber ist er vor allem eins: freudlos (siehe auch Kapitel 8).

5 Im Netz des Bösen – Der Teufel
entdeckt das Internet

»Das Internet, jenes ultimative Vehikel zur Ausbreitung der Mittelmäßigkeit, umspannt den ganzen Globus und weist, zum Guten oder Schlechten, eine ›satanische Präsenz‹ auf…«

Der dies feststellt, ist ein offizieller Repräsentant der »Church of Satan« (CoS), nämlich »Magister Peter. H. Gilmore, Orden vom Trapez, Kirche Satans«.

Der Grund, warum auch Gilmore sich bemüßigt fühlt, im »ultimativen Vehikel zur Ausbreitung der Mittelmäßigkeit« zu publizieren, wirkt einigermaßen kurios: Eben die massive Ausbreitung von satanistischem Gedankengut im weltweiten Datennetz zwinge die CoS dazu, »einige der Tendenzen anzusprechen, die – bislang durch die Schneckenpost im Zaum gehalten – nun losgetreten wurden«. Welche da wären: »Man versucht, unsere Bewegung dadurch zu untergraben, dass sie in einen Zirkus verwandelt wird, wo besonders miserable Clowns im Zentrum der Manege stehen.«

Wie das? Unter der Überschrift »Virtuelle Irrtümer« giftet Gilmore wortreich gegen alle »Möchtegern-Satanisten«, die »mit Webseiten und Organisationen hausieren gehen und dabei unsere Symbole und Literatur dafür verwenden, um Aufmerksamkeit für sich selbst zu erreichen, während sie scheinbar behaupten, dem Satanismus als Bewegung ›helfen zu wollen‹ – offenkundig in erster Linie darum bemüht, sich als seriöse Glaubensgemeinschaft darzustellen«, klagt der CoS-Pressesprecher weiter: »Nun, wir sagen: ›Danke‹, aber ›Danke, nein‹. Wir brauche keine Hilfe von Amateuren, besonders dann nicht, wenn diese ›Hilfe‹ zeigt, dass die Amateure die grundlegenden Prinzipien nicht begreifen.

Betrachten wir ein typisches Beispiel: Hier haben wir Fränzchen (es könnte genauso gut Lieschen sein) Müller, ein genereller Versager im Alter zwischen 15 und 29. Über Satanismus hat er von seinem Lieblings-›Lass-uns-die-Eltern-schockieren‹-Rockstar (etwa Marilyn Manson) gehört, und da er zu bequem ist, für eigene Nachforschungen in die Bücherei zu gehen, und zu geizig, um sich ein Buch zu kaufen, wendet er sich dem Internet zu. Er surft mit seiner bevorzugten Suchmaschine im Web und wird mit Hunderten von Seiten konfrontiert, die von sich behaupten, wahre Informationen über Satanismus zu enthalten. Nachdem seine Vorstellung von Satanismus (genauso wie die Bühnenpersönlichkeit seines Rockstars) hauptsächlich öffentlichen Beifall, Reichtum, Sex und Anrüchigkeit umfasst, ist er denkbar schlecht dafür vorbereitet, mit all dieser Informationsfülle fertig zu werden, da er keine Möglichkeit hat, Wahres von Falschem zu unterscheiden. Wenn er sich die *Satanische Bibel* kaufen und sie lesen würde oder sorgfältig die Schriften und Interviews auf der offiziellen Webseite der »Kirche Satans« studierte, würde er erkennen, worum es sich bei Satanismus wirklich dreht ...«

5.1 Nachwuchswerbung via Netz – Die Selbstdarstellung satanistischer Organisationen

In der Tat stellt die »Church of Satan« (die in den USA offiziell als Kirche anerkannt ist) die wohl umfangreichste Selbstdarstellung ins Netz. Die Masse der unter www.churchofsatan.com zugänglichen Schriften ist in Englisch; es finden sich aber auch deutsche Übersetzungen. Und damit »Fränzchen« oder »Lieschen Müller« den »wahren« Satanismus nicht erst mühsam zu suchen braucht, dient sich die CoS auch gleich dem Nachwuchs als erste Adresse in Sachen Teufelskult an – in Form eines perfiden »Jugendkommuniqués«, das ebenfalls in Deutsch vorliegt:

»Aufgrund der immer häufigeren Anfragen, die wir von Jugendlichen bekommen, die sich erst kurz mit Satanismus beschäftigen, fühlen wir, dass die Zeit gekommen ist, Informationen zusammenzustellen, die dabei helfen sollen, spezifische Fragen und Bedenken zu beantworten und zu klären.

Wenn du unsere Bücher gelesen hast, dann weißt du, dass es bei Satanismus nicht um das Konsumieren von Drogen geht und nicht darum, Tiere oder Kinder zu verletzen oder ihnen Schmerzen zuzufügen. Im Gegensatz zu vielen anderen Religionen und Philosophien respektiert und preist Satanismus das Leben. Kinder und Tiere sind die reinsten Verkörperungen dieser Kraft des Lebens und als solche in den Augen des Satanisten heilig und kostbar. Abgesehen davon ist es extrem unsatanisch, irgendeiner Kreatur gegen ihren Willen das Leben zu nehmen. Gleichermaßen unsatanisch ist es, mittels bewusstseinsverändernden Substanzen sein Gehirn zu vernebeln und sein Beurteilungsvermögen einzuschränken. Ein wahrer Magier benötigt all diese Dinge nicht, er sollte in der Lage sein, Änderungen in seinem Bewusstsein durch die bloße Kraft seines Willens und seiner Vorstellungskraft zu ermöglichen.

Wenn du die *Satanische Bibel* noch nicht gelesen hast, dann solltest du das jetzt machen. Sie beinhaltet viel mehr Information über unsere Einstellung zu Satan und gibt dir klare Vorstellungen über unsere Philosophie, Ideale und Ziele. Vielleicht werden sie von dir anfangs nur schwer zu verstehen sein, da du wahrscheinlich in einer Umgebung aufgewachsen bist, die diktiert, dass Gott = gut und Satan = böse gilt. Die Wahrheit ist aber, dass ›gut‹ und ›böse‹ Begriffe sind, die die Menschen oftmals so verdrehen, dass sie ihren eigenen Zwecken dienlich sind. Manchmal lügen die Menschen und versuchen, dich dazu zu bringen, bestimmte Dinge so zu sehen, dass du machst, was sie wollen. Denke immer daran, dass ein abschließendes Urteil allein deine Sache ist. Das bedeutet sowohl große Freiheit als auch große Verantwortung. Für uns ist Satan ein Symbol für die Macht hinter dieser Wahl.

Es gibt keine bestimmte Art, wie Satanisten ›sein sollen‹. Einzigartigkeit und Kreativität sind hier gefordert, nicht gedankenlose Anpassung. Es kommt nicht darauf an, welche Musik du gerne hörst, es macht keinen Unterschied, ob du Gothic Hard Rock, Blackmetal, klassische Musik, alte Volksmusik oder Songs aus Musicals bevorzugst. Es kommt nicht darauf an, was für eine Art von Bekleidung du bevorzugst. Worauf es ankommt, ist, dass du ein reifer, sensibler und selbstbewusster Individualist bist, der die Finsternis genießt und sich mit anderen Gleichgesinnten zusammenschließen möchte. In dieser Welt der vorfabrizierten, durch die Medien gesättigten und unoriginellen Drohnen bleibt es dem Satanisten überlassen, wahre Individualität und Kreativität hochzuhalten, zu schätzen und zu bewahren. Satan repräsentiert Freiheit von Heuchelei, von genehmen Lügen und fördert all das, was als Wahrheit gilt. Er ist stark und herausfordernd und inspiriert uns, unsere eigenen Stärken wahrzunehmen.

Nachdem all das gesagt wurde, wollen wir nun einige der am häufigsten gestellten Fragen beantworten:

›Wie alt muss ich sein, um der ›Kirche Satans‹ beitreten zu können?‹

›Du kannst mit jedem Alter Mitglied werden, allerdings ist eine weiter gehende Beteiligung an der Organisation erst ab einem Alter von 18 Jahren möglich. Das soll keinesfalls ein Urteil über deine Reife sein, wir haben Briefe von 14-Jährigen, die eine klare und reife Auffassung von Satanismus haben. Aber wir müssen die Welt um uns realistisch betrachten. Ein Grund ist, dass wir keine Anlaufstelle für frömmlerische Perverse sein möchten, wie es christliche Kirchen und andere Vereinigungen von Gutmenschen (Jugendvereine, Pfadfinder usw.) oft sind. Es gibt eine Menge Verrückter da draußen und wir wollen nicht, dass unsere jungen lebendigen Satanisten die Opfer von verdrehten Erwachsenen werden, die eher daran interessiert sind, junge Menschen zu kontaktieren als daran, Satanismus zu praktizieren. Ein anderer Grund ist, dass deine Eltern oder andere Erwachsene in deinem Leben deine Erforschung dieser Religion nicht verstehen oder ihr sogar feindselig gegenüberstehen könnten. Sie könnten versuchen, uns Schwierigkeiten zu bereiten, oder uns mit falschen Anschuldigungen überhäufen, nur weil sie sich bedroht fühlen. Deshalb können wir niemandem unterhalb der gesetzlichen Volljährigkeit erlauben, an Aktivitäten teilzunehmen, die in der ›Kirche Satans‹ stattfinden.

Die einzige Ausnahme von dieser Regel wäre mit schriftlicher Einverständniserklärung und Begleitung eines Elternteiles oder gesetzlichen Vertreters. Einige unter euch mögen das Glück haben, eine sehr gute Partnerschaft mit ihren Eltern zu haben, die eure Erforschung der dunklen Seite unterstützen, womöglich sogar mit Enthusiasmus. Sie mögen dich zu einem Treffen mit einem örtlichen Meister der Grotte begleiten und über deine Stufe der Teilnahme an diesem Punkt deiner magischen Entwicklung entscheiden. Wenn das der Fall ist, dann lass es uns wissen.‹

›Muss ich Mitglied werden, um ein ›echter‹ Satanist zu sein?‹

›Alles, was du tun musst, um ein echter Satanist zu werden, ist, wie einer zu leben. Dr. LaVey hat die *Satanische Bibel* geschrieben, damit die Menschen ein Exemplar davon hernehmen können, es lesen und so alles erfahren, was sie über Satanismus wissen müssen und wie sie ihn in ihr Leben einbringen können. Die meisten Menschen, die uns beitreten, machen dies als symbolischen Akt für sich selbst, um sich formal mit Gleichgesinnten zusammenzuschließen und um ihre Unterstützung einer Philosophie und einer Lebenshaltung zu zeigen, der sie zustimmen. Es ist eine rein persönliche Entscheidung – wir werben um keine Mitglieder.

Aber eine tatsächliche Mitgliedschaft vermittelt anderen, dass du es mit deiner Einstellung ernst meinst und dass du genug darüber weißt, um die Bücher von Dr. LaVey gelesen zu haben und dich mit seiner bahnbrechenden Organisation zu identifizieren. Es gewährt dir einen gewissen Grad der Anerkennung als Autorität. Wenn du öffentlich als Mitglied der ‚Kirche Satans‘ auftreten möchtest, solltest du eigentlich auch eines sein. Wenn du eine eigene Grotte starten willst, musst du ein Mitglied sein (und dazu noch über 18). Aber aus Satanismus für dein Leben Nutzen zu ziehen oder echten Satanismus zu verteidigen, das sind Recht und Verantwortung eines jeden Satanisten, ‚offizieller‘ oder nicht.‹

›Meine Eltern und Freunde verstehen mich nicht und billigen mein Interesse an Satanismus nicht. Wie kann ich sie dazu bringen, meinen Glauben zu akzeptieren, und wohin kann ich gehen, um meine Rituale durchzuführen?‹

›Unglücklicherweise stehen die meisten jungen Satanisten diesem Problem gegenüber. Die wenigsten unter uns haben das Glück, dass ihre Eltern sie in diesem Punkt verstehen oder dass andere Menschen wie wir ihnen nahe stehen. Solange du aber unter dem Dach deiner Eltern lebst und sie für dich sorgen, schuldest du ihnen einen gewissen Grad der Rücksichtnahme. Biete ihnen an, deine Bücher zu lesen, und sprich mit ihnen über Missverständnisse, die sich aus diversen Talkshows im Fernsehen und christlicher Propaganda ergeben haben. Aber du kannst niemanden dazu zwingen, das zu verstehen, was für dich offensichtlich und eine magische Offenbarung ist. Wenn Satanismus deine Erziehungsberechtigten abstößt, dann führe deine Studien und Rituale zurückgezogen und allein durch. Wenn du zu Hause keinen Ort hast, an den du dich ungestört zurückziehen kannst, dann suche dir einen geeigneten Platz am Strand, auf einer Wiese oder im Wald, wo du bei Bedarf ein Ritual abhalten kannst. Du bist zwar verständlicherweise enthusiastisch über deine neu gefundene Religion, aber es wäre nicht besonders satanisch, sich ein Problem mit den Eltern zu schaffen, mit denen man im selben Haus lebt, oder in der Schule, wo dein wahres Ziel nur darin liegen könnte, sich mit den Autoritäten unter dem Vorwand des ‚Ausdrucks der Individualität‘ anzulegen.

Praktiziere niedere Magie. Erinnere dich, ein kompetenter satanischer Magier sollte in der Lage sein, jede Situation zu beherrschen und seine Möglichkeiten des Handelns dahin gehend abzuwägen, die gewünschten Resultate zu erzielen. Enthusiasmus ist natürlich unterstützend und willkommen, aber Satanismus verlangt von niemandem, ein Märtyrer zu werden. Und bedenke immer, dass viele Menschen ganz einfach deshalb nicht verstehen, weil sie im Grunde nicht verstehen wollen.

So sollte es auch sein. Satanismus ist nicht für jedermann. Satan wandert von seiner Natur aus alleine. Er ist der wahre Individualist, der Ausgestoßene. Das bedeutet nicht, dass du dich nicht um diejenigen kümmern sollst, die dir nahe stehen – Satan repräsentiert auch Liebe, Güte und Respekt gegenüber denjenigen, die sie verdienen. Es bedeutet nur, dass du dich nicht um die kümmern sollst, die dich nicht akzeptieren. Schwelge in deiner Einzigartigkeit, sei stolz darauf, wer und was du bist. Erreiche alles mit der Stärke und Entschlossenheit Satans selbst, der stolz durch deine Adern fließt. Wenn Satanismus zu positiven Veränderungen in deinen Fertigkeiten und Einstellungen führt, so werden es deine Eltern und andere Erwachsene um dich bemerken. Die beste Art, wie du Satanismus repräsentieren kannst, ist es, ein lebendiges Beispiel dafür zu sein, wie dich die diabolischen Künste zu einem stärkeren und zielgerichteteren Menschen gemacht haben. Diese Ergebnisse werden stärker dafür sprechen als jedes logische Argument von dir.‹

›Ist es besser, allein zu studieren und Rituale abzuhalten oder in Gesellschaft?‹

›Wenn du nicht in der Lage bist, andere zu finden, deren Wissen und Verständnis von Satanismus dem deinen entspricht, dann ist es besser, allein zu arbeiten. Wenn du es vorziehst, Rituale gemeinsam mit anderen abzuhalten, dann sei dir sicher, dass sie sich voll und ganz dessen bewusst sind, was Satanismus ist …

Sei nicht verstört oder verängstigt oder halte dich für verrückt, wenn du fühlst, dass die dunklen Wesen, die du heraufbeschworen hast, mit dir Kontakt aufnehmen oder dass deine Magie anfängt, Ergebnisse zu produzieren. Du bist nicht verrückt, weil du so über die Heuchelei, Blindheit und Inkompetenz fühlst, die du rund um dich siehst ...‹

›*Brauche ich all die Dinge, die die* Satanische Bibel *erwähnt, um meine Rituale durchführen zu können?*‹

›Du brauchst nicht alles, was in Dr. LaVeys Büchern erwähnt ist, um ein effektives Ritual abzuhalten. Du hast womöglich weder das Geld noch den diskreten Aufbewahrungsort für Sachen wie Schwerter, Kelche, schwarze Roben, Gongs und kunstvolle Altäre. Hier ist ein mächtiges Ritual, das du heute Nacht ausführen kannst; alles, was du dafür benötigst, ist ein stiller Platz, wo du allein sein kannst, ein Medaillon oder Bildnis des Baphomet an oder vor dir und eine einzige schwarze Kerze ...‹

Einige abschließende Worte: Nur weil du noch keine 18 bist, heißt es noch nicht, dass du das Reich der Finsternis, dass sich vor dir ausbreitet, nicht erforschen kannst. Dies ist eine mächtige und magische Zeit. Es war für dich nicht ohne Grund unwiderstehlich, uns zu schreiben, und gerade jetzt durchläufst du eine Einführung in die schwarzen Künste, die ganz alleine dir gehört. Dein Körper und dein Geist machen große Veränderungen durch. Nimm dir die Zeit, alles zu lernen, was du nur kannst – über dich selbst und die Welt rund um dich ... Du bist anders, du bist überlegen und es ist in Ordnung für dich, so zu fühlen. Du siehst, was andere nicht sehen, du kennst das Böse, das in den Herzen der Menschen lauert. Gib dich nicht mit erleuchtetem Schwachsinn ab, nur weil du noch nicht mit anderen ‚offiziellen‘ Satanisten aktiv sein kannst. Füll nicht deinen Geist mit Unsinn ab, du verwässerst nur deine Magie damit ...

Lies sorgfältig unsere Seiten über satanische Falschspieler, damit du nicht übervorteilt wirst, und schau dir auch unsere anderen Informationen an. Du musst nicht beitreten. Denk dran, um ein wahrer Satanist zu werden, reicht es, wenn du beginnst, wie einer zu leben. Darum mach dein Leben nicht unnötig kompliziert durch Druck, wo er nicht notwendig ist. Dein Status innerhalb der ‚Kirche Satans‘ wird daran gemessen, was du in der Welt da draußen erreicht hast, nicht an den magischen Formeln, die du auswendig gelernt hast. Die ‚Kirche Satans‘ wird da sein, wenn du bereit bist, und wenn deine Bindung stark und ernsthaft ist, wirst du von dieser Zeit profitieren. Deine

Familie und deine Freunde werden anfangs besorgt sein, weil sie einer Gehirnwäsche darüber unterzogen worden sind, was Satanismus ist. Wenn sie dich lieben, wenn sie die positiven Veränderungen sehen, die durch deine neue Hingabe an Satanismus (und mehr noch, an dich selbst) passieren, dann werden sie versuchen, dich zu verstehen und zu unterstützen.

Unsere aufrichtigen Wünsche für weiteren Erfolg und Erfüllung. Du bist einer von uns.

HEIL SATAN!«

Nachwuchswerbung via Internet – damit präsentiert sich die »Church of Satan« ganz auf der Höhe der Zeit. Ihre Verführungskraft besteht in einer durchaus explosiven Mischung aus sexueller »Befreiung«, intellektuellen Zugängen, Lebenshilfe-, Identitäts- und Religionsangeboten mit Schadenszauber, der Ideologie des Rechts des Stärkeren und einem knallharten Sozialdarwinismus.

»Bei LaVey wird die brodelnde, gärende Atmosphäre der Gegenkultur der 60er Jahre spürbar«, urteilt der Historiker Roman Schweidlenka, der als Leiter des »Informationsdienstes Esoterik-Sekten-Okkultismus« in Graz aus Erfahrung spricht. »LaVey ist viel verständlicher als Aleister Crowley, dessen oft wirre und chaotische Ergüsse sich nur schwer erschließen. Satan ist für ihn ein Archetyp, ein Prinzip, die dunkle, sexuelle, tierische Seite und Lebensenergie des Menschen.«

Harmlos? Mitnichten. Schweidlenka: »Was beim Lesen von LaVeys Büchern subtil, oft gar nicht wahrgenommen, mitgeliefert wird, sind drei gesellschaftlich bedenkliche Ideologien:

1. Auch wenn Ritualmorde abgelehnt werden, wird die Zerstörung von Gegnern und Feinden durch schwarze Magie und Schadenszauber bejaht. LaVey ist von der Wirksamkeit überzeugt, es bedarf keiner Messer und Gewehre. Die Zerstörung eines Menschen durch den Fluch und die körperliche, geistige und emotionale Vernichtung des Opfers ist o.k. Er spricht von der ›moralischen Pflicht‹, Leute mit ›verwerflichem Benehmen‹ zu vernichten. Er lehrt eigene Rituale zur Vernichtung eines Feindes und entwickelt so geistige Haltungen, die fern von Toleranz und Demokratie sind.

2. Das Recht des Stärkeren ist Gesetz. LaVey wendet sich gegen humanitäre, verständnisvolle Zugänge zu sozial auffälligen Menschen, sie sind
für ihn ein ›gesellschaftliches Krebsgeschwür‹, deren Verteidiger/innen
man ›gehörig auf die Finger klopfen‹ müsse. Er will die Welt ›von dieser
Pest‹ befreien.

3. Problematisch ist der höchst spekulative Umgang LaVeys mit dem Na-
ziokkultismus. So würdigt er Rosenberg, den Chefideologen des Natio-
nalsozialismus, als Machtmenschen und Satanisten. Für Hitler hegt er
wegen dessen dramatischer Inszenierungen Bewunderung. Angebliche
Naziriruale bereichern sein magisches Werk. Ihm selbst wurden Kontakte zur rechtsextremen Szene der USA nachgesagt.«[63]

In der Tat kann nur vermutet werden, was sich wirklich abspielt hinter
den Kulissen der einzelnen Gruppen – deren gefälliges PR-Image mitunter
an die Ausschreibung eines entspannenden Selbsterfahrungskurses bei der
Volkshochschule erinnert. Der Münchner Psychologe Dieter Rohmann, der
eine Ausstiegsberatung für Sektenmitglieder anbietet (www.kulte.de), betreut jedoch auch eine junge Frau, die im deutschen Ableger der obskuren
LaVey-»Kirche« Zeugin einer brutalen Opferzeremonie an einem Baby
geworden sein will.[64]

Bekannt für seine kruden Methoden ist dagegen der Thelema-Orden,
der mittlerweile euphemistisch als »Ethos-Gemeinschaft Thelema« fir-
miert. Vermutlich deswegen gibt sich die Gruppe auf ihrer Webseite
(www.eg-thelema.de) eher zugeknöpft. Zu erfahren ist lediglich, dass die
»Horrormeldungen der Medien alle falsch« sind und von »Sektenbeauftragten und sensationslüsternen Journalisten« verbreitet werden. Der mehrfach
vorbestrafte Thelema-Gründer Michael D. Eschner tritt nur mit einem
Zitat des persischen Dichters Hafis in Erscheinung:

»Du fragst mich, wo mein Glauben ist? Versunken. Und meine Tugend?
Ganz und gar vertrunken. Das Schönste aber ist mir geblieben: Betrunken
sein und lieben, lieben, lieben.«

Immerhin gibt die »EG Thelema« eine – wenn auch recht verquaste –
Stellungnahme zu Eschners Verurteilung wegen Vergewaltigung der damals
26-jährigen Jutta F. während eines so genannten »Ausbildungsabends« ab:
»Eschner wurde beschuldigt, sie im Sommer 1987 vergewaltigt zu haben. An

dem Abend, an dem die Vergewaltigung stattgefunden haben soll, waren viele Mitglieder der Gruppe anwesend. Da das Treffen in einem Gemeinschaftsraum stattfand, haben alle Anwesenden erlebt, was an diesem Abend geschah. Keiner der Anwesenden hat eine Vergewaltigung erlebt. Alle Anwesenden wurden als Zeugen geladen und sagten entsprechend aus, dass es keine Vergewaltigung gegeben hatte. Das verurteilende Gericht erklärte dies damit, dass alle Anwesenden dieses Ereignis, weil es so schrecklich war, verdrängt hätten. Das Urteil ist rechtskräftig und muss als juristische Wahrheit akzeptiert werden. Dies kann uns aber nicht daran hindern, dem eigenen Erleben der Anwesenden mehr faktischen Wahrheitsgehalt zuzubilligen als dem Urteil von Richtern, die an dem fraglichen Abend nicht dabei waren.«

Dass »keiner der Anwesenden eine Vergewaltigung erlebt hat«, dürfte weniger etwas mit »Verdrängung« als mit dem absonderlichen »Gesetz von Thelema« zu tun haben. Aussteiger berichten, dass für die Eschner-Jünger der Grundsatz »böse = gut« und »schwarz = weiß« gelte und Alkoholexzesse sowie sexuelle Abarten als »Mittel der Befreiung« angesehen würden.

In ihrer Selbstdarstellung verbrämt die »EG Thelema« dies mit folgenden verharmlosenden Worten: »Wir feiern Symposien, bei denen wir uns an der Idee des Symposiums im antiken Griechenland orientieren. Es finden entsprechende Vorträge, Darbietungen und Diskussionen statt, während das eine oder andere Gläschen getrunken wird. Da wir sexuell sehr freizügig denken, gibt es keine Einwände gegen sexuelle Betätigungen.«

Die Mitgliederwerbung laufe ausschließlich über »regional wechselnde Interessententreffen«, vorher per Anzeige in den regionalen Medien angekündigt. Telefonische Anfragen seien daher »nutzlos«, Presseanfragen würden »prinzipiell abschlägig beschieden«.

5.2 Dunkle Gegenwelten – Homepages und Diskussionsforen

Neben dem organisierten Satanismus finden sich im weltweiten Datennetz eine Unzahl von Webseiten jugendlicher »Satanisten«. »Vorbei die Zeiten, in denen das Hinterlassen von blasphemischen Sprüchen an den Wänden altehrwürdiger Kirchen die ultimative Form der Unmutsäußerung war«, kommentiert das www.atheismus.info. Denn jeder Internetbenutzer ist nicht nur Empfänger, sondern kann auch zum Sender werden. In sehr viel größerem Maße als die klassischen Massenmedien wie Zeitungen oder Hörfunk ermöglicht die Datenautobahn die Verbreitung von eigenen Beiträgen. Was zählt, ist technisches Wissen und nicht publizistische Erfahrung oder Qualität.

In Diskussionsforen wie www.satanshimmel.de/satanshimmelchat.htm oder http://f22.parsimony.net/forum42386 oder http://f1.parsimony.net/forum505/index.htm tauschen sich vornehmlich Jugendliche über Magie, Tarot oder LaVeys Fantastereien aus – oder über den Wittener »Satansmord« von Daniel und Manuela Ruda (Rechtschreibung und Interpunktion originalgetreu):

»Name: Nadine
›Ich weiß echt nicht, wie man so bescheuert sein kann um an Satan zu glauben. Genauso wenig glaube ich an Gott. Nur muss man wirklich schon total bekloppt sein wenn man Leute umbringt wegen diesem fuck satan. Ich kapier das echt nicht. Tut mir Leid. Und wie beschränkt muss man sein um Blut zu saufen, Tiere zu schlachten etc. Ihr solltet euch alle zusammen tun, und vielleicht kriegt ihr Mengen Rabatt beim Psychiater.‹
Name: Baphomet
›Dieses ‚Satanisten-Paar‘ nimmt den Satanismus zur Rechtfertigung des Mordes her! Für mich sind das keine Satanisten und besudeln das Image der Wahren!‹
Name: Dnumgeis Sutpes
›Habt ihr geglaubt Lucifer ist ein gnädiger Vater? Er ist ein grausamer Engel. Und er schreckt nicht davor zurück, seine unfassbare Macht durch Menschen zu gebrauchen. Wenn die beiden Satanisten in seinem Dienst standen, dann hat ER ihnen den Befehl gegeben. Schreckt ihr vor Mord zurück? Wie könnt ihr dann den Satan selbst verherrlichen? Wie viele von euch reden über Dämonenbeschwörungen und haben in ihrem ganzen Leben noch keinen einzigen gesehen? Wie viele von euch würden beim Anblick eines Dämons vor Furcht niedergehen und alles tun, um ihr armseliges Leben zu retten? Das Satanistenpaar war mit Sicherheit heimgesucht.‹
Name: Morticiun
›Ich liebe es zwar Blut fließen zu sehen, aber ich finde wenn Satan sich Seelen holen will, soll er sie sich selber holen.‹

Name: Satyr

›Ist das schlimm, wenn Christen umgebracht werden? Finde ich nicht! Sie haben im Namen ihres Gottes viel grausamer gewütet. Die Beiden hätten ihn ruhig noch etwas foltern können, nach original christlichen Methoden.‹

Name: Trinity

›Sicher bekommt jeder das, was er verdient. Aber wer ist so arrogant darüber zu entscheiden wer was verdient? Ihr komischen Satansjünger seid genauso frech wie jeder Fascho oder dergleichen, der durch die Straßen läuft und sich für den Allergrößten hält.‹

Name: Lost Angel

›Wenn Satan töten will, dann tut er das selbst, genau wie Gott sich Menschen holt. Dafür braucht er keine Puppen. Und übrigens: Christen haben Jahrhunderte lang im Namen ihrer Religion getötet!‹

Name: M.M.

›Scheiß drauf man ist doch egal ob dieser Idiot tot ist oder nicht war doch eh kein Satanist der Spinner. Es macht mich krank das sich so viele Gedanken um diesen scheiß machen. Außerdem ist es sowieso komisch das einer der jeden Sonntag in die Kirche rennt, sich von zwei Satanisten zu einer Party einladen lässt! Fazit: er war selber Schuld!!!‹

Name: THE DARK END

›Mich würde interessieren was sie dafür bekommen haben Satan diesen Dienst zu tun?‹

Name: ZumNachdenken

›Das schlimmste Übel, an dem die Welt leidet, ist nicht die Stärke des Bösen, sondern die Schwäche des Besseren.‹

Name: Mephistopheles

›Ohne Gut kein Böse und ohne Böse kein Gut!!! Zeigt mir einen Christen, der nicht den Teufel in sich trägt und nicht das Gefühl von Hass und Mordlust kennt; und zeigt mir einen Satanisten, der nicht liebt und vertraut!‹

Name: Anton Szandor LaVey

›Ich finde es nicht schlecht solche morde zu begehen! Aber wenn du jemandten töten willst benutze besser einen Fluch!‹

Name: Jesus

›Oh mann, man könnte echt meinen, Satan hätte euch allen persönlich in den Kopf geschissen!‹

Name: Dame Noir

›Alle schwarzen Seelen! Verlangt keine Toleranz, wenn ihr selber intolerant seid! Beweist bitte durch euer Verhalten, dass solche Mordfälle NICHT üblich sind!‹

Wohlgemerkt: Alle diese Beiträge und Zitate stammen aus echten Foren. Sie sind kein Fake (also eine Art schlechter Scherz) und auch nicht satirisch gemeint – so wie einst der legendäre »Chain Saw Massacre Club« (»Kettensägenmassaker-Club«), der aus purem Jux im Internet zur Jagd auf Christen aufrief, bis die Staatsanwaltschaft Anklage wegen Volksverhetzung erhob.

Dem Vernehmen nach werden auch die obigen Foren mittlerweile von der Justiz auf etwaige Straftatbestände geprüft.

Auch Antworten auf »FAQ's« (Frequently Asked Questions), also häufig gestellte Fragen, findet der wissbegierige Nachwuchssatanist im Netz, z. B. unter www.lexsatanicus.de/pages/forummitschnitte1.htm. Dort kann man unter anderem lesen:

›Warum besteht ihr nur aus Hass?‹

›Wir bestehen nicht »nur aus Hass«. Wir sind ganz normale Menschen und lieben und hassen, ganz wie andere Leute auch. Wir stehen nur zu unserem Hass und leben den aus, weil wir kein Gebot haben, das uns das verbietet. Wir dürfen streiten, kämpfen und hassen, wir dürfen wütend sein, brutal sein und angreifen – wir dürfen aber auch lieben, behüten, pflegen, treu sein, zärtlich sein, liebenswürdig sein. Wenn du dich von Satanisten nur »gehasst« fühlst, dann liegt es wohl an dir. Hast du sie geärgert, provoziert? Von Satanisten kommt meistens das entgegen, was du dir verdient hast.‹

›Warum achtet ihr den Nächsten nicht? Wenn jeder so rücksichtslos wäre, gäbe es nur noch Mord und Totschlag?‹

›Ach? Tatsächlich? Sei doch mal ganz ehrlich: Geht es dir um deinen Nächsten, wenn es z. B. um ein gutes Geschäft für dich geht? Lässt du deinen Nachbarn vor, um die Frau anzumachen, auf die du so scharf bist? Da wärst du ja auch schön doof ...‹

›Freier Wille, zu sich selbst stehen, mich zum Gott machen – das kann ich doch auch alles ganz OHNE Satan. Wozu braucht ihr ihn also?‹

›Brauchen würden wir ihn nicht. Wie hier steht: All das kann man auch gut ohne Satan tun – sofern es einem wirklich nur um den freien Willen, Eigenständigkeit oder Eigengöttlichkeit geht. Es geht uns allerdings um Satan – wir realisieren diese Dinge aus dem Motiv des Satanismus heraus. Auch sind o. g. Dinge im Rahmen eines Gegenkonzepts zum Christentum als anti-christlicher und pro-satanischer Aspekt zu betrachten.‹«

Die virtuelle Welt der Webseiten, Chatrooms und Suchmaschinen ist zu Beginn des 21. Jahrhunderts das, was vor 100 Jahren Hinterzimmer und Flugblatt waren: Versammlungsort und Publikationsmittel zugleich.

Die jeweils eigene, subjektive Weltdeutung kann auf der Festplatte eines Computers in Saarbrücken gespeichert und zu jeder Tages- und Nachtzeit anonym und ohne Fehler über Telefonleitungen und Satellitenverbindungen auf Hunderttausende von PCs in München, Limburg, London, Chicago oder Tokio kopiert werden. Fiktive Namen und Pseudonyme, unter denen man in solchen Foren diskutiert oder publiziert, erleichtern den Zugang und Kontakt zu Gleichgesinnten. Hier können Meinungen geäußert werden, in denen Tod und Teufel kein Tabu darstellen, sondern eine scheinbar attraktive Möglichkeit.[65]

Wie kein anderes Medium je zuvor fördert das Internet daher ungewöhnliche und vom normalen Denken abweichende Ideen. Der Kommunikationswissenschaftler Axel Becker von der Uni Mannheim unterstreicht, dass in der anonymen Netzstruktur »Scham- und Peinlichkeitsgrenzen sinken«. In einem Webforum zum Thema Satanismus sieht man nicht, ob der eigene Beitrag von einer Klassenkameradin, dem Nachbarn, einem zwölfjährigen Schüler in Japan oder den Mitarbeitern einer arktischen Forschungsstation gelesen und beantwortet wird. »Warum sollte man daher unsicher auftreten, ängstlich sein oder sich für seine Ansichten und Einfälle schämen? Über die abstrusen Meinungsäußerungen, oft unter Pseudonym, braucht man sich nicht zu wundern.«

Dazu kommen mangelnde inhaltliche Kontrollen. Eine juristische Grauzone aufgrund fehlender internationaler Vereinbarungen eröffnet auch jungen Satanisten Möglichkeiten in Bezug auf Inhalte und Darstellungen, wie sie noch nie in einem Massenmedium zu realisieren waren. Schnelle, weltweite Verbreitung und weitestgehend unregulierte Freiheiten führen nahezu automatisch zur Übertragung von falschen oder verwerflichen Inhalten. »Medienwirksame Aktionen wie die Indizierung beziehungsweise Sperrung von einzelnen Angeboten lösen dieses Problem weder technisch noch juristisch«, ist Becker überzeugt.

Es sind gerade randständige Typen wie der satanistische Gesetzgeber im vorigen Kapitel, die vom Cyberspace besonders angezogen werden. Das Internet erlaubt ihnen – bei minimalem technischen Aufwand – die schnelle und kostengünstige Binnenkommunikation innerhalb der eigenen Gruppe sowie die Verbreitung von Werbebotschaften und obskuren Erkenntnissen an Sympathisanten und zufällige Leser.

»In den Netzen«, weiß der Internet-Fachjournalist Gundolf S. Freyermuth, »hat sich binnen weniger Jahre eine Gegenöffentlichkeit gebildet – eine Vielzahl verschworener und eine noch größere Zahl flüchtiger, sich ad hoc bildender Gemeinschaften. Sie erlauben Hunderttausenden von Außenseitern, vereinzelten und verzweifelten, enttäuschten und irritierten, nach ihren eigenen Regeln zu reden und sich gemeinsam ihre Weltbilder zurechtzuzimmern.« Durch ihre »Wortgewaltigkeit« verzerren sie die wirklichen Verhältnisse und kreieren unwidersprochen gesichtslose, dauer-

dunkle Scheinwelten, die andere in ihrer Antihaltung zur »Welt da draußen« bestärken – wie etwa die »Lex Satanicus« oder die Selbstmordforen
(Kapitel 1.4, 4.4). Statt auf eine Mauer des Schweigens trifft man – nicht
nur bei der »Church of Satan« – auf eine bunte elektronische Litfasssäule,
über und über beklebt mit Propaganda.

Die Inhalte und Angebote sind zum Teil durchaus erschreckend. An der
Existenz satanistischer Webseiten und Diskussionsforen mag man indes
auch zumindest etwas Positives ablesen, nämlich die grundsätzliche Bereitschaft von jugendlichen »Satanisten«, sich über ihre innere Befindlichkeit
zu äußern.

Einen Einblick, was im Internet in Sachen Satanismus läuft, können die
folgenden Webseiten vermitteln – darunter auch einige neutrale und z. T.
kritische Infotexte. (Die Homepages von Beratungsstellen und anderen
offiziellen Einrichtungen sind im Anhang aufgelistet.)

Der Befürchtung, durch solche Hinweise werde die jugendliche Neugierde womöglich erst geweckt, möchten Autor und Verlag entgegenhalten:
Das Interesse am Okkulten und speziell am Satanismus ist bereits da. Jugendliche »Satanisten« kennen diese Webseiten längst oder sind auch ohne
»Anleitung« mühelos in der Lage, sie zu finden. Die Strategie des »Tot-
schweigens« begünstigt nach unserer Überzeugung eher einen Schweige-
schutz, unter dem das Verborgene erst recht aufblüht. Wo aber der Satanismus und der wachsende Glaube daran »bei Tageslicht« – offen, angstfrei
und leidenschaftslos – erforscht und erörtert werden, offenbaren sie schnell
ihr ungeschminktes Gesicht: eine biedere Fratze aus unverarbeiteten
Minderwertigkeitskomplexen, hilfloser Mystik und kindlichen Allmachts-
träumen.

Kenntnisse aus der aktuellen »Szene« sind zudem unabdingbar, um Ge-
genkonzepte und Beratungsstrategien zu entwickeln. Außerdem: Jede Bedrohung, ob satanistisch oder pseudosatanistisch, kann ihren Schrecken
verlieren, wenn sie öffentlich gemacht wird.

Organisierte satanistische Gruppierungen im deutschsprachigen Raum:
www.xeper.org/tsgerman/ (»Temple of Seth«)
www.fraternitas.de (»Fraternitas Saturni«)

www.oto.de (»Ordo Templi Orientis«)
www.leviathan777.org (»Fraternitas Catena Aurea«)
www.otoa.de (»Aiwass-Loge«)
www.churchofsatan.com (»Church of Satan«)
www.thelema93.de
www.eg-thelema.de
www.schwartzeorden.org
www.akron.at

Sonstige Seiten:
Pro:
www.lexsatanicus.de
www.rafa.at
www.anthros-online.de/magie/baphomet. htm
www.satanas.de
www.darkness-inside.ch/satanismus. htm
www.njoerd-versand.de/messe03. htm
www.werkos.de/satan1. htm
www.chat-cafe.de/chatter/bjoern-t/firstchurch. html
www.sonofsatan.de
www.nachtland.de/satanismus. htm
www.satanshimmel.de
www.new-aeon.de/newaeon/index.php?act=view_location&location
_id=1588
www.new-aeon.de/newaeon/index.php?act=view_location&location
_id=1576
www.avesatani.de
www.berserks.de
www.personalsatan.com
http://wehring.parsimony.net/wehring83/liste. htm
http://wehring.parsimony.net/wehring33/liste. htm
http://schwarzemagie.net
www.gruftiladen.de
www.5satan.purespace.de/the_evil_one. htm

www.schattenherrschaft.de
www. hell-commando.com
http://anarchie.weltherrschaft.de
www.faaku.de/satanismus/satanismus. html
www.lucifer.dusnet.de
http://themen02.exit.de/protest/member/korn/Religion

Neutral, z. T. kritisch:
www.esonet.at
www.realschule.com/top-secret/ringbuch/zwei/satan6. htm
www.javapro.de/Glaube/Esoterik_und_Okkultismus/Satanismus/
   index.shtml
www.gemeindedienst.de/weltanschauung/texte/satanismus. htm
www.uni-bonn.de/religionswissenschaft/ss6a6. htm
www.religio.de/dialog/297/297s22. html
www.nemasys.com/rahome/intl-resources/satanismus.shtml
www.rpi.at/wien/geschichte. htm
http://freeweb.econophone.ch/chzumbach/Satanismus/Satanismus. html
www.schule.berg.net/hepel/schueler/satan/satan1. htm
www.ghrs-mainhardt.sha.schule-bw.de/satani. htm
www.skeptischeecke.de/wörterbuch/Satan/satan. html
www.gemeinde-christi.org/buecher/artikel/satan/satan8. htm
http://private.addcom.de/s/sequiem/satan. htm
www.jesusfreaks.com/Duisburg/frameless/satanismus. html

(Hinweis: Internetseiten können jederzeit aus dem Netz genommen werden oder zu einer neuen Adresse weiterziehen.)

6 »Antichrist Superstar« –
Satanismus in der Rockmusik

»Ich kann es nicht einmal ertragen, wenn ich sehe, wie die Leute lachend im Restaurant sitzen, sich amüsieren und das Leben genießen. Ihre erbärmliche Heiterkeit macht mich krank. Und wenn man erst den Fernseher einschaltet, leben die Leute wirklich so? Soll das alles ein Witz sein? Setzen wir Kinder in die Welt, damit sie an ›Baywatch‹ und konserviertes Gelächter glauben? … Scheiß auf diesen blinden Konsumismus. Dumme Menschen haben nichts Besseres verdient. Sie würden sich sogar ein T-Shirt mit der Aufschrift ›Ich bin total bescheuert‹ kaufen, wenn ihnen Cindy Crawford erzählt, wie cool das ist.

Am liebsten würde ich sie alle umbringen, aber damit täte man ihnen wahrscheinlich nur einen Gefallen. Die grausamste Strafe, die ich ihnen antun kann, ist einfach, dass ich sie jeden Morgen aufwachen, ihr mieses kleines Leben weiterführen, sie ihre bescheuerten Kinder aufziehen lasse. Und eine Platte wie *Antichrist Superstar* mache, die sie vor den Kopf stoßen, die alles und jeden zerstören wird. Fahr zur Hölle, Amerika. Ihr könnt mich alle. Die Welt spreizt ihre Schenkel, um einen beschissenen, neuen Star zu gebären …[66]

Eine Tagebuchnotiz aus dem Jahr 1997 von Marilyn Manson – jenem Mann, der wenig später tatsächlich »für die meisten Menschen schlichtweg die Manifestation des Bösen, eine Bedrohung für das Seelenheil ihrer Kinder« werden sollte, wie der Musikjournalist Maik Koltermann schreibt.

Das besagte Album *Antichrist Superstar* erschien und erklomm Platz drei der US-Charts. Bei der anschließenden Tournee überschütteten Manson und seine Bandmitglieder das Publikum mit Hasstiraden auf Kultur und Gesellschaft. Er selbst inszenierte sich auf der Bühne wie eine Art gefallener Engel mit Strapsen.

Vor allem in den USA laufen seitdem Elternverbände, konservative Politiker und religiöse Organisationen Sturm gegen den Rockstar. Sogar gefälschte und angeblich von der »American Family Association« in Umlauf gebrachte eidesstattliche Erklärungen zu vermeintlichen Bühnenexzessen kursieren, die Manson in seiner Autobiografie absichtsvoll und ausführlich zitiert:

»Ich bin 17 Jahre alt, männlichen Geschlechts und wohnhaft in (Adresse ausgestrichen), Oklahoma City, Oklahoma. Ich habe Marilyn Manson vor drei Jahren kennen gelernt. Ich war ein 14-jähriger Ausreißer und wurde von ihm in den Kreis seiner Freunde oder ›Familie‹ aufgenommen …

– Ich habe gesehen, wie Manson aus der *Satanischen Bibel* rezitiert und Menschen aus dem Publikum segnet, die entweder selber nach vorne gekommen oder dorthin gestoßen worden sind. Alle Personen, die sich in dieser Gruppe aufhalten, werden mit Schweineblut übergossen. Dann ernennt er diese Auserwählten zu seinen ›Priestern‹.

– Ich habe gesehen, wie Manson kleine Küken sowie mehrere Hundebabys und Kätzchen aus einer Tüte zieht und sie ins Publikum wirft. Es handelt sich um lebende Tiere. Sodann fordert Manson die Menge auf, der Musik ein Opfer zu bringen. Er besteht darauf, dass das Konzert nicht anfängt, bevor alle Tiere tot sind.

– Ich habe gesehen, wie die Sicherheitskräfte Dutzende von Kondomen in die Menge geworfen haben, während Manson die Menschen im Publikum aufforderte, wahllos miteinander zu kopulieren. Ich habe gesehen, dass Teile des Publikums miteinander Geschlechtsverkehr hatten und andere sexuelle Handlungen verrichteten.

– Ich habe gesehen, dass Manson gegen Ende des Konzerts einen satanistischen Gottesdienst abgehalten hat. Manson forderte die Menge auf, Satan in ihr Leben zu lassen.

– Ich habe gesehen, wie Marilyn Manson ein Schaf auf die Bühne mitgenommen hat, und aus meinem Blickwinkel am seitlichen Bühnenrand konnte ich sehen, wie Manson an diesem Schaf den Geschlechtsverkehr vollzogen hat.«[67]

Fundamentalistische Christen belegen Manson und dessen Band gar mit Bannsprüchen und Exorzismusritualen, da die Musiker von Dämonen und bösen Geistern besessen seien. Hat der exzentrische Bürgerschreck den Teufel im Leib? Mehr noch: Ist der Leibhaftige »auf dem Vormarsch und

manche Rockgruppen sind seine Truppen«, wie dem katholischen Erzbischof von New York, John O'Connor, düster schwant?

»So ziemlich jede negative Entwicklung der vergangenen Jahre ist durch
Rockmusik maßgeblich mitbestimmt worden«, behauptet zum Beispiel
auch der viel gelesene Autor John Rockwell, dessen Buch *Trommelfeuer* seit
Anfang der 80er-Jahre eine zweistellige Anzahl von Neuauflagen erfahren
hat. Vor allem Hardrock und dessen noch »härtere«, rauere und lautere
Spielart Heavymetal gelten ihm als Spielplatz des Satans. Texte, Sound,
Outfit und Bühnenshow diverser Bands seien schuld unter anderem an:

- der steigenden Brutalität unter Jugendlichen
- der steigenden Selbstmordrate unter Jugendlichen
- Selbstmisshandlungen und Verstümmelungen
- allgemeinen Gewalttätigkeiten und Mord
- Bedrohungen sexueller Art
- Vergewaltigungen
- Blutschande
- Prostitution durch Teenager
- Kindes- und Partnermisshandlungen
- der Zunahme des Drogenkonsums
- den steigenden Abtreibungszahlen
- der Anfälligkeit für Sekten und besonders für alles Okkulte
- der totalen Verschiebung überkommener Werte: gegen Familie, Schule,
  Religion, Gesellschaft; für Drogen, freie Sexualität in allen Varianten,
  Gottlosigkeit und Blasphemie.[68]

Auch der Spanier Fernando Salazar Banol (laut Verlagsangaben Professor für Musiktherapie) geht in dem ähnlich populären und häufig zitierten
Werk *Die okkulte Seite des Rock* der Rockmusik auf den Grund und landet
dabei direkt in der Hölle. Irrt also der Volksmund geradezu tragisch, wenn
er in Liedform behauptet: »Viele, viele Künste hat der Teufel, aber singen
kann er nicht?«

Fraglos kann Musik ganz unterschiedliche Saiten der Seele zum Klingen bringen. Nicht umsonst ist die Gestalt des »Teufelsgeigers« ein klassi-
sches Märchen-, Sagen- und Folkloremotiv. Das sehr melancholische
Lied *Gloomy Sunday* des ungarischen Komponisten Reszo Seress aus

dem Jahr 1932 soll sogar mehrere Zeitgenossen in den Selbstmord getrieben haben.

Allerdings sind solche extremen Effekte mitnichten der Musik vorbehalten. Als Goethe vor mehr als 200 Jahren seinen Briefroman *Die Leiden des jungen Werther* veröffentlichte, identifizierten sich ebenfalls viele junge Leute mit dem verzweifelten Titelhelden und wollten wie dieser freiwillig aus dem Leben scheiden. War Goethe also Satanist? Für *Trommelfeuer*-Autor John Rockwell steht dies tatsächlich fest. Nicht wegen *Werther* – vielmehr die Ballade *Der Zauberlehrling* weise den Dichterfürsten als einen solchen aus.

Dem Deutsch-Rocker Udo Lindenberg wirft Rockwell »Blasphemie« vor, und zwar aufgrund der bekannten Antikriegshymne *Wozu sind Kriege da?* Dabei weist Lindenberg lediglich auf die unbestrittene Tatsache hin, dass es auf der Welt auch kriegerische Auseinandersetzungen »um so religiösen Zwist« gibt.

Darüber hinaus genügen selbst oberflächliche Kenntnisse der Musikszene, um Rockwell und Banol eine Vielzahl grober Fehler nachweisen zu können. So zum Beispiel trägt bei »AC/DC« keineswegs der »Leadsänger« eine Highschool-Uniform, sondern Sologitarrist Angus Young. Das *White Album* der »Beatles« mutiert bei Banol flugs zum nie existierenden *Devil White Album*, die Gruppe »Black Oak Arkansas« zu »Black Dark Arkansas« und die Glamourstars von »Kiss« werden unvermittelt als »typische Vertreter des Punkrock« eingeführt.

Bezeichnend ist, wie Banol im Zusammenhang mit Schock-Rocker Alice Cooper definiert, was eine »Hexe« ist. In der dazugehörigen Anmerkung heißt es schlicht: »Satanische Priesterin«. Eine Definition wie aus dem berüchtigten *Hexenhammer* von 1487, die Banol kurzerhand auch Alice Cooper überstülpt, der bürgerlich Vincent Damon Furnier heißt und sein Bühnen-Ich nach einer im Mittelalter ermordeten Hexe benannt hat.

Zudem sorgt der Übersetzer dafür, dass *Trommelfeuer* bei Fans und informierten Musikkritikern mittlerweile als humoristisches Kultbuch gilt – etwa wenn er den Songtitel *Don't Fear the Reaper* von »Blue Oyster Cult« wörtlich mit *Fürchte nicht den Mäher!* ins Deutsche überträgt (»Reaper« meint hier so viel wie »Sensenmann«).

Ginge es nach den Autoren der lesenswerten Aufsatzsammlung *Haarus Longus Satanas?* (im Internet unter www.crossover-agm.de/haarus. htm), dann gehörten Veröffentlichungen wie *Trommelfeuer* oder auch *Wir wollen nur deine Seele* von Ulrich Bäumer »wegen Volksverdummung indiziert«.

Die unreflektierten und nahezu fanatischen Thesen der Rockmusik-Verteufler dürften für eine Auseinandersetzung mit Marilyn Manson und Co. in der Tat zumindest wenig hilfreich sein. Denn der verallgemeinernde Trivialmythos von der Rockmusik als Sprachrohr des Teufels provoziert bei Jugendlichen wenig mehr als genervtes Augenrollen – sowie den reflexartigen und (ebenfalls sachlich unscharfen) Konter: »Das ist doch alles nur Show!«

6.1 Backward-Masking

A propos Trivialmythos: Für Banol, Rockwell und eine Vielzahl weiterer Autoren gilt als ausgemachtes Faktum, dass Rockmusiker ihre diabolischen Botschaften auch »getarnt« rüberbringen, die Gehirne ihrer Hörer über einen kleinen Umweg durchs Unterbewusstsein verätzen.

So etwa bei Raymond Belnap und James Vance. Einen Tag vor Weihnachten, am 23. Dezember 1985, beschließen Ray (18) und James (20) zu sterben. Sie hören stundenlang Musik der englischen Hardrockband »Judas Priest«, trinken Bier und rauchen Marihuana. Dann greifen sie sich eine abgesägte Schrotflinte. Ray Belnap ist sofort tot. Sein Freund nimmt die Waffe, presst den Lauf unters Kinn und drückt ebenfalls ab. Doch das Jagdgewehr rutscht ab. Die Kugeln zerschmettern sein Kinn, den Rachen und die Nase. Auf der Intensivstation retten die Ärzte sein Leben. Doch James bleibt für immer entstellt.

Für die Eltern ist der Fall klar: Hardrock hat ihre beiden Söhne so weit gebracht. Sie strengen einen Prozess gegen »Judas Priest« und deren Plattenfirma CBS an, klagen auf Schadenersatz in Millionenhöhe. Denn der »Judas Priest«-Song *Better by You, Better than Me* (*Besser du tust es als ich*) aus dem Album *Stained Glass* sei mit der rückwärts in den Text eingespielten Selbstmordaufforderung »Do it« (»Tue es«) unterlegt.

»Backward-Masking« nennt sich dieser Dreh, zu Deutsch etwa: Rückwärtsmaskierung.

Das Prinzip ist Folgendes: Wenn ein Musiker eine Platte oder eine CD aufnimmt, verwendet er ein Band mit 24 oder 32 verschiedenen Tonspuren. Das ist deshalb notwendig, weil jedes Instrument und die Gesangsstimmen einzeln aufgenommen und erst ganz am Schluss durch entsprechenden Sound-Mix auf ein breites Band übertragen werden. Beim Backward-Masking wird nun auf einer der 24 oder 32 Tonspuren eine bestimmte, rückwärts gesprochene Botschaft verewigt. Und angeblich sei unsere rechte Gehirnhälfte als Zugang zum Unterbewusstsein in der Lage, einen solchen Text automatisch »umzudrehen« und zu entschlüsseln.

Eine andere Methode des Backward-Masking soll darin bestehen, die normalen, verstehbaren Texte der Lieder so auszuwählen, dass sie rückwärts gespielt den gewünschten Wortlaut ergeben. Mehr als 50 Liedern wird vor allem in christlichen und anthroposophischen Zeitschriften und Büchern der Vorwurf gemacht, satanische, destruktive und gewaltverherrlichende »Rückwärtsbotschaften« zu verbreiten.[69]

Wieso satanisch? Weil der Satanismus nach Ansicht jener Autoren die Negation des Christentums betreibe, was sich u. a. im Rückwärtsaufsagen des »Vaterunsers« und in der Fähigkeit des Rückwärtssprechens zeige.

Als dann der Neosatanist Aleister Crowley auf dem Cover der »Beatles«-LP *Sgt. Pepper's Lonely Hearts Club Band* auftauchte (als einer der Leute, »die wir mögen«), war der gewagte Schluss schnell gezogen – denn die »Beatles« gelten als die Urväter des Backward-Masking.

Heute soll sogar das einstige Disco-Sternchen »Sandra« an der Masche mitstricken. In ihrem Hit *Hey Little Girl!* stimme sie rückwärts »Evil is in me« (»Das Böse ist in mir«) an. Und der sozial engagierte Bruce Springsteen schmähe in *Born in the USA* rückwärts Jesus Christus: »Oh Christ, you're dirt and mess!« (»Oh Christus, du bist Dreck und Mist!«). Der Klassiker *Stairway to Heaven* von Led Zeppelin wiederum weise die Rückwärtsmaskierung »Ich singe, weil ich mit Satan lebe. Es gibt kein Entkommen. Satan ist der Herr« auf.

Doch was es mit dem geheimnisumwitterten Backward-Masking wirklich auf sich hat, ist äußerst umstritten. Der spektakuläre »Judas Priest«-

Prozess im Sommer 1990 vor einem Gericht in Reno im US-Bundesstaat Nevada endete mit dem Freispruch für die Musiker. Richter Jerry Whitehead entschied: Bei dem angeblichen Selbstmordappell »Do it« handle es sich wohl nur um ein gepresstes Atmungsgeräusch. Außerdem war während der Verhandlung deutlich geworden, dass Ray und James erhebliche Alkoholprobleme hatten und überdies unter Gewalttätigkeiten in ihren Familien litten.

James Vance lebte nach seinem Suizidversuch noch zwei Jahre. Dann bekam er schwere Depressionen und ließ sich freiwillig in eine psychiatrische Klinik einweisen. Dort starb er wenig später unter ungeklärten Umständen an einer Medikamenten-Überdosis.

Für sein Buch *Backward-Masking: Fluch oder Flop?* nahm der Deutsche Dierk Heimann nahezu sämtliche Songs unter die Lupe, in denen irgendein Autor irgendeine Rückwärtsmaskierung entdeckt haben will – insgesamt 46, deren stilistische Bandbreite von Madonnas *Act of Contrition* über Led Zeppelins *Stairway to Heaven* bis zu *Zarah* von Nina Hagen reicht. Auf 29 der Musikstücke fand er keinerlei rückwärts eingemischte Textpassage. Die anderen 17 enthielten ein so genanntes technisches Backward-Masking. Das heißt: Die rückwärts eingemischten Botschaften haben mit Satanismus oder Ähnlichem nichts am Hut, sondern sind als Ausdruck der Kreativität der Musiker anzusehen. Auf der B-Seite *Rain* der berühmten Beatles-Single *Paperback Writer* z. B. erklingt der Anfang des Liedes am Ende noch einmal, allerdings rückwärts eingespielt.[70]

Unbestritten ist jedoch, dass Musiker sich mit Backward-Masking derbe Scherze erlauben oder es als Werbegag entdeckt haben. Die britische Blackmetal-Band »Venom« mischte ein paar Passagen »satanischen« Gebrülls rückwärts in eine ihrer Nummern ein. »Grave Digger« wollen auf ihrem Album *The Reaper* rückwärts die »Botschaft« verewigt haben: »Alle Sektenbeauftragten sind Ficker!«

Zur Begründung sagt Sänger Chris Boltendahl: »Als ich noch Soziologie studiert habe, hatten wir an der Uni mal ein Seminar über Sekten und Okkultismus. Da hat irgend so ein Pfaffe todernst und hochwissenschaftlich die ganzen ollen Kamellen runtergeleiert, etwa dass alle Rockplatten stets auch rückwärts eingespielte Teufelsanbetungen enthalten. Deshalb haben wir an einer Stelle unserer Platte *The Reaper* wirklich eine Passage rückwärts eingespielt. Da finden sie nun bei ihren Nachforschungen wenigstens mal was.«

Auch der Hamburger Musikprofessor Helmut Rösing untersuchte die in einschlägigen Büchern genannten Lieder im Labor und kam zu dem Schluss: »Verschlüsselte Texte in Rock- und Popmusik gibt es durchaus, allerdings bei weitem nicht in dem Umfang wie erwartet. Die Angaben zu den einzelnen Stücken ... sind nicht nur fehlerhaft und teilweise recht widersprüchlich, sie sind vor allem auch größtenteils nicht nachweisbar. Hier scheinen nach dem Motto ›Wer suchet, der wird finden‹ Inhalte in die Rückwärtsbotschaften der Stücke hineingehört worden zu sein, die objektiv nicht gegeben sind.«

Anders ausgedrückt: Man hört das, was man hören will. Wahrnehmungspsychologen wissen, dass unsere Sinne mitnichten wie eine Videokamera exakt die äußere Wirklichkeit aufnehmen und wiedergeben, sondern sehr stark von dem beeinflusst werden, was wir glauben oder in bestimmten Situationen erwarten. Als Rösing 29 Studenten der Musikhochschule Kassel *Another One Bites the Dust* von »Queen« rückwärts vorspielte, konnte kein Einziger etwas heraushören. Erst als sie gesagt bekamen, dass in der Geräuschkulisse die »Botschaft« mitschwinge »Start to smoke Marihuana!«, identifizierten fast drei Viertel der Studenten diese Zeile »eindeutig«.[71]

Wie abhängig unsere Wahrnehmung von dem ist, was wir erwarten, kann jeder mit geringem Aufwand selbst ausprobieren. Man setze den Keilriemen, der den Plattenteller der Stereoanlage antreibt, verkehrt herum ein und lege den Tonarm des Plattenspielers am Ende der Platte auf. Dann spielt die Platte rückwärts und man kann z. B. *Stairway to Heaven* auf Rückwärtsmaskierungen abhören. Steht nur ein CD-Player zur Verfügung, kann man das Stück auf Tonband aufnehmen, es dann verkehrt herum einlegen und abspielen. Was ist zu hören? Ein unverständliches Gebrabbel, aus dem sich je nach Intensität des Zuhörens und nach persönlicher Stimmungslage alles Mögliche herausdeuten lässt.[72]

Letzten Endes kann man wohl auch Backward-Masking unter den längst widerlegten Mythos von der »subliminalen Beeinflussung« einreihen. 1957 schockierte der amerikanische Marktforscher James Vicary die Öffentlichkeit mit folgender Behauptung: In einen laufenden Kinofilm habe er jeweils für Bruchteile von Sekunden Werbespots für Popcorn und Cola einprojiziert, die von den Zuschauern nicht bewusst wahrgenommen werden konnten. Trotzdem sei an der Kinokasse der Verkauf von Popcorn und Cola um ein Vielfaches gestiegen.

Als »Iss Popcorn/Trink Cola!«-Studie machte Vicarys angebliches Experiment mit insgesamt 46 000 Kinogängern Schlagzeilen und geistert heute noch hin und wieder durch die Medien. 1962 gab Vicary in einem Interview mit der Fachzeitschrift *Advertising Age* zu, die Behauptungen frei erfunden zu haben, um für seine Marketing-Firma mehr Aufträge zu bekommen.

Doch das Bekenntnis kam zu spät. Ein bis zu diesem Zeitpunkt unbekannter Autor tierpsychologischer Studien namens Vance Packhard hatte die »Iss Popcorn/Trink Cola!«-Story mit seinem Bestseller *Die geheimen Verführer* bereits weltweit bekannt gemacht. Noch bevor der geringste Beweis für die Wirksamkeit »subliminaler« (unterschwelliger) Beeinflussung vorlag, verbot der US-Verband der Rundfunksender eilends den Einsatz solcher Techniken in der Werbung.[73] Unverzüglich zogen andere Nationen nach – nach dem Motto: Dann muss ja wohl etwas dran sein … Auch im bundesdeutschen Rundfunkstaatsvertrag von 1992 findet sich noch ein entsprechender Passus (Paragraph 6, Absatz 3).

Der Psychologe Horst Brand von der Uni Köln prüfte in jahrelanger Arbeit sämtliche auf der ganzen Welt bekannt gewordenen Experimente zur unterschwelligen Beeinflussung sorgfältig nach. Und fand nichts, was die These von den »geheimen Verführern« stützen könnte – nicht einmal jenes Kino, in dem einst der »Popcorn/Cola«-Versuch stattgefunden haben soll.

Auch Brands Kollege Anthony R. Pratkanis von der University of California in Santa Cruz sammelte mehr als 100 populäre Artikel und 200 wissenschaftliche Arbeiten zum Thema und wertete sie aus. In keinem dieser Berichte fand er einen empirischen, klinischen oder experimentellen Beweis für Vicarys und Packhards Darstellung.

Der New Yorker Werbefachmann Berton Miller wundert sich, dass »mir noch nie ein Chef-Layouter, Produzent oder sonst ein leitender Agenturangestellter zugeflüstert hat: ›Psst, schauen Sie her, so machen wir das mit dem unterschwelligen Zeug‹«.

Wie kommt es, rätselt der Marketing-Profi, »dass in der langjährigen Geschichte der Werbung nie ein Plappermaul in einem Anfall von Gewissensbissen öffentlich ausgeplaudert hat, was da hinter den verschlossenen Türen der bösen großen Werbeagenturen ausgeheckt wird? Hat es etwa noch nie einen vergrämten Mitarbeiter einer Agentur gegeben, der in die Maschen und Tricks des Geschäfts eingeweiht war und es seinem Boss irgendwann heimzahlen wollte? Wohl kaum.«[74]

Außerdem scheinen gerade die denkbaren Missbrauchsmöglichkeiten gegen die Idee von den »Subliminals« zu sprechen: Hätte es z. B. in den ehemaligen Diktaturen des Ostblocks jemals Revolutionen gegeben, wenn die Regierenden die Möglichkeit gehabt hätten, über subliminale Botschaften in Radio und TV den Menschen einzureden, wie gut sie es doch haben?[75]

Was so genannte »Subliminal-Kassetten« mit unterschwelligen Suggestionen zur Raucherentwöhnung, Steigerung des Selbstbewusstseins etc. angeht, kam der Münchner Psychologe Colin Goldner vom »Forum kritische Psychologie« nach eingehenden Untersuchungen zu dem Ergebnis: »Von welcher Seite aus man das Geschäft mit den subliminal tapes auch ansehen mag – es ist ganz einfach Beschiss.«[76]

Dennoch greifen Film- und TV-Produzenten die Angst vieler Menschen vor den »unterschwelligen Botschaften« immer wieder effektvoll auf – als Spielhandlung wie auch als reale Gimmicks. In der *Akte X*-Folge *Ferngesteuert* treiben unsichtbare Signale aus der Glotze ausgewählte Opfer in Wahnzustände. Und in der Folge *Blut* wird eine Gruppe phobieanfälliger Menschen durch »Subliminals« richtig manipuliert. In *Psycho* von Alfred Hitchcock blitzt ein, zwei Sekunden lang das Bild des verwesten Gesichts von Norman Bates' Mutter auf, während von Hauptdarsteller Anthony Perkins in seiner Zelle am Schluss übergeblendet wird auf sein Auto, das die Polizei aus dem Sumpf zieht. Und in dem berühmten Schocker *Der Exorzist* montierte Regisseur William Friedkin mehrfach das Bild einer Grauen erregenden Fratze über eine normale Szene – was allerdings (zumindest in der wiederaufgeführten »Director's Cut«-Fassung von 2001) nicht unbewusst wahrnehmbar, sondern recht deutlich zu sehen ist.

Unsere Wahrnehmung nimmt solche kurzen Reize zwar anscheinend auf und hält die Information für wenige Augenblicke fest, kann sie aber nicht verarbeiten. Aus diesem Grund können weder Subliminalkassetten noch Rückwärtsmaskierungen Gefühle oder Verhalten von Menschen ändern.[77]

Ob es sinnvoll ist, zwischen solchen Techniken, wie Backward-Masking, und satanistischen Aktivitäten »einen Zusammenhang zu vermuten« (wie es die Autoren von *Manipulation im Rückwärtsgang,* Dan und Steve Peters und Cher Merrill tun), weil »er« (gemeint ist der leibhaftige Teufel) »der Meister der Verstellung ist und backmasking für seine Vorspiegelungen genau der richtige Kanal zu sein scheint«, muss wohl letztlich dahingestellt bleiben. Fraglos fehlt dem wahrnehmungspsychologischen Erklärungsansatz ein Element, das für viele wohlmeinende und überzeugte »Aufklärer« zentral zu sein scheint: der emotionale Wert. Wer grundsätzlich die religiös motivierte Überzeugung teilt, dass der Schweif des Teufels sich heutzutage als Mikrofonkabel und seine Gabel als Elektrogitarre zeigt, der wird nahezu zwangsläufig satanistische Botschaften aus dem Rauschen von rückwärts spielenden Schallplatten heraushören – und zugleich ein hohes Maß an Selbstbestätigung darin finden.

Wie weit diese gehen kann, zeigt ein thematisch ähnlich gelagertes Beispiel, das die Journalistin Inge Huesgen in der Zeitschrift *Skeptiker* schildert: Als Lokalreporterin besuchte sie eine ältere Dame, die in der Überzeugung lebte, als Retterin der Welt vor dem nuklearen Overkill auserwählt zu sein. Wieso? Aus einem englischsprachigen Radiomitschnitt hörte sie statt »World Trade« und »Country« heraus: »Waltraud« (ihr Name) und »kein Krieg«. Ihre subjektive Deutung: Der Geist des verstorbenen sowjetischen Staatschefs Leonid Breschnew habe ihr via Rundfunk aus dem Jenseits die Botschaft »Waltraud, du bist lieb, darum gibt es keinen Krieg« übermittelt. Huesgen: »Vergessen wir nicht, dass durchaus Fälle von Menschen bekannt sind, deren irreale Weltkonstrukte hohe Lebensqualität vermitteln. Waltraud G. zumindest hinterließ den Eindruck eines zufriedenen Menschen.«

Dem hessischen Blödel-Duo »Badesalz« dagegen gilt die Mär von den verschlüsselten Botschaften als Comedy-Gag: Bei einem ihrer Sketche wird aus »Rippsche med Kraut« (Rippchen mit Kraut) die Aufforderung »Stich in die Braut«, aus »Blutworscht« (Blutwurst) »Blutdurst«.

Und auch die meisten »Betroffenen«, also die Jugendlichen selbst, gehen die Sache unverkrampft an. Im Internet wird augenzwinkernd darüber debattiert, was wohl die angeblich zu hörende Rückwärtszeile »Please, touch my bird, Patty Sue!« in dem Abba-Oldie *Dancing Queen* zu bedeuten habe (http://gruel.uchicago.edu/Backmask/music. html). Bei www.kissthisguy.com bekennt ein Teenager, sich sogar »im Vorwärtsgang« drastisch verhört zu haben. Und zwar bei Bruce Springsteens *Summer of 69*. Statt »Got my first real six string, bought it at the five-and-dime« kam bei ihm an: »Got my first real sex dream, I was five at the time.«

6.2 Satanismus als Verkaufsschlager und Marketingstrategie

Ein Standardargument gegen die Legende vom Backward-Masking führt uns direkt zum nächsten Thema: Warum, fragen sich kritische Beobachter, sollten Musiker den immensen technischen Aufwand einer Rückwärtsmaskierung betreiben, wenn sie auch »vorwärts« völlig unbehelligt grausame Texte von Tod und Teufel singen können?

»Von ›Slayer, Slayer!‹-Rufen begleitet, betritt die Band die Bühne, passenderweise in Schwarz gekleidet. Der Gitarrist Kerry King trägt lederne Schienbeinschoner, in die Stahlknöpfe in Form eines auf dem Kopf stehenden Kreuzes eingeschlagen sind.«

So erlebte der ehemalige amerikanische Rockmusiker Bob Larson, der heute eine christliche Talkshow moderiert, einen Auftritt der Blackmetalband »Slayer« (»Totschläger«). Die Rockzeitschrift *Spin* hatte Larson angeboten, »Slayer« bei einer Deutschland-Tournee hautnah zu begleiten und in *Spin* darüber zu berichten.

»Den Gitarristen Jeff Hanneman schmückt ein T-Shirt mit dem Aufdruck ›Slaytanische Wehrmacht‹. Der Schlagzeuger Dave Lombardo trägt eine Panzerweste und Shorts. Auf dem T-Shirt des Sängers Tom Arayas ist zu lesen: ›Sex, Mord und Kunst‹ ...

Wenige Augenblicke später werden sie zu Feuer speienden Dämonen aus der Hölle des Rock and Roll. Inmitten von Nebelmaschinen und dem donnernden Gebrüll von 3000 Fans stellen sie die Verkörperung des Bösen dar. Sie müssen stundenlang vor dem Spiegel geübt haben, bis ihre Grimassen jede Ähnlichkeit mit menschlichen Zügen verloren haben.

›Gutten Nacht!‹, schreit Araya und versucht, etwas Deutsch an den Mann zu bringen. Die Fans johlen zustimmend. Ihretwegen hätte er auch Suaheli sprechen können, denn sie sind nicht zum Small Talk gekommen. Sie wollen die Satanslieder hören, Silbe für Silbe, Note für Note, so, wie sie sie von ihren Platten kennen.«[78]

Zum Beispiel *Hell Awaits!*, zu Deutsch: *Die Hölle wartet!* Der Liedtext lautet:

Existing on damnations edge	Am Rande der Verdammnis lebend
The priest had never known	Hat der Priester nie geglaubt
To witness such a violent show	Zeuge eines so grausamen Schauspiels zu werden
Of power overthrown	Von vernichtender Kraft
Angels fighting aimlessly	Engel kämpfen ziellos
Still dying by the sword	Sterben immer noch durch das Schwert
Our legions killing all in sight	Unsere Legionen töten alle in Sichtweite
To get the one called Lord	Um den einen zu bekommen, der der Herr genannt wird
The gates of hell lie waiting as you see	Die Tore der Hölle lauern, wie du siehst
There's no price to pay just follow me	Du brauchst nichts zu bezahlen, nur mir zu folgen
I can take your lost soul from the grave	Ich kann deine verlorene Seele aus dem Grab holen
Jesus know your soul can not be saved	Jesus weiß, dass deine Seele nicht gerettet werden kann
Crucify the so called Lord	Kreuzigt den so genannten Herrn
He soon shall fall to me	Er wird bald in meine Hände fallen
Your souls are damned your God has fell	Eure Seelen sind verdammt, euer Gott ist gefallen
To slave for me eternal	Um mir in Ewigkeit zu dienen

Hell awaits	Die Hölle wartet
The reaper guards the darkened gates	Der Sensenmann bewacht die dunklen Tore
The satan calls his home	Die der Satan sein Heim nennt
Demons feed the furnace where	Dämonen füttern den Hochofen, wo
The dead are free to roam	Die Toten frei sind, umherzustreifen
Lonely children of the night	Einsame Kinder der Nacht
There's seven ways to go	Es gibt sieben Wege, die ihr gehen müsst
Each leading to the burning whole	Jeder führt euch in das brennende Ganze
That lucifer controls	Das Luzifer kontrolliert
Priest of Hades seek the sakred star	Die Priester der Unterwelt suchen den heiligen Stern
Satan sees the answer lies not far	Satan sieht, dass die Antwort nicht mehr weit ist
Zombies screaming souls cry out to you	Die schreienden Seelen der Zombies flehen dich an
Satanic laws prevail your life is though	Die satanischen Gesetze gewinnen Oberhand über dein Leben
Pray to the moon … when it's round	Betet zum Mond … wenn er voll ist
Death with you shall then about	Den Tod mit dir sollst du dann im Überfluss haben
What you seek … for can't be found	Was du suchst … denn es kann nicht gefunden werden
In sea or sky or underground	Im Meer oder im Himmel oder unter der Erde
Now I have you deep inside	Jetzt habe ich dich fest in meinem
My everlasting grasp	Immer währenden Griff
The seven bloody gates of hell	Die sieben blutigen Tore der Hölle
Is where you'll live your last	Sind da, wo du dein Ende leben wirst
Warriors from Hell's domain	Die Krieger aus den höllischen Sphären
Will bring you to your death	Werden dir den Tod bringen
The flames of Hades burning strong	Die Flammen der Unterwelt lodern stark

Your soul shall never rest	Deine Seele wird niemals Frieden finden
Sacrifice the lives of all I know	Heilige die Leben von allen, von denen ich weiß
They soon shall die	Dass sie bald sterben sollen
Their souls are damned to rot in hell	Ihre Seelen sind dazu verdammt, in der Hölle zu schmoren
And keep the fire growing deep inside	Und nähre das Feuer tief in dir
Hell awaits	Die Hölle wartet

Was ist eigentlich Blackmetal?

Die Volkskundlerin Bettina Roccor schreibt in ihrer Dissertation *Heavy-metal – Kunst. Kommerz. Ketzerei*: »Als Blackmetal werden alle Bands bezeichnet, die – unabhängig von der musikalischen Stilart – Texte über Teufel, Hölle und Fegefeuer vertonen und ein satanistisches Image haben. Musikalisch zeichnet sich der Blackmetal durch eine unheimliche, bedrohliche und atmosphärisch beängstigende Harmonik aus.«[79]

Seinen Namen bekam das Genre von der britischen Düster-Band »Venom« (»Gift«), die ihr zweites Album *Black Metal* betitelte. Danach folgte die Scheibe *At War with Satan*, die ihrem Titel mit Texten wie dem folgenden alle Ehre machte:

I am possessed by all that is evil	Ich bin besessen von allem Bösen
The death of your God I demand	Den Tod eures Gottes fordere ich
I spit at the virgin you worship	Ich spucke auf die Jungfrau, die ihr verehrt
And sit at Lord Satan's left hand	Und sitze zur linken Hand meines Herrn Satan

Mit solchen Liedtexten gebärdete sich »Venom« wie »Satans leibhaftige Erfüllungsgehilfen und Stellvertreter auf Erden«, schauderte einem Musik-journalisten.

Auch »Slayer« jagte dem Tour-Beobachter Bob Larson zunächst einen gehörigen Schrecken ein: »Ein rotes Spotlight kriecht unter Hannemans

Kinn nach oben und erzeugt unheimliche Schatten, während er drohend mit den Augen funkelt. Mitten auf dem Bühnenvorhang, genau über dem Schlagzeuger, das Logo der Band, ein stilisiertes Pentagramm. An jeder Seite des satanischen Symbols zwei fast zwei Meter hohe Buntglasfenster mit einem Kreuz darüber – das natürlich auf dem Kopf steht. Der Abend in Hamburg beginnt mit dem Song *Hell Awaits.*«

Doch nach und nach durchschaute Larson das immer gleiche Gebaren der Knüppel-Band: »Alles, was die Gruppe tat, schien geplant, selbst die Zwischenbemerkungen auf der Bühne. In den folgenden Tagen merkte ich, dass jeder Gag genau einstudiert war. Nichts war spontan. Selbst das Hochziehen von Arayas rechtem Augenlid bei dem Wort ›Satan‹ schien vor dem Spiegel eingeübt zu sein. Jeder ›böse Blick‹ wiederholte sich und kehrte auf ein bestimmtes Zeichen an der derselben Stelle wieder …

Die ›Slayer‹-Fans in meiner Talkshow glauben, dass sich die Gruppe endlosen Satansorgien hingibt. In Wirklichkeit hatten die Jungs aber nach drei Wochen die Nase voll, sie langweilten sich und wollten nach Hause. Sie wollten Ansichtskarten von Schlössern am Rhein und weder schwarze Katzen noch heilige Dolche zum Herbeirufen von Dämonen kaufen …

Sollten die ›Slayer‹ ihre Seelen an den Satan verkauft haben, dann haben sie das nicht bei einer schwarzen Messe, sondern auf der Bank getan. Vom magischen Becher des Todes und der Verzweiflung haben sie nicht getrunken, eher vom Elixier des Ruhmes. Image ist wichtiger als Wahrhaftigkeit, ein skandalumwittertes Leben ist wichtiger als Integrität.«[80]

Auch »Venom« erklärte, dass man den Satanismus bei ihnen nicht überbewerten solle, da sei »schon viel Image« dabei. Genützt hat es den »bösen Buben« insgesamt wenig: Nach internen Streitigkeiten und zwei erfolglosen Alben verschwand die Gruppe in der Versenkung.

Die Kollegen von »Possessed« (»Besessen«) schockten ebenfalls mit Texten wie:

Holy Hell, death to us	Heilige Hölle, Tod für uns
Satan fell, unholy lust …	Satan fiel, unheilige Lust …
God is slaughtered, drink his blood	Gott wird erschlagen, trinkt sein Blut

Ihr lapidarer Kommentar dazu: »It's just an image. It sells.« (»Das ist nur ein Image. Das verkauft sich gut.«)

»Ultraböse Images waren damals (wie heute) ein nicht unwirksames verkaufsförderndes Instrument«, kommentiert das nichtkommerzielle Musikfachblatt *Crossover* (im Internet unter www.crossover-agm.de). »Und heute rennen haufenweise solche Truppen durch die Gegend, deren Musiker mit Satanismus absolut nichts am Hut haben. Sicheres Kennzeichen solcher Formationen ist die Tatsache, dass sie in der Kunde von den düsteren Mächten oftmals wenig bewandert sind und ihre Aussagen leicht widerlegt werden können, wenn man sich ein wenig mit der jeweiligen Materie auskennt.«

Als Bob Larson den »Slayer«-Gitarristen Jeff Hanneman nach seinem persönlichen Glauben ausfragte, erlebte er Folgendes: »Er sträubte sich, als ich auf eine mögliche Verbindung mit Satan auch nur anspielte. Jeff weiß nicht einmal genau, was ein Satanist tut oder glaubt. Für ihn war das Ganze einfach lächerlich, und jede Art von Religion hielt er schlicht für bescheuert.«

Satanismus als rein kommerzorientierter PR-Gag, um auf sich aufmerksam zu machen – das ist nichtsdestotrotz mindestens ein schmutziges, verantwortungsloses Geschäft, das mit gefährlichen Emotionen junger Menschen spielt. Denn natürlich kann nicht jeder Fan mit »Slayer« im Tour-Bus mitfahren und das blutige Kasperletheater mancher Bands auch als solches einordnen.

Eine echte Auseinandersetzung mit den Texten findet allerdings nur in den wenigsten Fällen statt. In der Regel kommen beim Zuhörer wohl nur Schlagwörter wie »Satan«, »Hell« oder »Blood« an. Und die plappert es sich leicht nach – vor allem, wenn man wütend oder unzufrieden mit sich und der Welt ist. Oder wenn man merkt, wie leicht Eltern und Lehrer mit solchen Pseudo-»Glaubensbekenntnissen« aus der Fassung zu bringen sind. Gerade Autoritätspersonen tun daher gut daran, sich ein differenziertes

Wissen anzueignen, wenn sie mit Jugendlichen über das Thema ins Gespräch kommen wollen.

Als Bob Larson nach seinem »Slayer«-Abenteuer wieder seine Talkshow moderierte, rief ein Junge namens Lars bei ihm an, der sich als begeisterter Fan der »Kings of Blackmetal« outete. Larson entgegnete ihm: »Für die ist das nur eine Masche, mit der sie Geld machen können.« Und erzählte dann von seinem Treffen mit den Satano-Posern in Deutschland. Was dann geschah, wird wohl eher die Ausnahme bleiben: »Da knirschte es«, berichtete Larson später über den Fortgang des Gesprächs. »Ich hörte, wie etwas zertreten wurde. Lars hatte seine Slayer-Kassetten zu Mus getrampelt.«

6.3 Satan als Symbol

Er ist der Sohn eines protestantischen Pfarrers aus Detroit. Drei Jahrzehnte lang gab er auf der Bühne das rockende Gruselmonster, spießte Babypuppen auf und ließ sich am Ende seiner Konzerte von einem Scharfrichter mittels Guillotine enthaupten. Heute führt Vincent Damon Furnier alias Alice Cooper ein Restaurant in Phoenix/Arizona und spielt Golf.

Im Jahr 2000 brachte er, der wegen seiner Aufmachung oft als »Satansrocker« geschmäht wurde, das Album *Brutal Planet* heraus. Dem Schweizer Magazin *Facts* sagte der mittlerweile dreifache Familienvater dazu: »Als ich die Texte zu *Brutal Planet* schrieb, musste ich mich zum ersten Mal in meiner Karriere zurücklehnen und nachdenken: Soll ich das wirklich sagen? Es ist sehr delikat, in *Wicked Young Man* zu singen: ›Ich habe eine Tasche voller Kugeln und einen Lageplan der Schule.‹ ... Es traf mich wie ein Blitz, als ich merkte, dass alles, wovor ich Angst hatte, Wirklichkeit geworden ist ... Aber ich glaube, wir können diese bösartigen jungen Männer, die das Schulmassaker in Littleton angerichtet haben, nicht unter den Teppich kehren. Wir müssen sie ins Rampenlicht zerren.«

In besagtem Lied *Wicked Young Man* singt Alice Cooper, die beiden jugendlichen Amokläufer Eric Harris (18) und Dylan Klebold (17), die am 20. April 1999 an ihrer Schule in Littleton zwölf Mitschüler und einen

Lehrer erschossen, seien nicht gewalttätig geworden »wegen der Filme, der Videogames und der Musik«. Ob das nicht sehr naiv und allzu unpolitisch sei, will der *Facts*-Reporter wissen. Cooper: »Wenn Filme, Musik und Videogames die zwei Kids dazu gebracht haben sollen, Schüler und Lehrer zu ermorden, weshalb morden nicht 99,9 Prozent der Schüler, die dasselbe konsumiert haben? Hatten die Mörder von Littleton brutale Eltern, wurden sie sexuell missbraucht? Waren sie drogensüchtig? Nein, es waren brave Boys aus der Oberschicht. Das macht es erst wirklich beängstigend, denn nun wird es schwierig, die Tat zu erklären.«

Cooper versucht es trotzdem: »Sie waren spirituell attackiert worden, haben sich dem Bösen geöffnet. Wie sonst könnten zwei Kids so etwas tun? Die Tat war kein hasserfüllter Ausbruch, sie war genauestens geplant. Das kann nur von Satan kommen.«

Auf den Vorwurf, er selbst predige doch seit Jahren auf der Bühne Satanisches, lässt sich der Schock-Rocker nicht ein: »Ich predige nicht, ich warne. Satan kommt nicht mit Hörnern und Schwanz. Er kommt wie in meinem Song *Gimme* im Anzug und sagt in schmeichelndem Ton: ›Hör zu, diese Welt versteht dich nicht, aber ich verstehe dich. Knie nieder und ich gebe dir alles.‹ Dasselbe sagte der Teufel zu Jesus Christus in der Wüste.«[81]

In den vermeintlich »satanischen Versen« von Alice Cooper tritt somit ein Anliegen zutage, das als stilbildend für den gesamten Heavymetalbereich gelten kann: »Der Heavymetal versteht sich als Gegengewicht zur Popmusik im weitesten Sinne«, erklärt die Volkskundlerin und Musikkritikerin Bettina Roccor, die selbst in Bands aktiv ist. »Das Heraufbeschwören einer heilen Welt wird immer wieder kritisch kommentiert. Durch die Wahl dunkler Themen wird eine Gegenposition zu den gängigen Topoi der Unterhaltungsindustrie aufgebaut. Fast alle Heavymetaltexte durchzieht die Grundaussage: Das Leben hat nicht nur Licht- sondern auch Schattenseiten. Wer das Böse zu verheimlichen suche, sei ein Lügner und Betrüger.«[82]

Wohl nicht zu Unrecht nannte einst ein Kritiker Alice Cooper den »Pfahl im Fleisch der Love-Generation«.

Dasselbe gilt z. B. für die englische Band »Iron Maiden«, um die sich immer wieder Satanismusvorwürfe ranken. Dabei ist das einzige »teuflische« Lied der Hardrocker, *The Number of the Beast*, mitnichten die »satanische Hymne«, zu der es durch unvollständige und aus dem Zusammenhang gerissene Zitate häufig gemacht wird:

I left alone, my mind was blank	Allein gelassen, mein Kopf war leer
I needed time to think to get	Ich brauchte Zeit zum Nachdenken, um die
The memories from my mind	Erinnerungen aus meinem Gedächtnis streichen zu können
What did I see I can't believe	Was ich sah, kann ich nicht glauben
That what I see that night was real	Das, was ich diese Nacht sah, war real
And not just fantasy	Und keine Fantasie
Just what I saw in my old dreams	Das, was ich sah in meinem alten Träumen
Were the reflections of my warped mind	Waren nur die Spiegelungen meines verwirrten Geistes
Staring back at me	Die auf mich zurückstarrten
Cause in my dreams it's always there	Weil es in meinen Träumen immer auftaucht
The evil face that twists my mind	Das böse Antlitz, das meine Sinne verwirrt
And brings me to despair	Und mich zur Verzweiflung treibt
The night was black, was no use	Die Nacht war schwarz, zwecklos
Holding back	Mich zurückzuhalten
Cause I just had to see was someone watching me	Denn ich musste einfach schauen, ob mich jemand beobachtete
In the mist dark figures move and twist	Im Nebel bewegen sich finstere Gestalten
Hell and fire was spawned	Hölle und Feuer wurden ausgeheckt
To be released	Um erlöst zu werden
Torches blazed	Fackeln loderten
And sacred chants were praised	Und heilige Lobpreisungen wurden gesungen
As they start to cry hands held to the sky	Als sie beginnen, die Hände flehend gen Himmel zu erheben

In the night the fires are burning bright	In der Nacht brennen die Feuer hell
The ritual has begun	Das Ritual hat begonnen
Satan's work is done	Das Werk Satans wird getan
666, the number of the beast	666, die Zahl des Tieres
Sacrifice is going on tonight	Ein Opfer wird heute Nacht dargebracht
This can't go on	Dies darf nicht weitergehen
I must inform the law	Ich muss die Gesetzeshüter informieren
Can this still be real	Kann das noch Wirklichkeit sein?
Or some crazy dream?	Oder nur ein verrückter Traum?
But I feel drawn	Aber ich fühle mich hingezogen
Towards the chanting hordes	Zu den singenden Horden
They seem to mesmerise me	Sie scheinen mich zu hypnotisieren
Can't avoid their eyes	Ich kann mich ihren Augen nicht entziehen
666 the number of the beast	666, die Zahl des Tieres
the one for you and me	die Zahl für dich und mich
I am coming back, I will return	Ich komme zurück, werde wiederkehren
And I will possess your body	Und deinen Körper besitzen
And I'll make you burn	Ich werde dich zum Brennen bringen
I have the fire, I have the force	Ich habe das Feuer, habe die Kraft
I have the power to make	Ich habe die Macht
My evil take its course	Meinem Bösen freien Lauf zu lassen

Ganz im Duktus des Heavymetalgenres weisen »Iron Maiden« in diesem Stück darauf hin, dass das Böse mitunter eine geradezu teuflische Faszination ausüben kann – und dass jeder Mensch sich entscheiden muss, ob er seinen Trieben und Aggressionen – also der Macht des »Tieres« – nachgibt oder nicht. Auch die Cover-Illustrationen der »Iron Maiden«-Alben bilden immer wieder den Einbruch des Wahnsinns und des Bösen in vermeintlich heile Welten ab.

Während Alice Cooper oder »Iron Maiden« den Teufel als Symbol für das Böse in uns hernehmen, wird er von anderen Musikern als eine Art Kollektivzweifel an christlich-autoritären Werten instrumentalisiert. Dazu zählen u. a. »AC/DC«. Ihr Kult-Hit *Highway to Hell* ist von echtem Satanismus ebenso weit entfernt wie Nicoles *Ein bisschen Frieden* von gezielter Sozialkritik:

Livin' easy	Unbeschwert leben
Livin' free	Frei sein
Season ticket on a oneway ride	Zeitkarte für eine Hinfahrt
Askin' nothin'	Nichts verlangen
Leave me be	Lasst mich sein
Takin' ev'rythin' in my stride	Ich nehme alles in meinem Schritt
Don't need a reason	Brauche keinen Grund
Don't need a rhyme	Brauche keinen Reim
Ain't nothin' I'd rather do	Es gibt nichts, das ich lieber täte
Goin' down	Als runter zu gehen
Party time	Party-Time
My friends are gonna be there too	Meine Freunde werden auch alle dort sein
I'm on a highway to hell ...	Ich bin auf einer Schnellstraße zur Hölle ...
No more stop signs	Keine Stoppschilder mehr
Speed limit	Keine Geschwindigkeitsbegrenzung
Nobody's gonna slow me down	Niemand wird mich bremsen
Like a wheel	Wie ein Rad
Gonna spin it	Werde ich wirbeln
Nobody's gonna mess me around	Niemand wird mir in die Quere kommen
Hey Satan	Hallo Satan
Payin' my dues	Ich bezahle meine Schulden
Playin' in a rockin' band	Ich spiele in einer Rockband
Hey Mama	Hallo Mutter
Look at me	Schau mich an
I'm on my way to the promised land	Ich bin auf meinem Weg ins gelobte Land
I'am on a highway to hell ...	Ich bin auf einer Schnellstraße zur Hölle ...

Yeah I'm goin' down	Ja, ich gehe sowieso
Anyway	In jedem Fall runter
On a highway to hell	Auf einer Schnellstraße zur Hölle

Ist dies ein »offenes Bekenntnis zu Satanismus und Gewalt«, wie die Religionspädagogin Gisela Esser argwöhnt?[83]

Ein anderer »AC/DC«-Titel lautet: *Hell Ain't a Bad Place to Be*, zu Deutsch: Die Hölle ist gar kein so übler Ort zum Leben. Gitarrist Angus Young, der sich auf der Bühne bis zur Erschöpfung verausgabt, antwortet auf die Frage, woher er seine Energie bekommt: »Entweder von dort oben oder dort unten. Wahrscheinlich von unten. Oben gibt's keinen Rock 'n' Roll.«[84] Von religiöser Sinnstiftung keine Spur. Die Hölle ist für die Hardrocker wenig mehr als eine »coole« Gegenwelt, in der es keine Vorschriften gibt und alles erlaubt ist, was Spaß macht.

Der Theologe Wolfram Janzen versucht sich in die Wahrnehmung von »AC/DC« und Co. hineinzudenken: »Man könnte es so sehen: Satan ist der ›underdog‹ Gottes, Gott ist der Etablierte.«[85] Mit anderen Worten: »Satan« erscheint hier weniger als böse Macht, sondern eher als »Luzifer« (lat. »Lichtbringer«), der sich gegen Gott aufgelehnt hat und deswegen aus dem Himmel verwiesen wurde. Er symbolisiert somit den Aufstand gegen die soziale Ordnung, die aus Sicht der Musiker und ihrer Fans Unterwerfung verlangt.

Dass der Bandname »AC/DC« für »Antichrist/Death to Christ« stehen soll, ist eine Unterstellung, die auch durch die x-te Wiederholung nicht richtiger wird. Zwar impliziert die Abkürzung AC/DC (im geläufigen Sinn: Gleichstrom/Wechselstrom) durchaus einen Subkontext, indes keinen satanischen, sondern »Bisexualität«.

Eine schroffe Absage ans Establishment – das dürfte die weitaus häufigste Bedeutung von »teuflischer« Symbolik in der Rockmusik sein. Auch z. B. bei den »Rolling Stones«, deren Song *Sympathy for the Devil* seit einem Vierteljahrhundert als Einfallstor für den Gehörnten in die Populärkultur gilt:

Please allow me to introduce myself	Erlauben Sie, dass ich mich vorstell'
I'm a man of wealth and taste	Ich bin ein Mann von Welt und Stil
I've been around for a long, long year	Ich gehe um seit einer Ewigkeit
Stole many a man's soul and faith ...	Raube Seelen, habe kein Gefühl ...
I stuck around St. Petersburg	Ich schlich herum in St. Petersburg
When I saw it was time for a change	Sah, dass es Zeit für einen Wechsel war
I killed the Tsar and his ministers	Ich tötete den Zaren und seine Minister
Anastasia screamed in vain	Anastasia schrie vergeblich
I rode a tank, held a generals rank	Ich fuhr einen Panzer, war General
When the blitzkrieg raged and the bodies stank...	Als der Blitzkrieg tobte und die Leichen stanken...
I shouted out: Who killed the Kennedys?	Ich schrie: Wer hat die Kennedys ermordet?
When after all it was you und me ...	Waren es nicht eigentlich du und ich? ...
Just as every cop is a criminal	So, wie jeder Polizist ein Verbrecher ist
And all the sinners saints	Und alle Sünder heilig sind
As heads is tails, just call me Lucifer	So, wie Köpfe Schwänze sind, nenn mich einfach Luzifer
'cause I'm in need of some restraint ...	Denn mir gegenüber ist Zurück- haltung angebracht ...

Dass »Sympathy« im Zusammenhang mit »with« nicht »Sympathie« heißt, sondern »Mitleid« oder »Verständnis«, wird von vielen Kritikern ebenso geflissentlich überhört wie die dezente Ironie des Songs von 1968.

Für die »Rolling Stones« war der Teufel kein anbetungswürdiges Idol, sondern Spötter und Ankläger des »heilen«, selbstgerechten Amerikas und der Materialismusgläubigkeit. Zugleich griffen Mick Jagger und seine Mannen direkt auf die Wurzeln der heutigen Rock- und Popmusik zurück: den Blues. Denn in den Songs der schwarzen Bevölkerung Amerikas stand der Teufel für die Auflehnung gegen unterdrückte Sinnlichkeit und jedwede restriktive, zumeist puritanische Ethik.[86]

Den gleichen Effekt wie *Sympathy for the Devil* – rote Ohren und Entsetzen bei dem erwachsenen Amerika und Begeisterung bei der Jugend – hatte Elvis Presley zehn Jahre zuvor noch erreicht, indem er sein Becken lasziv vor einem Mikrofonständer kreisen ließ und erotisch angehauchte Belanglosigkeiten ins Mikrofon stöhnte.

Die »Rolling Stones« hätten 1968 ihre Becken kreisen lassen können bis zum Bandscheibenschaden, sie hätten damit kaum eine Platte verkauft. Das Tabu von einst war in weiten Teilen der Bevölkerung nicht mehr vorhanden. Wer provozieren wollte, musste neue Grenzen suchen und sie durchbrechen. Im christlich geprägten Amerika der späten Sechziger war nach langen Haaren, freier Liebe und Drogenkonsum der Teufel ein solches Tabu.[87]

Mit Grabkreuzen, Särgen, Weihrauch und allerlei mystischem Brimborium traten auch die legendären »Black Sabbath« in den 70er-Jahren auf die Bühne. Tatsächlich gibt es einige recht düstere Texte in ihrem Schaffen (neben Antikriegssongs wie *War Pigs* oder gar religiös angehauchten Stücken wie *After Forever*), die jedoch eher als plastische Reflexionen ihres persönlichen Umfelds interpretiert werden sollten.

Die Mitglieder von »Black Sabbath« waren gesellschaftlich unterprivilegierte Arbeiterkinder aus der trostlosen mittelenglischen Industriestadt Birmingham. Gitarrist Tony Iommi erklärte später, dass die Gruppe von der Protestbewegung der 68er inspiriert worden sei, aber schlecht über Blumen im Haar singen könne, wenn es in ganz Birmingham weit und breit nur Schmutz und Staub, aber keinen einzigen halbwegs grünen Grashalm gebe. Dennoch bekamen »Black Sabbath« schnell ein okkult-satanistisches Image verpasst, was die Band ihrerseits unter rein marketingstrategischen Gesichtspunkten mit der Verwendung entsprechender Symbolik unterstrich. Der Bandname zählt allerdings nicht dazu – dieser ist einem italienischen Gruselfilm von 1963 mit Boris Karloff entlehnt.[88]

Und heute?

»Wenn nichts schrecklicher ist als die Realität: Wie kann ein Musiker heute noch schockieren?«, wollte *Facts* anno 2000 von Alice Cooper wissen. Seine Antwort: »Kein Musiker kann mehr schockieren. Ich versuch's schon seit 1978 nicht mehr. Und damals wäre es einfach gewesen, weil die Zeiten unschuldig waren.«

Facts weiter: »Wie können Ihre drei Kinder Sie schockieren?«

Cooper: »Sie versuchen es, lassen Rap laufen, weil sie wissen, dass ich Rap zu 90 Prozent hasse. Bei den schlimmsten Worten stellen sie den Ton leiser. Und dann gehe ich zu ihnen und sage: ›Hey, meint ihr, ich kenne diese Worte nicht?‹ Ich bin als Vater in einer sehr guten Position. Meine Kinder können nie sagen, dass ich sie nicht verstehe, weil ich entgegnen würde: ›Wer hat eure Generation kreiert? Ich!‹«[89]

6.4 Satanismus als Weltanschauung

Unbestritten ist freilich, dass satanistische Strömungen bei einigen Rockmusikern privat durchaus auf Interesse stoßen oder stießen, darunter bei »Rolling Stones«-Boss Mick Jagger. Für eine »definitive Leinwandversion der Satanismusvorstellungen Aleister Crowleys« konnte der okkulte Filmemacher Kenneth Anger aus Kalifornien Jagger überreden, den Soundtrack beizusteuern und den Luzifer zu spielen. Zu dem Film in dieser Form sollte es jedoch nie kommen.

Ende 1969 brach Jagger die Mitarbeit an dem Streifen *Lucifer Rising* abrupt ab. Kurz zuvor, am 6. Dezember, hatte es während eines »Stones«-Konzerts in Altamont einen tragischen Zwischenfall gegeben: Vor den Augen der Musiker töteten Mitglieder der Rockergang »Hell's Angels« den 18-jährigen Schwarzen Meredith Hunter.

Wie ernst es Jagger bis dahin mit dem Satanismus gewesen war, lässt sich kaum beantworten. Fest steht: Nach Altamont wollte er von Crowleys »schöpferischer« Gesetzlosigkeit des Individuums nichts mehr wissen. Zu Kenneth Anger sagte Jagger später: »Ich dachte, dass er wirklich Talente als Filmemacher hatte, aber seine ganze religiöse Erfahrung war große Scheiße.«

Anger wiederum, der sein Hauptwerk *Lucifer Rising* erst 1980 fertig stellte, kommentierte Jaggers Distanzierung: »Er hatte die ganze Magie wohl bloß als Spiel verstanden. Und nun war er plötzlich zu sehr involviert, um es noch vergnüglich zu finden.«

Für Mick Jagger mimte schließlich »Church of Satan«-Gründer Anton Szandor LaVey den Luzifer, als Komponist sprang »Led Zeppelin«-Gitarrist Jimmy Page ein. Page schien ernsthaft vom Crowley'schen Gedankengut in Bann gezogen, er kaufte und bewohnte das Haus des 1947 verstorbenen Neosatanisten am Ufer des schottischen Loch Ness und ließ verlauten, die Unterdrückung des eigenen Willens sei die größte Sünde.

Auf der einen oder anderen »Led Zeppelin«-Platte mag sich Pages Gedankenwelt widerspiegeln, allerdings in Form einer Symbolmixtur, die in letzter Konsequenz wohl nur von Page selbst verstanden wurde und allenfalls vage Interpretationen zulässt – und somit ungeeignet ist für eine Vereinnahmung durch die satanistische Szene.

Der US-Musikjournalist David Seary schreibt etwa über den »Led Zeppelin«-Kultsong *Stairway to Heaven*, dieses Lied sei ein perfektes Durcheinander von verschwommenen mythologischen Bildern, die eine Wahrheit von unschätzbarer persönlicher Bedeutung zu offenbaren scheinen.[90]

Kurios: So wie Jimmy Page gibt es durchaus echte »Gläubige« unter den Düster-Metallisten; diese aber wollen unter ihrer »satanistischen« Weltanschauung in der Regel etwas völlig anderes verstanden wissen als ihre Fans und Kritiker.

Offen bekennt sich z. B. der Ex-»Mercyful Fate«-Sänger King Diamond zur »Church of Satan«. Und was meint der Däne, wenn er vom Teufel singt? »Ich meine nicht den biblischen Satan, für mich ist das Wort ein Synonym für die Kraft der dunklen Mächte und des Unbekannten! Was wir den Leuten sagen wollen, ist: Live out your feelings! Macht das, was ihr immer machen wolltet! Es gibt viele Leute, die nicht besonders religiös leben, aber trotzdem glauben, gesündigt zu haben, wenn sie einmal zu viel getrunken haben … Wir sind keine Prediger und wollen niemandem unsere Meinung aufzwingen, wir wollen die Leute unterhalten, ihnen eine Horrorshow bieten, denn sie lieben es, erschreckt zu werden, denk doch an die vielen Filme … Ich persönlich glaube weder an Gott noch an den Teufel oder sonst so etwas … Der Song *Satan's Fall* beschreibt schlicht und einfach das dümmliche Klischee, das die christliche Kirche dem Satanismus anzuhängen versucht. Aber das haben viele Leute nicht begriffen und das Ganze deshalb wörtlich genommen.[91]

Ähnlich äußert sich David Vincent, Sänger von »Morbid Angel«: »Viele Leute werfen uns aus verschiedenen Gründen vor, dass wir eine satanische Band wären, was einfach nicht wahr ist. Wir verarbeiten in den Lyrics verschiedene Philosophien und beten nicht den Teufel oder irgendeine andere gottesähnliche Person an. Das wäre der totale Hohn, denn im Endeffekt wäre das doch das Gleiche, als wenn wir Christen wären. Eine Religion, egal welche, unterdrückt immer deine persönliche Freiheit, weil du dich an ihre Spielregeln halten musst. Wir lehnen jede Form von Unterdrückung ab und drücken unsere Rebellion in Form von Metaphern aus. Es geht dabei nicht nur um die Kirche, sondern auch um Regierungen und südamerikanische Diktatoren. Unser Standpunkt ist, dass jeder Mensch die Freiheit haben sollte, das zu tun, was immer er möchte, solange er dabei nicht die Rechte anderer verletzt ... Das Leben ist wie eine Salatbar. Du nimmst dir, was du willst, und lässt die anderen Sachen liegen. Ich finde, dass Crowley brillant war, weil er ein richtiger Denker war ... ›Tue, was du willst, soll sein das ganze Gesetz‹ ist die Wahrheit. Nicht weil Crowley oder sonst wer das gesagt hat, sondern es ist einfach die Wahrheit.«[92]

Auffällig ist, dass King Diamond und David Vincent die Verantwortung für etwaige »Missverständnisse« allein den Hörern zuschieben. Dabei ist die Unterscheidung, wer – sich »modern« dünkende – satanistisch-weltanschauliche Gedanken verarbeitet oder lediglich einen mittelalterlichen Okkultismuskatalog plündert, ohne Kenntnis des Gesamtwerks einer Band und ohne regelmäßige Lektüre von Musikmagazinen, Interviews etc. nahezu unmöglich.

Fraglich zudem, ob auch die Fans Bühnengimmicks wie brennende Särge (King Diamond) intellektuell ausdeuten und sich deren unterschwelliger, morbider Faszination so ohne weiteres entziehen können.

Diese Erfahrung machte auch die deutsche Band »Running Wild«, die immerhin Konsequenzen daraus zog: »Wir fanden das damals einfach toll, aber nachdem wir dann in diese Blackmetalkiste gesteckt worden waren und uns vorgeworfen wurde, wir würden Satan anbeten und Gewalt verherrlichen, fanden wir das Ganze so beschissen, dass wir uns fragten, wie wir das besser machen könnten. Die Leute haben einfach nicht begriffen, was wir aussagen wollten, und so haben wir die Totenköpfe und dieses ganze Blut-

getue – denn wir haben damals ja sogar Kunstblut gespuckt – radikal weg-
gelassen. Wir haben unsere Texte von da an auch etwas klarer und direkter
geschrieben … Es sind zwar okkulte Texte und man muss sich etwas mit ihnen beschäftigen. Wenn du dir die Szene in Hamburg ansiehst, wo die
Leute schon wirklich den Teufel anbeten und okkulte Messen halten, finde
ich das pervers, wirklich pervers.«[93]

»Ein zu Protestzwecken gebrauchtes Pentagramm sieht nun mal genauso
aus wie ein als religiöses Symbol benutztes«, merkt das Webmagazin *Crossover* zu Recht an. Die »intensive Auseinandersetzung mit dem jeweiligen
Umfeld (der Band/des Trägers usw.) und den Hintergründen erscheint also
unabdinglich.«

Leider macht einem das nicht jede Band so leicht wie z. B. »Belphegor«.
Im Booklet ihres Albums *The Last Supper* drucken die österreichischen
Blackmetaller zu dem Song *Kruzifixion* statt des Textes eine Art wüstes
Triumpfgeheul über das Sterben Jesu Christi ab: »Der Kruzifixus wird aus-
gepeitscht, man gibt ihm Backenstreiche, spuckt ihm ins Gesicht und
schlägt ihm auf die Dornenkrone. Die Nägel werden ausgerissen und
wieder eingeschlagen. Man öffnet ihm die Seite.« Ein »Heavymetallexikon«
meint dazu trocken: »Unschwer zu erkennen, dass es sich um eine recht
›sympathische‹ Band handelt. Mich lässt dieser Schwachsinn allerdings kalt,
38 Jahre erlebte menschliche Blödheit ermöglichen die nötige Gelassenheit.
Hier sind Image, Artwork und Statements von simpel zu durchschauender,
artifizieller Schocksucht, wie sonst nur Pubertierenden zu Eigen … Wenn
ich mir so ein räudig-verdorben-blasphemisches Image aufsetze, ist das
nichts anderes als Lippenstift und Make-up bei der Gruppe ›Poison‹«.[94]

6.5 Satanismus als Kriegserklärung

Schlagzeuger Bard G. Eithin, genannt »Faust«, tötete auf dem Olympiagelände von Lillehammer einen Homosexuellen und sitzt für 14 Jahre hinter Gittern. Gitarrist »Samoth« zündete eine Kirche an und wurde zu 16 Monaten Haft verurteilt. Keyboarder »Tchort« stach einen Mann nieder, was ihm ein halbes Jahr Gefängnis einbrachte: Zusammen mit ihrem Sänger »Ihsahn« bildet die norwegische Blackmetalband »Emperor« wohl in der Tat den »höllischsten Vierer, den ihre Heimat und die Welt je gesehen haben«, wie ein wohlmeinender Szenekritiker hervorhebt.

Mehr noch: »Emperor« bildeten mit den »Mayhem«, »Burzum«, »Satyricon«, »Darkthrone« und »Thorns« mutmaßlich die Elite des berüchtigten »Inner Circle« – einer mysteriösen Clique von gewaltbereiten satanistischen Überzeugungstätern, denen Kirchenbrände und andere Verbrechen angelastet werden. Ob der »Inner Circle« nach dem Mord an dem »Mayhem«-Gitarristen Oystein Aarseth, zahlreichen brennenden Kirchen und der Verhaftung von Varg Vikernes (siehe Kapitel 1.3) noch existiert, ist unklar.

Tatsache bleibt, dass »sich mehr und mehr die erste und zweite Wirklichkeit auf fatale Weise zu vermischen scheinen: Was vormals in Bild, Musik und Text fantasiert wurde, wandelt sich zu einer realen Lebenspraxis, die das, was christliche Autoren und die Medien in den 80er-Jahren zu beweisen suchten, weit in den Schatten stellt.«[95]

Ein Wegbereiter des so genannten »real Blackmetal« ist der amerikanische Sänger Glen Benton von der Gruppe »Deicide« (Gottesmord), der sich ein umgedrehtes Kreuz in die Stirn brennen ließ. Im Unterschied zu King Diamond oder David Vincent glaubt Benton sowohl an die Existenz Gottes als auch an das leibhaftige, personale Böse, dem er mit bestimmten Ritualen und Zeremonien diene. Benton bezeichnet sich als »politischen Satanisten« und ist überzeugt, dass das Schlimmste in der Welt die »überheblichen Christen« seien: »Das ist jemand, der zwei-, dreimal pro Woche in die Kirche geht und anschließend in einer Nacktbar sitzt, Drogen nimmt oder seine Frau verprügelt. Sag mal einem Christen, er soll dir ›Sünde‹ definieren, du wirst nie eine genaue Antwort erhalten. Die Christen betreiben

Gehirnwäsche. Ich sage jedoch niemandem, das zu tun, was ich tue. Wenn du es magst, ist es großartig, wenn nicht, kauf dir das Album nicht, du hast die Wahl. Viele Menschen haben diese Wahl aber nicht, sondern werden in das Christentum hineingeboren. Kinder zu taufen, christlich zu erziehen und all diese Scheiße zwingen sie in eine Religion, von der sie nix wissen und vielleicht auch nix wissen wollen.«[96]

Das mutet allerdings noch harmlos an gegen die skandinavische Black-metalszene. Nach dem Motto: »Die alten Bands haben nur darüber gesungen – wir tun es!«, bekunden einige Musiker offen, ihre düstere Zerstörungslyrik auch am lebenden Objekt testen zu wollen. Der Sänger »Shagrath« von »Dimmu Borgir« (»Dunkle Festung«) antwortet auf die Frage, was er am meisten hasse: »Christen, Juden, Buddhisten, Moslems und alle anderen schwachen Menschen.« Sein eigenes »Glaubensbekenntnis« umreißt er mit den Worten: »Satan ist mein Gott. Er ist der Meister dieser Welt und wird bald kommen, um sein Königreich zu errichten. Er ist der König über allen Königen.«[97]

Jon Nödtveidt von der schwedischen Gruppe »Dissection« bescheinigt sogar der unerschrockene Heavymetalkenner Matthias Herr eine Seele, »die so schwarz zu sein scheint, dass er noch in einem abgedunkelten Kohlenkeller Schatten werfen würde«. In Interviews steigere sich Nödtveidt förmlich »in einen Rausch von surrealer Weltfremdheit« hinein: »Ich lache denen ins Gesicht, die sich der Existenz der Macht der Finsternis widersetzen, denn Satan ist das höchste kosmische Prinzip und nicht irgendein blöder anthropomorpher gefallener Engel, wie es im Buch der Lügen steht. Er ist die alles verschlingende Dunkelheit, der König und Herrscher der Ewigkeit. Satan ist der Feind der Menschheit und seine Diener hier auf Erden sind extrem menschenfeindlich gesinnt. Es gibt eine Bruderschaft der stärksten Art unter den wahren Verehrern und Dienern unseres großen dunklen Herrn Luzifer. Wir, die Rebellen gegen die Menschheit und ihre Schwäche, die wenigen Seelen, die in der schmutzigen fleischlichen Hülle ausgesandt wurden, um die Gebote unseres Herrn zu erfüllen! Wir speien auf den Hund Jehovah und seine Bastardrasse! An alle, die nicht wahrhaft dem ewigen Herrn der Dunkelheit dienen und ihn aufrichtig verehren: Fuck you! Unsere Zeit wird kommen. Auf ewig: Hail Luzifer! Hail Satan!«[98]

Als »Könige auf dem Schattenthron« sehen Experten »Satyricon« aus Norwegen. Deren Sänger, der sich selbst »Satyr« nennt, erklärt: »Der hauptsächliche Grund unserer Existenz ist der ›Anruf‹. Die Kräfte aus dem Jenseits wollen, dass ich den Gott der Christen und seine Jünger bekämpfe … Wir wollen durch unsere Musik Heidenherzen ermutigen, das christliche Weltreich in Schutt und Asche zu legen. Jede mögliche Art, diese Seuche zu bekämpfen, ist gut – sei es politisch oder physisch … Eines ist klar, ich werde einer von jenen sein, die die Kinder Gottes aus dem Norden vertreiben. Das Christentum ist pathetisch und schwach. Wir können doch nicht etwas akzeptieren, das auf dem Schutz der Schwachen und Ehrlosen aufgebaut ist.«[99]

Das hasserfüllte, brutale Elitebewusstsein dieses »talentierten Musikers und untalentierten Charakters«[100] findet auch in Deutschland Widerhall: Auf der Internetseite www.wolfenstein.com, einer Plattform verschiedener Blackmetalbands, tönte ein junger Mann aus Nordhausen: »Jede Aktion, die dazu dient, der jämmerlichen Christenheit einen Schaden zuzufügen, ist es wert, unterstützt zu werden.« Empfehlen würde sich z. B. »eine Kirchenbrandstiftung oder, wenn nötig, ein Mord an einem oder mehreren von ihnen«. Gemeint sind Christen.

Im Namen der Band »Tsatthoggua« schrieb jemand aus Marl: »Kirchenbrandstiftung finden wir cool! Das ist eine echt lockere Sache, die eine Menge Mut erfordert. Wie gerne würde ich die Christenkirchen in unserer Stadt abfackeln.«

Für »Pesttanz« aus dem bayerischen Nördlingen-Baldigen verkündete ein Johannes R.: »Im Prinzip habe ich gegen Mord nichts, ich habe allerdings keine Lust, für so etwas ins Gefängnis zu gehen. Wäre es straffrei, hätte ich keine Probleme damit, jemanden in einer fairen Auseinandersetzung zu töten.«

Wer mit diesem »jemand« gemeint ist, konnte man an anderer Stelle bei www.wolfenstein.com lesen: »Wir verabscheuen alle, das verfluchte Christentum wie das Judentum und die größte Plage von allen, den Islam.«[101]

Nachdem die Staatsanwaltschaft auf die Webseite aufmerksam wurde, verschwand die Blackmetalplattform. Ruft man den Domainnamen heute auf, landet man bei den Erläuterungen zum Regelwerk eines bekannten

PC-Rollenspiels. Wo die ursprünglichen User hingezogen sind, weiß niemand.

Fatal: Es bleibt nicht bei pubertären Drohgebärden. So legten unbekannte Täter im Vorfeld eines Auftritts der skandinavischen Band »Immortal« Feuer in einer Kirche im sächsischen Greiz, nachdem sie Kreuze verkehrt herum aufgehängt und okkulte Symbole an die Wände gesprüht hatten.

Auch auf die Bethanien-Kirche in Leipzig sind mehrere Brandanschläge verübt worden. Mitte der 90er-Jahre des vorigen Jahrhunderts soll in Deutschland sogar eine »Todesliste« einer selbst ernannten »Blackmetalmafia« kursiert sein, auf der die Namen von anders denkenden deutschen Musikern wie Alex Krull von »Atrocity« (»Verräter an der Sache«) sowie diverser kritischer Journalisten verzeichnet waren. Darunter der von *Rock Hard*-Redakteur Frank Albrecht, der unter dem Titel *Ein Abgrund an Dummheit* hart mit den Satansfaschisten ins Gericht gegangen war: »Wir haben es hier nicht nur mit grenzenloser Dummheit zu tun, sondern mit einer gefährlichen terroristischen Organisation, die, wenn sie ihren Untergrundstatus verliert, nicht zu unterschätzen ist.«[102]

Für die *Thüringenpost* führte Redakteur Wolf-Rüdiger Mühlmann ein Interview mit dem 23-jährigen Sascha Behrenbeck, Chef der Band »Opferblut« aus Wolfshagen im Harz. Dort war kurz zuvor ein 16-Jähriger mit mehr als 100 Messerstichen umgebracht worden. Der 22 Jahre alte Mörder bekam 13 Jahre Gefängnis.

»Der Täter war unser Gitarrist«, eröffnete Behrenbeck, der sich mit dem bizarren Pseudonym »Leichenschrei« schmückt, seinem Gesprächspartner am Telefon.
»*Und weiter: Unter welchen Umständen ist die Blackmetalmafia entstanden?*«
»Unsere Inspirationen bekamen wir aus Norwegen. Ursprünglich entstand unser Circle unter der Charakteristik, dass sich die Kollegenbands untereinander helfen und die Treue halten. Erst später wurde es radikaler, ich denke da an Sondershausen und einige andere Dinge.«
»*Wie radikal schätzt du den Circle ein?*«
»Wir tun das, was wir tun müssen.«

»*Bitte konkreter.*«
»Wenn jemand uns oder unsere Kollegenbands kritisiert, dann empfinde ich das genauso, als wenn die eigene Frau oder die Kinder angegriffen werden. Und so reagiere ich auch darauf.«
»*Wie viele Leute gehören zum deutschen ›Inner Circle‹?*«
»Man muss unterscheiden zwischen dem ›Inner Circle‹ und den normalen Unterstützern. Der Kern des ›Circles‹ besteht aus 30 bis 40 Leuten in Deutschland.«
»*Gibt es eine Struktur?*«
»Es gibt Anführer.«
»*Wer sind die?*«
»Kein Kommentar.«
»*Wie viele Anführer gibt es?*«
»Sechs bis sieben.«
»*Welche deutschen Bands gehören zum Kern?*«
»Das darf ich nicht sagen, die Bands wollen das nicht.«
»*Welche Ziele verfolgt ihr?*«
»Wir wollen uns einen eigenen Lebensraum schaffen, den Blackmetal als Untergrund erhalten. Wir wollen die Szene für uns alleine haben und ungehindert unser Gedankengut ausleben. Und wenn uns jemand bei unseren Aktivitäten stört, stoppen wir ihn.«
»*Welche Rolle spielt Satanismus in deinem Leben?*«
»Ich bin in Sachen Satanismus ziemlich belesen. Satanismus wird von vielen falsch ausgelegt, auf jeden Fall bedeutet er nicht das, was LaVey gesagt hat. Satanismus ist alles andere als pazifistisch und brav. Ich selbst sehe mich als Menschenfeind, als Feind dieser Gesellschaft.«
»*Welche Kontakte unterhaltet ihr zum norwegischen ›Inner Circle‹?*
»Ich kenne Count Grishnachk schon lange. Ich kannte ihn schon, bevor er erste Lorbeeren geerntet hatte. Außerdem unterhalte ich regelmäßige Kontakte zu diversen norwegischen Bands.«[103]

Frank Albrecht von *Rock Hard* befragte den Sänger Ted Skjellum von der norwegischen Düster-Band »Dark Throne«:

»*Man sagt, dass ihr im engen Kontakt zur norwegischen Satanistenszene steht. Was ist da eigentlich zur Zeit bei euch los?*«
»Kein Kommentar.«

>*Du musst doch eine Meinung zu den Vorfällen (Morden und Brandstiftungen; Anm. der Redaktion) haben.*«

»Es interessiert mich nicht, was andere Leute tun oder denken. Ich finde es okay, wenn Kirchen abgebrannt werden, weil dadurch die so genannten Christen verschreckt werden. Es gibt doch eigentlich gar keine richtigen Christen mehr, sondern nur Leute, die glauben, sie wären welche. Es ist meiner Meinung nach auch in Ordnung, wenn Leute getötet werden, denn es gibt sowieso zu viele Menschen auf diesem Planeten. Deswegen begrüße ich im Prinzip den Krieg im ehemaligen Jugoslawien und finde es auch richtig, was diese Satanistenszene in Norwegen so veranstaltet, auch wenn ich selbst an deren Aktionen nicht teilnehme. Ich lebe lieber in Ruhe in meinem 200-Seelen-Dorf.«

>*Du findest es also okay, wenn harmlose Bands wie ›Paradise Lost‹, die einfach nur ihre Musik spielen wollen, von Satanisten aus welchen Gründen auch immer attackiert werden?*«

»Andere Bands interessieren mich nicht.«

>*Denkst du nicht, dass dieser ganze satanistische Kram von der Struktur her ziemlich faschistoid ist?*«

»Interessiert mich nicht. Können wir nicht das Thema wechseln? Deine Fragen langweilen mich.«

>*Prima, denn ich kann dein sinnloses, hirnverbranntes Geblubber auch nicht mehr anhören. Und tschüss!*«

»Ja, verpiss dich!«[104]

Den Anteil des radikalen Flügels am gesamten Black- und Heavymetalbereich schätzen Experten vorsichtig auf zwei bis vier von 100 Bands. Vermutlich sei die Anzahl der »echten« Satanisten in Metalbands (die ihre Ansichten entsprechend vertreten) sogar kleiner als die der »echten« Christen, die analog handeln und in so genannten »Whitemetal«-Bands sehr lautstark von Gott und Bibel künden.

Rein musikalisch stagniert die Szene seit Jahren und »nervt«, wie es viele Fans in Leserbriefen an Metalmagazine zum Ausdruck bringen. Als ein Grund wird genannt: »Weil sie auf der Stufe der lyrischen Umsetzung eisiger Natur, heidnischer Sagen und religiösen Gegenkurses stehen geblieben ist ... Nur wenige Bands haben diese kreative Sackgasse nicht eingeschlagen und zelebrieren Blackmetal in höchster künstlerischer Vollendung ... Muss man zwangsläufig diesen mehr als fragwürdigen Lifestyle verkörpern (gemeint sind Verbrechen, Gewaltakte etc.; Anm. d. Autors), um Blackmetal als akustische Göttergabe zelebrieren zu können? Ein Indiz, mit dem sich die Frage verneinen ließe, finden wir in England ... Dort, wo sich gegenwärtig eine Band anschickt, Black im Kontext zu sehen, im Kontext von gewaltfreiem Rebellentum und gefrorener Kunst. Womit wir bei ›Cradle of Filth‹ wären ... Diese bieten genau das, was der Großteil der Szene schmerzlich vermissen lässt: zerreißende Spannung, erzeugt durch enormes musikalisches Potenzial und Schubladenfreiheit. Satans- und Heldenepen kommen ebenso wenig in den Lyrics vor wie Oden an den abnehmenden Vollmond. Vielmehr verarbeitet man Gedanken von Nietzsche, Crowley, de Sade, Baudelaire und Stoker und untersetzt dies mit Histörchen aus dem Bereich des Vampirismus.[105]

Ob der von Varg Vikernes, Hendrik Möbus und anderen angestrebte Schulterschluss zwischen Satanisten und Neonazis tatsächlich gelingt, ist ebenfalls fraglich. Die rechte Szene huldigt eher neuheidnischen und esoterischen Denkmustern, in denen Satanisten als Spinner gelten.

Gefährlich bleiben Bands, die sich ausdrücklich dazu bekennen, Blackmetal, Satanismus und Neofaschismus miteinander verbinden zu wollen, trotzdem. Denn: »Keiner weiß, wann dezidiert rechtsextreme Parolen wieder salonfähig werden«, warnt der evangelische Pfarrer und Szenekenner Heiko Erhardt vor der »braunen Gischt der schwarzen Welle«.[106]

Aus diesem Grund ist nicht nur streithafte Wachsamkeit geboten, sondern auch daran zu erinnern, dass das christliche Menschenbild in deutlichem Kontrast zu Heroismen jeder Couleur steht. Gerade auch Kirchen sind als Anwälte des »Nicht-Starken«, »Nicht-Schönen«, »Nicht-Gesunden« gefordert – heute mehr denn je.

6.6 Zum Teufel mit dieser Musik? Was sagen Fans und Hörer?

Werden durch Hardrock- und Heavymetalmusik »ganze Massen von ahnungslosen Jugendlichen zu Legionen des Teufels« umgepolt, wie der Autor Michael Buschmann in *Rock im Rückwärtsgang* diesen an die Wand malt? Oder geht es den Fans nur um die Musik, deren Power und Feeling, während ihnen die Texte im Grunde egal sind – von denen auch bei guten Englischkenntnissen oft nur so etwas wie ein »kurzes Kläffen gewürgter Kampfhunde« (so der Musikjournalist Diedrich Diederichsen) zu verstehen ist? Oder verfügen die jungen Rock- und Metalkonsumenten durchaus über ein hohes Maß an Dekodierfähigkeit und Abstraktionsvermögen? So wie der 20-jährige Daniel, der über ein Alice-Cooper-Konzert in Dortmund urteilt: »Das ist echt heiß, was der da so macht auf der Bühne. Aber obwohl der Horrorshows macht, hat das mit dem Teufel gar nichts zu tun. Das, was der so auf der Bühne macht, ist ziemlich realitätsbezogen. Er hat eine Nutte ›erstochen‹. Hmm, sexistisch? Da war schon viel Gewalt, aber ich glaube, er will damit nur aufzeigen, was so in der Welt passiert, der spielt das praktisch nur nach.«[107]

Natürlich gibt es Extremfälle, wie sie z. B. der Weltanschauungsbeauftragte der evangelisch-lutherischen Landeskirche Hannover, Ingolf Christiansen, erlebt hat: »Jugendliche, die eine einzige Stelle immer wieder, immer lauter hören, die ihr Zimmer schwarz anstreichen und neurotische oder psychotische Strukturen aufweisen.«[108]

Das Problem ist jedoch: Medienwirkungsforschung ist keine exakte Wissenschaft. Seit es Schallplatten, Filme, Videos, CDs gibt, streitet man sich darüber, wie sie auf den Hörer/Betrachter wirken, wie sie ihn beeinflussen, was sie in ihm anrichten. Eine allgemein gültige, schlüssige Antwort darauf gibt es nicht. Allenfalls ein »Es-kommt-darauf-an«. Ein Jugendlicher, der mit seiner Freundin im Arm aus Fun und Lust am Abtanzen ein »Manowar«-Konzert besucht, wird auf Texte wie:

> Schlitzt sie auf
> Verbrennt ihre Herzen
> Stecht sie in die Augen
> Vergewaltigt ihre schreienden Weiber
> Tötet ihre Diener
> Brennt ihre Häuser nieder
> Bis kein Blut mehr zu vergießen ist
> (Hail and Kill)

womöglich anders reagieren als sein gleichaltriger Kumpel, der morgens von seinen Kollegen übel gemobbt wurde und nachmittags Streit mit seinen Eltern hatte.

Natürlich ist menschliches Verhalten viel zu komplex, als dass es sich nur von einem Impuls bestimmen ließe. Kein Jugendlicher wird wegen eines Liedes zum Selbstmörder, Satansanbeter oder Gewalttäter. Außer Frage steht mittlerweile aber auch, dass Medien vorhandene Tendenzen verstärken können. Und in der Regel sucht sich jeder den Song aus, der zu seinem vorherrschenden Gefühl oder seiner Stimmung passt. Sei es nun eine softe Liebesballade – oder aber ein schwermütig-finsteres Blackmetalstück, das z. B. Einsamkeit, Trauer, Verlust von Selbstwertgefühl oder Wut kanalisiert und vielleicht auch überlaufen lässt. Sind Metal-Fans besonders schlicht gestrickt? Nein – sagt Pädagogik-Professor Wilfried Ferchhoff von der Uni Bielefeld: »Das sind bestimmt nicht nur die Dumpfbacken, besonders in der neueren Szene.«[109]

Auch Bettina Roccor hat sich in ihrer Doktorarbeit intensiv mit diesem Thema befasst. Die 15-jährige Gymnasiastin Tanja diktierte ihr: »Wenn da eine Band wie ›Slayer‹ in *Dead Skin Mask* einen perversen Frauenmörder und -häuter wie Ed Gain besingt, rege ich mich nicht auf, weil diese Band ach so furchtbare Lyrics verzapft, sondern ich rege mich auf, weil Tom Araya über einen Mann schreibt, den es wirklich gegeben und der diese entsetzlichen Taten begangen hat. Vieles, was ›normalen‹ Leuten an Metaltexten nicht passt, ist leider bittere Realität und grausamer Bestandteil unserer Gesellschaft. Und überhaupt: Diese Leute sollten besser die Klappe halten. Bis jetzt ist ja auch noch kein Metaller auf die Idee gekommen, öffentlich das Verbot von Volksmusik wegen Verblödungsgefahr zu propagieren ...«[110]

Viele der befragten Jugendlichen räumten ein, dass die Vorwürfe gegen einzelne »schwarze Schafe« im Metalbereich durchaus ihre Berechtigung hätten. Solche Bands seien mitverantwortlich für den schlechten Ruf des Heavymetal insgesamt und müssten daher boykottiert werden.

Allerdings gäbe es nur wenige Bands, die über das Ziel hinausschössen. Der Großteil der Bands schreibe Texte, die entweder die Realität darstellten oder eindeutig als Fiktion, Sciencefiction oder Horror erkennbar seien.

Der 26-jährige Maik gab folgendes Statement zum Satanismus im Heavy-metal ab: »Da gibt es erstens den Satano-Poser, der sich unheimlich evil und cool vorkommt, mit einem umgedrehten Kreuz aufzutreten und bei jeder Gelegenheit das Zeichen der ›Hörner‹ mit der linken Hand zu machen. Diese sind eher uninteressant. Dann gibt es den militanten Satanisten, das sind solche hirnverbrannten Gestalten wie die Vögel, die den ›Paradise Lost‹-Tour-Bus verwüstet haben, weil sie angeblich die Deathmetalszene von nichtsatanischen Bands säubern wollen. Dieses Gewürm ist einfach schwachsinnig. Drittens hätten wir dann den Brutalo-Satanisten. Dieser findet es geil, wenn er für seine Rituale Tiere opfert, die ja für die Scheiße, die in der Welt abgeht, eh nichts können. Diese Leute sollte man einer psychiatrischen Untersuchung unterziehen. Und viertens gibt es Leute, für die … der Satanismus in diesem Zusammenhang für Dynamik, Selbstver-wirklichung, Schaffung einer eigenen Weltanschauung, das Einrichten des eigenen Lebens nach den eigenen Grundsätzen, Wünschen, Idealen steht. Durch die Verbreitung und Aufrechterhaltung der christlichen Lehre sind mehr Menschen ums Leben gekommen als in beiden Weltkriegen zusam-men. Demzufolge stellt Satanismus auch eine Art Rebellion dar, was schon aus der Sache sichtbar wird, dass die meisten satanischen Metalbands aus den Ländern kommen, wo die Kirchen die größte Macht haben, wie zum Beispiel in den Staaten. Oder Brasilien.«[111]

Der 21-jährige Michael vertrat indes die Auffassung, dass einige Fans die Satanstexte durchaus wörtlich nähmen, also nicht in der Lage seien, Musik und Inhalte unabhängig voneinander zu betrachten. Das demonstriere zu-gleich, dass Blackmetal leider nicht nur von einem kleinen Haufen Spezia-listen wie Maik gehört werde, die sich im Satanismus auskannten, unabhän-gig davon, ob sie daran glaubten oder nicht. »So habe ich zum Beispiel schon mal erlebt, wie einige Jungs ein paar Bibeln verbrannten, nachdem sie ›Venom‹ gehört haben, was ich ja wohl vollkommen daneben finde, solche Wirkungen sind scheiße und werfen natürlich ein schlechtes Zeichen auf die gesamte Szene.«[112]

Bettina Roccors Fazit aus ihren Szene-Recherchen, das sich mit den Er-kenntnissen der Medienforschung deckt: »Es geht also im Kern darum, ob die Intention der dargestellten Gewalt erkannt wird oder nicht. Manche

Kritiker bezweifeln, dass die Masse der Heavymetalfans die Fähigkeit zur Distanzierung zum Dargestellten hat, wie sie beispielsweise einem gebildeten Publikum, das sich ein brutales Theaterstück oder einen Film über den Faschismus ansieht, ganz selbstverständlich zugesprochen wird, obwohl Einzelne die dargestellte Gewalt als erregend, faszinierend und zumindest theoretisch als nachahmenswert empfinden. Es scheint, als würden Politik, Pädagogik und Klerus den Heavymetalfans diese Fähigkeit nicht zutrauen ... Was Außenstehende oft unterschätzen, ist der oftmals positive Einfluss, den Heavymetalmusiker, -medien und -mitfans haben können, wenn schulische und soziale Institutionen bei der Aufklärung versagen ... Zu *Angel of Death* von »Slayer« headbangen und mitsingen ist die eine Seite. Die andere ist, Entsetzen und Abscheu über die (in diesem Lied dargestellten; Anm. d. Autors) Gräueltaten in den KZ's zu empfinden. Wem aber die Fähigkeit zur Distanz fehlt, sprich, wer mit Gewalt, z. B. seitens der Eltern, des sozialen Umfelds usw., aufgewachsen ist, ohne je positive Gegenwelten erfahren zu haben, der fühlt sich in seinem destruktiven Weltbild bestätigt. Er findet die Gewalt ›geil‹. Die Allmachtsfantasien führen zu realer physischer Gewaltanwendung gegenüber Schwächeren. Wer durch die krassen Bilder und Texte dagegen in seiner Ansicht bestätigt wird, dass man alles in der persönlichen Macht Stehende tun muss, um Gewalt zu verhindern, dessen Weltbild ist nicht gefährdet.«[113]

Was die häufig als »sakral« beschriebene, emotional höchst aufgeladene Atmosphäre bei Konzerten angeht, meint Roccor: »Der Heavymetal bietet die Möglichkeit, Emotionalität auszuleben, ohne Männlichkeit preisgeben zu müssen. In der Musik und in den Texten werden Gefühle artikuliert, die der Jugendliche weder zu Hause noch in der Schule, am Arbeitsplatz oder in der Öffentlichkeit ausleben kann. Der Tanzstil, also die musikbegleitenden Bewegungen wie Headbangen, Moshen und Diven, bei Konzerten und beim Musikhören zu Hause kommen dem Bedürfnis entgegen, sich auszutoben ... Gerade im dichtesten Fan-Pulk zeigt sich das Bedürfnis der jungen männlichen Fans nach Körperkontakt und Gemeinsamkeit ohne Hierarchien. Die Selbstdarstellung, die beim Tanzen in der Disko dazugehört, wird beim Headbangen umgangen. Die starke Anonymisierung, die das Headbangen mit sich bringt – das Gesicht wird durch die Haare verdeckt, der Blick wird vom Körper abgelenkt –, vermittelt den jungen Männern ebenso ein Gefühl von Sicherheit wie das wilde gemeinsame Herumhüpfen Arm in Arm mit Mit-Fans.«[114]

Bedenklich sind sicher Gruppen wie die US-Band »Slipknot«, die im Zusammenhang mit dem Amoklauf des 19-jährigen Robert Steinhäuser am Erfurter Gutenberg-Gymnasium in die Schlagzeilen geriet. Immer wieder soll Steinhäuser z. B. deren Hass-Song *People = Shit (Menschen sind Scheiße)* gehört haben, mit Textzeilen wie »Ich sitze an Satans Seite. Was willst du von mir? Hör auf mit den Zicken und kämpfe dich durch. Ich bin nicht wie ihr, ich scheiß drauf«. »Slipknot«-Sänger Mick Thomson, der grundsätzlich mit einer Horrormaske vor dem Gesicht auftritt, brüstet sich damit, dass »mir eure verdammten Kinder letztendlich hörig sind. Sagt, was ihr wollt, wenn ich eurem Nachwuchs auftrage, euch im Schlaf zu liquidieren, werden sie das tun.«

Was können wir gegen die Verbreitung unmissverständlich menschenverachtender und satanistischer Botschaften tun? Realistischerweise wenig mehr als deren Wirkung relativieren, indem wir die eigene Haltung dazu klarstellen. »Die Einzigen, die ihnen (den Jugendlichen) Sicherheit vermitteln können, sind Halt gebende Eltern, die an bestimmten Punkten ganz klar sagen: Das schmink dir ab, das erlaube ich nicht. Provokationen dürfen nicht übergangen werden. Das sind klare Signale des Jugendlichen: Stell dich mir, zeig mir meine Grenzen. Diese versteckten Gesprächsangebote zu ignorieren wäre Gleichgültigkeit. Hier steht ein Gespräch an.«[115]

6.7 Marilyn Manson – Der Antichrist?

Der letzte Tag der Menschheit ist angebrochen. In New York wird das Jüngste Gericht von einer gigantischen Konfettiparade begleitet. Nur werfen die Leute keine Papierfetzen, sondern verfaultes Fleisch und Gemüse in die Luft.

»Mein Körper hängt von einem riesigen Kruzifix herab, das an einem großen Floß aus Menschenhaut und Tierfell festgeschnallt ist. Wir nähern uns dem Times Square. Der Himmel ist pechschwarz und von orangen, gelben, roten und violetten Streifen zerklüftet. Alle Menschen feiern. Sie sind froh, dass sie endlich sterben werden.«[116]

Als »Offenbarungserlebnisse«, ähnlich der biblischen Johannes-Apokalypse, wertet der umstrittene US-Popstar Marilyn Manson solche Träume und Fantastereien. Sie brachten den 33-Jährigen zu der Überzeugung, dass er selbst der Antichrist sei.

Das glauben auch viele Amerikaner. Zu den zahllosen Gerüchten, die über Marilyn Manson im Internet kursieren, gehört u. a., dass er dem Teufel sein rechtes Auge verkauft habe – dies sei auch der Grund, weshalb er darunter rotes Make-up auftrage. Andere Fans sind sich sicher, Manson werde sich bei einem Konzert an Halloween das Leben nehmen, indem er das Gebäude und alle, die sich darin aufhalten, in die Luft sprengt.

Für US-Senator Joseph Lieberman (Connecticut) verkörpern Manson und seine Musiker die »wahrscheinlich krankhafteste Gruppe, die jemals von einer großen Plattenfirma vermarktet worden ist«. Der Gouverneur von Oklahoma, Frank Keating, musste schockiert feststellen, dass Marilyn Manson »ganz versessen darauf ist, Frauen und jede Form von Religion und Anstand zu entwürdigen, während er gleichzeitig die Anbetung Satans, Kindesmissbrauch und Drogenkonsum« propagiere.

Im Januar und Februar 2001 tobte Marilyn Manson auch in Deutschland, Österreich und der Schweiz über die Bühne. Das Teenie-Blatt *Popcorn* »warnte« seine Leser: »Der Wahnsinn hat Methode! In seinen Shows ritzt sich Manson schon mal mit Glasscherben den Oberkörper blutig. Letzter Skandal: Auf dem Albumcover von *Holy Wood* posiert er wie der leidende Jesus, auf der Single *Disposable Teens* (in England verboten!) nagelte er gleich einen Embryo ans Kreuz und im Video lässt er sich zum Papst krönen. Da stellt sich die Frage: Hat dieser durchgeknallte Typ nicht einen an der Waffel?«[117]

Marilyn Manson heißt eigentlich Brian Warner und wurde am 5. Februar 1969 in Canton, Oklahoma, geboren. Fast drei Jahrzehnte später kehrt Manson noch einmal in das kleine Städtchen zurück, als sein Jugendfreund Chad heiratet. »Bei dieser Hochzeit betrat ich auch zum ersten Mal seit meiner Kindheit wieder eine Kirche. Die ganze Messe über fühlte ich mich extrem unwohl. Ich trug einen schwarzen Anzug, ein rotes Hemd, einen schwarzen Schal und eine Sonnenbrille. Alle um mich herum schienen mich mit äußerstem Misstrauen zu beobachten. Nicht nur der Priester, sondern auch meine gesamte Familie warfen mir böse Blicke zu. Während sie alle gottesfürchtig ihre Gebete rezitierten und Hymne auf Hymne heruntersangen, betrachtete ich jedes einzelne Gesicht mit kaltem Blick... Eigentlich konnte ich nicht so recht verstehen, warum ich so völlig anders geworden war als die ganzen Leute, die hier um mich herum saßen. Ich hatte die gleiche Erziehung und Ausbildung bekommen, ich hatte die gleichen Vorzüge und Nachteile wie sie auch. In diesem Moment kam mir eine Zeile in den Sinn, die später auf dem fertigen Album landen sollte: ›Der Junge, den ihr geliebt habt, ist nun der Mann, den ihr fürchtet.‹[118]

Pop, Pathos, harter Rhythmus, durchtriebene Provokation und satanisch-lyrische Spielereien – das ist das Konzept des »bösen King des Schock-Rocks« (*Popcorn*). Auf der Bühne ist Manson kraftvoll und absolut humorlos. Er kokettiert mit Teufelskult, Transsexualität und Todessehnsucht. Und im Gegensatz zu rein kommerziellen Bizarro-Bands wie »Limp Bizkit« oder »The Impotent Sea Snakes« nimmt Manson sich sehr ernst.

»Ich habe geträumt, ich sei der Antichrist, und ich glaube, es ist die Wahrheit. Seitdem ich das Wort zum ersten Mal in der Christian School gehört habe, ist mir die Frage, ob ich der Antichrist bin, nicht mehr aus dem Kopf gegangen.«[119]

Spinnereien? Nicht unbedingt. Besagte »Heritage Christian School« in Canton schildert Manson in seiner Autobiografie *The Long Hard Road out of Hell* als bedrückendes emotionales Ödland, seine Schulzeit als eine Art realen Horrorfilm, geprägt von christlich-rechtsextremen Verschwörungstheorien und panischer Angst vor der Apokalypse. In Mansons Nacherzählung erscheint seine Lehrerin »Miss Price« als Furcht einflößendes Monster, das seine abstrusen religiösen Doktrinen dazu benutzt, die Schüler innerlich zu verkrüppeln, indem es seine eigene seelische Deformation zum Ideal und Vorbild erklärt.

»Das war die Zeit, in der ich meine ersten Albträume bekam – Albträume, die mich bis auf den heutigen Tag verfolgen. Die Vorstellung eines nahenden Weltuntergangs und des Antichristen versetzten mich in Angst und Schrecken … Das alles, nicht zuletzt unter dem Einfluss der Predigten, die jede Woche an der Christian School gehalten wurden, ließ die Apokalypse so wirklich, so greifbar erscheinen, dass ich ständig von quälenden Träumen und Sorgen heimgesucht wurde, was geschehen würde, wenn ich herausfände, wer der Antichrist ist. Würde ich mein Leben aufs Spiel setzen, um die anderen zu retten? Was wäre, wenn ich selbst der Antichrist bin? Ich war verängstigt und verwirrt.«[120]

»Satanische« Schallplatten von »Black Sabbath«, »Kiss«, Alice Cooper etc. werden von den Lehrern rituell verbrannt – was für den jungen Brian den größten Schrecken innerhalb jeder amerikanischen Biografie noch weiter verstärkt: im erbarmungslosen sozialen System an den US-Schulen ein Außenseiter zu sein. Zu diesem Zeitpunkt ist der spätere Schock-Rocker nämlich längst Fan dieser Bands:

»Das zweite Mal war ich fällig, nachdem ich Miss Burdicks Hausaufgabe, ein Album mitzubringen, bei dem die ganze Klasse mitsingen konnte, auf meine Weise gelöst und mit *Highway to Hell* von ›AC/DC‹ zurückgekommen war.«[121]

Lustfeindlicher, bigotter Fanatismus einerseits und auf der anderen Seite ein Großvater, der im Keller des Warner'schen Wohnhauses absonderlichen sexuellen Neigungen nachging; mangelnde Selbstachtung, Erniedrigungen, Zorn »gegen meine Eltern und die ganze Welt« sowie traumatische Erlebnisse mit »Frauen, Sex und Genitalien«: Nach Ansicht des Sektenexperten Roman Schweidlenka erklären die Erfahrungen, die Manson in seiner Jugend machte, den heutigen Popstar sehr gut: »Ich gehe davon aus, dass er seine Erlebnisse in dieser Zeit nicht bewältigen konnte und sein Leben und seine Bühnenshows immer wieder eine Abrechnung mit seiner Kindheit und Jugendzeit sind.«[122] Also eine Art Schocktherapie.

Nach seinem Wechsel auf eine öffentliche Schule gerät Manson durch den älteren Bruder eines Kumpels in den Einflussbereich von satanistisch geprägtem Jugendokkultismus und in den Sog eines verschlingenden Bermudadreiecks aus Sex, Drugs und Rock 'n' Roll. Als Brian Warner daraus wieder auftaucht, nennt er sich »Marilyn Manson« – nach der blonden Beauty-Queen Marilyn Monroe und dem satanistischen Mörder Charles

Manson: »Für einen frustrierten Schriftsteller wie mich war Marilyn Manson die perfekte Hauptfigur. Er war ein Charakter, der aus Verachtung für die Welt – und noch mehr aus Selbstverachtung – jeden Trick ausprobiert, mit dem er Menschen für sich einnehmen kann. Und dann, wenn ihm das gelungen ist, benutzt er ihr Vertrauen, um sie zu zerstören.«[123]

Wenn Manson heute mit diabolischer Intensität ins Mikrofon rüpelt, stimmt er nach eigenem Bekunden einen Abgesang »auf das scheinheilige Amerika an, das an der Titte des Christentums herumsabbert«. Doch anders als etwa die »Rolling Stones« will Manson mit seinen kultischen Protestinszenierungen gesellschaftliche Missstände und kulturell-weltanschauliche Einseitigkeiten nicht nur spiegeln. Sein »geradliniger Zickzack-Kurs« streift die publicityträchtige Imagevermarktung von »Slayer« und das rebellische »bad-boys-Dasein« von »AC/DC« ebenso wie die satanistisch inspirierte Weltdeutung von »King Diamond« und den gewalttätigen Elitarismus von »Burzum« – ohne sich vor einen bestimmten Karren spannen zu lassen. »Je tiefer man als Leser in seine Autobiografie eindringt, desto widersprüchlicher wird das Bild«, merkt der Musikjournalist Maik Koltermann an.

Zur Entstehung seines Konzeptalbums *Antichrist Superstar* schreibt Manson: »Ich bin zu dem Schluss gelangt, dass der Antichrist eine Metapher ist, die man unter verschiedenen Namen in nahezu allen Religionen finden kann. Vielleicht liegt genau darin ihre Wahrheit begründet, denn offenbar gibt es einen enormen Bedarf nach einer solchen Figur. Wenn man die Dinge aus einem anderen Blickwinkel betrachtet, dann könnte es durchaus sinnvoll sein, in dem Antichristen keinen Bösewicht zu sehen, sondern ihn als den letzten Helden zu feiern, der die Menschheit vor ihrer eigenen Ignoranz rettet.«[124]

Doch Mansons Versuch, sich an die Musik zu verlieren, um sich selbst zu finden, ist offenbar nur zum Teil geglückt. Denn eine Zeile weiter lässt er sogleich einen rein destruktiven Drang zur Auflösung erkennen: »Wer hat eigentlich behauptet, dass die Apokalypse mit Feuer, Pech und Schwefel auf uns niedergehen wird? Sie könnte sich doch auch auf einer viel persönlicheren Ebene ereignen. Wenn du glaubst, dass du das Zentrum des Universums bist, und du das Universum zerstören willst, dann brauchst du dafür nicht mehr als eine Pistole und eine Kugel.«[125]

Manson ist von Anton Szandor LaVey persönlich zum »Priester« der »Church of Satan« ernannt worden und bekennt sich wie dieser dazu, »den Umsturz des Christentums zu betreiben, es mit dem vollen Gewicht seiner eigenen Verlogenheit zu Fall zu bringen«:

»Der Krieg, den das Christentum seit Menschengedenken gegen den Teufel führt, ist in Wahrheit ein Kampf gegen die natürlichen Instinkte. Er richtet sich gegen Sex, gegen Gewalt, gegen jede Form von Selbstgenuss – und verleugnet so die unbestreitbare Tatsache, dass der Mensch dem Reich der Tiere angehört. Der Glaube an ein Leben nach dem Tod ist nichts anderes als eine perfide Strategie des Christentums, um die Hölle auf Erden errichten zu können.«[126]

Ironischerweise hat Marilyn Manson sich mit seinem LaVey'schen »Teufelspakt« zur hemmungslosen Selbstbefreiung durch Drogen-, Sex-, Psycho- und Selbstverstümmelungsexzesse wenig mehr geschaffen als seine eigene Hölle. Die Tragik seines Lebens scheint letztendlich nicht darin zu bestehen, dass er etwas nicht erreicht hat – sondern dass er tatsächlich alles bekommen hat, was er wollte.

Seinem Tagebuch vertraute der Feind Nr. 1 des konservativen Establishments schon im September 1997 an: »Ich habe einen chinesischen Glückskeks aufgebrochen und auf dem kleinen Zettelchen stand: ›Wenn alle deine Wünsche erfüllt sind, werden viele deiner Träume zerstört sein.«[127]

7 Satanismus in der aktuellen Populärkultur

Kinder, die sonst nie ein Buch in die Hand nehmen, stehen plötzlich Schlange vor einem Buchladen. Und das um Mitternacht. So geschehen am Erstverkaufstag des vierten *Harry-Potter*-Bandes *Der Feuerkelch*. Kann das mit rechten Dingen zugehen? Oder steckt da eine finstere Machenschaft der Autorin Joanne K. Rowling dahinter, die ihre jungen Leser mit Magie und Okkultem regelrecht verzaubert?

»Anschluss unter 666«, werben Filmverleihfirmen mit der ominösen Zahl des Antichristen in der biblischen Offenbarung für Streifen wie *Im Auftrag des Teufels* oder *Teuflisch*. In der TV-Serie *Charmed* entdecken drei attraktive 18-Jährige, dass sie eigentlich Hexen sind und über geheimnisvolle Kräfte verfügen. Und im Gegensatz zur trotteligen Disney-Comic-Hexe Gundel Gaukelei, die mit einem putzigen Raben auf dem Gipfel des Vesuv lebt und lediglich den superreichen Dagobert Duck heimsucht, schlägt das *Charmed*-Trio ganz bewusst eine Brücke zwischen Fiktion und realer Lebenswelt der jugendlichen Zuschauer: Die Hexensprüche der drei Zauberhaften sind machtvoll und wirken tatsächlich – auch bei Alltagsproblemen des 21. Jahrhunderts wie Beziehungsstress, Geldmangel oder Akne.

»Kultureller Satanismus«: Unter diesem Stichwort wurden in der einschlägigen Fachliteratur bislang fast nur »Satansmusik« (Kapitel 6) sowie der »Wiener Aktionismus« der 60er-Jahre des vorigen Jahrhunderts mit diversen »Orgien-Mysterien-Theatern« und Ähnlichem zusammengefasst.

Heute ist eine regelrechte »Okkultur« entstanden, die Jugendzeitschriften, Kinderbücher, TV-Serien und Kinofilme einschließt – und die ein magisch-satanistisches Spektrum vom Parodistischen bis hin zum Erschreckenden entwirft. Ist das alles nur Geschäftemacherei? Oder müssen wir »höllisch« aufpassen?

7.1 *Harry Potter* – Okkult und antichristlich?

Das Böse ist über ihre Stadt gekommen – befürchten Derek Clare und seine Frau Paula. »Wir haben Angst, dass Gloucester zu einem Zentrum für Satanisten wird«, erklärt die 39-Jährige verzweifelt.

Als Beweis haben die Clares kistenweise Internetseiten über *Harry Potter* ausgedruckt: »Wir waren entsetzt. Niemand hat protestiert, dass ein Haus Gottes zu einer Hexenschule wurde.«[128] Die Rede ist von der 900 Jahre alten Gloucester Cathedral. Hier wurden alle Szenen der beiden bisherigen *Harry-Potter*-Verfilmungen gedreht, die in dem fiktiven Zauberinternat »Hogwarts« spielen.

Der Hausherr, Dekan Nicholas Bury, hat wenig Verständnis für die Proteste von Derek und Paula Clare: »*Harry Potter* bedient ein Bedürfnis nach Mythen. Das Buch ist eine hervorragend geschriebene, wunderbare, traditionelle Kindergeschichte. Außerdem ist es amüsant, aufregend und nützlich.«[129]

Die meisten der 120 000 Einwohner von Gloucester hoffen auf Touristen. Einige andere fürchten dagegen den Teufel. Und anscheinend nicht nur sie. »Geistige Umweltverschmutzung« seien die Bücher der britischen Autorin Joanne K. Rowling, die mit ihrer auf sieben Bände angelegten Jugendbuchserie über den Zauberlehrling Harry Potter nicht nur Kinder, sondern auch viele Erwachsene im Potter-Fieber hält. »Die Saat, die hier gestreut wird, kann in christlichen Kreisen nicht gutgeheißen werden. Sie ist antichristlich und gegen die Kinder gerichtet«, urteilt der Schweizer Nationalrat Christian Waber, Präsident der Eidgenössischen Demokratischen Union, in einem Interview mit der Zeitung *Der Bund*.

Im März 2000 waren die populären Bücher von der St.-Mary's-Island-Grundschule im englischen Chatham in der Grafschaft Kent aus der Schulbibliothek verbannt worden. Vereinzelt gab es solche Vorstöße auch in Deutschland, etwa im schwäbischen Münsingen-Rietheim.

Auch die Verwaltung der Kathedrale von Canterbury sah sich zu einer öffentlichen Stellungnahme veranlasst. Der US-Medienkonzern Warner Bros. hatte eine erhebliche Summe für die Erlaubnis geboten, Teile des ersten *Harry-Potter*-Films *Der Stein der Weisen* in dem berühmten Sakralgebäude drehen zu dürfen. Doch dieses Ansinnen wurde abschlägig beschieden: Offizielle Kirchenvertreter erklärten, sie wollten das altehrwürdige Gotteshaus nicht mit einem heidnischen Thema wie Zauberei in Verbindung wissen.

Schwere Geschütze fährt der Erziehungswissenschaftler Professor Reinhard Franzke von der Universität Hannover auf. In *Salz & Licht*, der Zeitung der Partei Bibeltreuer Christen (PBC), schreibt er:

»Die Welt des Harry Potter ist eine Welt der Magie, Hexerei und Zauberei. Es gibt magische Gestalten, magische Gegenstände und Hilfsmittel, magische Rituale und magische Schulfächer. Die Welt des Harry Potter ist die Welt der magischen und übernatürlichen Phänomene: Dinge werden unsichtbar, Gegenstände oder Personen können schweben, Personen verwandeln sich in andere Menschen oder Tiere und umgekehrt, Gegenstände können sprechen, Wände und Türen öffnen sich, Menschen sprechen mit Tieren bzw. Schlangen …

Die verordnete *Harry-Potter*-Pädagogik ist eine erste Einführung in die real existierenden religiösen Wahnvorstellungen der Magie und des Satanismus, in deren Grundideen und Grundbegriffe, in deren Lehren und Praktiken. Sie will wissenschaftlich-rationales Denken ersetzen und den Kindern erste magische Fähigkeiten und Techniken vermitteln …

Die *Harry-Potter*-Pädagogik hat antichristlichen und okkulten Charakter. Sie verstößt gegen den christlichen Glauben und das Wort Gottes …

Die *Harry-Potter*-Pädagogik ist eine verwerfliche Form religiöser Indoktrination, sie verherrlicht die religiösen Lehren und Praktiken der Magie, der Magier und der Welt der Magie …

Die *Harry-Potter*-Pädagogik soll Deutschland in vorchristliche Zeiten beziehungsweise zurück ins Mittelalter führen… Sie ist eine Einführung in die Psychologie des Bösen. Die Psychologie des Schreckens, des Grauens, des Ekels und der Angst ist die Psychologie des Teufels und der Teufelsanbeter.

Sie ist geeignet, die kindliche Seele an das Böse, Ekelhafte und Grauenhafte zu gewöhnen und die Gewaltbereitschaft und den Hass zu fördern.«[130]

Folgerichtig behauptet Franzke weiter, die Autorin Joanne K. Rowling deute »in Interviews gewisse Sympathien für Magie und Satanismus« an. Doch das ist nachweislich falsch. Dem amerikanischen Nachrichtensender CCN sagte Rowling im Oktober 1999: »Ich habe jetzt Tausende von Kindern getroffen. Kein einziges Mal hat ein Kind zu mir gesagt: ›Vielen Dank, Frau Rowling, dass Sie diese Bücher geschrieben haben. Ich will jetzt eine Hexe werden.‹ Kinder verstehen das völlig richtig: Es ist eine Fantasiewelt. Und ich glaube übrigens auch nicht an Magie.« Gegenüber *Newsweek* äußerte sich Rowling zu den Satanismusvorwürfen: »Das passiert doch mit jeder Sache, die Erfolg hat. Ich habe immer wieder mit Leuten herumdiskutiert, die mir vorwerfen, dass ich den Satan verehre. Aber das ändert nichts an ihrer Einstellung.«[131]

Der Vorwurf, die *Harry-Potter*-Autorin sei praktizierende Satanistin, ist eine so genannte urbane Legende, die auf das amerikanische Satire-Magazin *The Onion (Die Zwiebel)* zurückgeht. Auf der Internetseite http://www.theonion.com ist die Rede von einem Interview, das Rowling der *London Times* gegeben haben soll. Darin bekennt sich die Schriftstellerin offen zum Satanismus. Doch auf der Homepage stellen die Macher von *The Onion* zugleich klar, dass die Inhalte ihres Online-Magazins frei erfunden sind. Im Archiv der *London Times* ist das angebliche Interview mit Rowling denn auch nicht aufzufinden. Offenkundig macht sich *The Onion* mit dem gefälschten Beitrag über Christen lustig, die sich vor *Harry Potter* fürchten. Die fragwürdige Satire geriet für ihre Erfinder zu einem vollen Erfolg: Bis heute kursieren Passagen des vermeintlichen Rowling-Interviews sogar in den Leserbriefspalten deutscher Medien, z. B. der *Aargauer Zeitung*.

Gibt man das Stichwort »Harry Potter« bei den großen amerikanischen Internetarchiven für Moderne Mythen ein (www.urbanlegends.about.com und www.urbanlegends.com), findet man eine Reihe von Artikeln, Kettenbriefen etc., die belegen, dass der Satanismusvorwurf an die *Harry-Potter*-Autorin durch einen Zitationszirkel zur Wandersage mutiert ist.

Freilich sagt die Widerlegung dieser Legende noch nicht unbedingt etwas darüber aus, ob *Harry Potter* für Kinder und Jugendliche nun gefährlich ist oder nicht – oder ob es zumindest im Widerspruch zur Bibel steht.

Sind die Romane um den bebrillten kleinen Zauberer und seinen Kampf gegen den dunklen Lord Voldemort nun wirklich Dokumente des Teufelskults?

Dass es gegen diese Auffassung äußerst einleuchtende Argumenten gibt, bewies u. a. eine Tagung der Katholischen Akademie in Bayern im Januar 2001. Dort führte der Dogmatik-Professor Gottfried Bachl von der Universität Salzburg aus:

»Der moderne Satanismus besteht in der Anbetung und Verehrung, die der Gestalt entgegengebracht wird, welche in der Bibel Satan genannt wird, sei es von Einzelpersonen oder von organisierten Gruppen. Kultische Akte dieser Art gibt es in Hogwarts nicht, auch keine Suggestion dazu. Die Tendenz der Erzählung, ihre Struktur stehen vielmehr ganz dagegen. Das übliche satanische Personal, das dazugehörige Ritual fehlen völlig. Voldemort ist nicht der Teufel, auch kein wirklicher Dämon, sondern schwarzer Magier, ein sehr böser Mensch. Satanistischer Aberglaube ist deshalb gefährlich und schon oft kriminell geworden, weil er starke Metaphern für ein zügelloses und normfreies Leben liefert … Die Zauberwelt in Hogwarts ist geprägt vom Gegensatz zwischen Gut und Böse und dieser Gegensatz wird als ein notwendiger Konflikt ausgetragen, aber nicht nach dem vulgären Gesetz der Magie. Zauberei wird von den Harry-Potter-Leuten als komplexes Lernprogramm aufgefasst, denn dazu gehört vielmehr, als nur mit dem Zauberstab herumzufuchteln und ein paar merkwürdige Worte von sich zu geben.

Vor allem gehört dazu das Ethos der Verantwortung. Die Zauberei der guten Art wird meistens defensiv angewendet, in vielfacher Weise begrenzt und kontrolliert. Die wichtigste Grenze ist das moralische Gebot: Zauberei darf nur für das Gute und Nützliche angewendet werden, nicht zum Allotriatreiben und auch nicht zum Raufen …

So gehört die erfolgreiche Story zur Sorte der Verantwortungsmärchen. Man kann sie nicht dem neuerlichen esoterischen Trend zurechnen, der eine magische Weltsicht fördern will. Sie transportiert vielmehr eine eindrucksvolle Liste der idealen ethischen Motive: Solidarität mit Lebewesen aller Art, mit Kameraden und Freunden, Freundschaft, Fairness, Gerechtigkeit, Wahrhaftigkeit, Kritik an der Bürokratie zugunsten unmittelbarer

Kommunikation, Kritik der Medien, der Schule, des Aberglaubens, des Rassismus und der Sklaverei …

Die Erzählerin mischt eine hohe Dosis Ironie und manchmal unverblümte Satire in ihre Schilderung der magischen Welt. Sie verkündet keine metaphysische Alternative, sondern benützt das Magische als literarische Bühne, auf der sie viele schöne moralische Maximen vorträgt. Daher ist auch der Vorwurf unsinnig, sie befasse sich unangemessen mit Zauberern, Teufel und Dämonen. Denn sie bedient sich nur und wählt im reich gefüllten Laden der Tradition und das kann ihr niemand übel nehmen.«[132]

Letztendlich stecken hinter diesen verschiedenen Betrachtungsweisen unterschiedliche Auffassungen vom christlichen Menschen- und Weltverständnis. So vertritt z. B. der Gymnasiallehrer Klaus Rudolf Berger in seiner Warnschrift *Harry Potter – Zauberlehrling des 21. Jahrhunderts* die Perspektive eines konservativen Evangelikalismus. Berger verdammt jegliche Zauberei: schwarze ebenso wie weiße Magie bis hin zu explizit fiktionaler Zauberkunst, wie sie zwischen Rowlings Buchdeckeln zu finden ist. Außerdem vertritt er die Auffassung, die *Harry-Potter*-Bücher forderten zum »geistlichen Kampf« heraus.[133]

Dieser Ansatz indes, jede wie auch immer geartete »abergläubische« Praxis als Einfallstor für den Satan und das Böse zu betrachten, ist kaum mehr als eine christlich verbrämte Form des Okkultismus. Die Quelle dieser »Dämonenangst« liegt in der amerikanischen Erweckungsbewegung des 19. Jahrhunderts und manifestiert sich heute vor allem in dem Begriff »okkulte Belastung«. Dahinter steckt die Vorstellung, dass es sich bei jedweden »okkulten Ritualen« (wozu auch Rockmusik, Meditation, bestimmte Bücher etc. gezählt werden) um Teufelswerk handelt und dadurch leibhaftig existierende dämonische Mächte auf den Plan gerufen werden. Auf die Bibel berufen sich Berger und Co. dabei zu Unrecht. Richtig ist zwar, dass die Bibel eine ganz klare Position gegen den faulen Zauber bezieht: »Es soll bei dir keinen geben, der seinen Sohn oder seine Tochter durchs Feuer gehen lässt, keinen, der Losorakel befragt, Wolken deutet, aus dem Becher weissagt, zaubert, Gebetsbeschwörungen hersagt oder Totengeister befragt, keinen Hellseher, keinen, der Verstorbene um Rat fragt. Denn jeder, der so etwas tut, ist dem Herrn ein Gräuel. Du sollst ganz und gar bei dem Herrn, deinem Gott, bleiben.« (Deut 18,10–15) Daraus jedoch abzuleiten, dass »bei der Beschäftigung mit dem Okkultismus Kräfte freigesetzt werden, die direkt vom Teufel kommen und vom Menschen aufgenommen werden«, so der niederländische reformierte Prediger Wilhelm C. van Dam, halten die meisten Theologen für stark überzogen – ebenso wie van Dams Überzeugung, »okkulte Belastung« äußere sich in seelischen und körperlichen Problemen wie sexuellen Verirrungen, Schlafstörungen, Esszwang etc.

Nach Einschätzung des Sektenexperten Hansjörg Hemminger entspricht ein Begriff wie »okkulte Belastung« nicht biblischen, sondern modernen Wahrnehmungsformen: »Natürliche und übernatürliche Ursachen von Konflikten, seelischer Not usw. lassen sich im biblischen Denken nicht trennen. Eine Belastung, die ›differenzialdiagnostisch‹ unterscheidbar wäre etwa von ›dämonischer Besessenheit‹ einerseits und ›natürlicher Krankheit‹ andererseits, gibt es in der Bibel nicht.«[134]

Auch aus psychologischer Sicht erscheint die »Aufklärung« aus der christlich-fundamentalistischen Ecke à la van Dam und Co. fragwürdig. Denn einen Jugendlichen als »okkult belastet« zu stigmatisieren wird eine entkrampfte, angstfreie und kreative Aufarbeitung von okkulten Praktiken und Medieninhalten wohl nicht gerade befördern.

Hemminger weiter: »Die Pflege von christlichen Okkultängsten und eine allgemeine Ablehnung von Fantasy-Literatur hilft nichts, im Gegenteil. Man vergibt damit eine Chance. Denn das pädagogische Motto sollte lauten: ›Zaubern in der Fantasie ist cool, Zaubern in echt ist blöd.‹ Es ist durchaus möglich, das den Kids zu vermitteln. Denn die Unterscheidung zwischen Fantasiewelten auf der einen und der Lebenswelt auf der anderen Seite gehört zur Fähigkeit, spielen zu können, die alle gesunden Kinder haben.

Wenn die Kids (nachdem sie zu viele Monster im Fernsehen betrachtet haben) mit Laserpistolen aus Plastik herumrennen und spielen, dass sie von Aliens verfolgt werden, schlagen sie einen gesunden Weg zur Verarbeitung des Fernsehkonsums ein. Schaden nehmen sie, wenn sie nicht mehr spielen können, sondern nur noch vor der Glotze hocken. Den Unterschied zwischen Spielwelt und Lebenswelt, zwischen Fantasie und Realität zu erkennen ist ein Zeichen geistiger Gesundheit, mehr noch: ein Bestandteil geistiger Gesundheit.«[135]

»Wer in allen möglichen Erscheinungen dämonische Bedrohungen sieht, verfällt selbst jener okkulten Denkweise, die er dem anderen unterstellt«, warnt auch Matthias Pöhlmann von der »Evangelischen Zentralstelle für Weltanschauungsfragen« in Berlin und führt dazu ein aktuelles Beispiel an: »Bei der EZW häufen sich in regelmäßigen Abständen die Anfragen zu dem internationalen Lebens- und Reinigungsmittelunternehmen ›Procter & Gamble‹ und seiner angeblichen Verbindung zum Satanismus. Der Anlass vieler besorgter Briefe und Faxe, die bei uns eingingen, ist ein in Deutschland weit verbreitetes Flugblatt. Darin wird unter Bezugnahme auf eine E-Mail aus den USA behauptet, der Präsident des Konzerns habe in einer US-amerikanischen Talkshow erklärt, ›dass er eine Verbindung zur ‚Satanskirche‘ hat‹. Ein Großteil des Gewinns von ›Procter & Gamble‹ würde dieser ›Satanskirche‹ zugute kommen. Das Flugblatt, das sich ›an alle Christen‹ richtet, fordert schließlich dazu auf, auch andere Christen über diese ›Hintergründe‹ zu informieren und den Kauf von ›Procter & Gamble‹-Produkten (u. a. Ariel, Dash, Blendax) zu stoppen. Wie die deutsche Pressestelle des Unternehmens mitteilte, ist die Behauptung, ›dass unsere Firma Verbindungen zu einer ›Satanskirche‹ habe bzw. diese unterstütze, Teil einer leider schon jahrelangen Verleumdungskampagne, deren Urheber wir nicht kennen, deren geschäftsschädigende Zielsetzung jedoch offensichtlich ist.‹ Es gibt beglaubigte Hinweise, dass der betreffende Konzernchef nie in der genannten Talkshow aufgetreten ist.

Seit 1976 sieht sich der internationale Konzern wiederholt dem Gerücht ausgesetzt, Unterstützer der ›Satanskirche‹ zu sein. In der Vergangenheit war das Firmenlogo, das den Mann im Mond und Sterne zeigt, wiederholt Anlass für wüste Spekulationen.

An diesem neuerlichen Beispiel lässt sich erkennen: Böswillige Gerüchte können sich über einen längeren Zeitraum halten und sie können im Einzelfall für ein Unternehmen zu verhängnisvollen Konsequenzen führen.

Weltanschaulich betrachtet handelt es sich bei diesem Gerücht um eine Ausdrucksform eines regelmäßig wiederkehrenden Antisatanismus, der sich mit Verschwörungstheorien mischen, aber auch wahnhafte Züge annehmen kann. Leichtgläubige können einer böswilligen Unterstellung aufsitzen und durch Weitergabe dieser erwiesenermaßen falschen Behauptungen – wenn auch unbewusst – zu aktiven Unterstützern einer Verleumdungskampagne werden.

Für diffuse Ängste in unserer Zeit bieten leichtfertige Satanismusunterstellungen eine willkommene Projektionsfläche. Man meint, das Böse identifizieren und durch Boykottmaßnahmen aus dem Feld schlagen zu können.«[136]

So betrachtet ist der US-Autor John Houghton der Harry-Potter-Erfinderin Joanne K. Rowling geradezu »dankbar« dafür, dass sie »uns mit ihren Büchern eine der besten Gelegenheiten seit Jahren bietet, unsere Urteilskraft über den Zeitgeist zu schärfen«. Aus christlich-pädagogischer Sicht will Houghton die Harry-Potter-Abenteuer weder pauschal verurteilen noch uneingeschränkt empfehlen. Aus einer vernünftigen Mittelposition heraus rät der Amerikaner in seinem Büchlein *Was bringt Harry Potter unseren Kindern?* (Brunnen Verlag, 2002): »Es wäre ein schwerer Fehler und ein theologischer Irrtum, unseren Kindern nur die Lektüre der Bibel oder auch nur ›christlicher‹ Bücher zu erlauben. Sie brauchen den Zugang zu dem Reichtum an guter Literatur, der uns zur Verfügung steht. Zu Büchern, die die Fantasie anregen und zu einem positiven, engagierten Lebensstil ermutigen. Das müssen nicht immer nur hübsche Geschichten sein…

Sciencefiction und Fantasy sind besonders wirkungsvolle Literaturformen, denn sie beschwören ganze Fantasiewelten herauf, die ganz anders sind als die unsere. Fantasy wendet sich zudem an das Unterbewusstsein, besonders, wenn sie auf einer mythischen Struktur basiert. Sie hat eine große Macht, Gutes zu bewirken, aber sie kann auch Böses initiieren. Die *Harry-Potter*-Geschichten gehören zu dieser Gattung der Literatur: der Fantasy. Mit all ihren Optionen zum Schlechten wie zum Guten…

Wenn wir unsere Kinder zur Weisheit führen wollen, müssen wir vieles von dem, was sie lesen und anschauen, ebenfalls lesen und anschauen. Und wir müssen dafür sorgen, dass über diese Dinge jederzeit gesprochen werden kann. *Harry Potter* ist nicht der beste Einstiegspunkt für kleinere Kinder. Aber bei Kindern von, sagen wir, elf Jahren an aufwärts bieten die *Harry-Potter*-Bücher in der Tat eine Gelegenheit, zum ethischen und geistlichen Nachdenken anzuregen. Bei jüngeren Kindern, das muss gesagt sein, gibt es viel bessere Geschichten, die gute Mythen und Abenteuer auf der Grundlage eines theistischen oder gar christlichen Weltbildes bieten.«

Am 16. November 2001, als *Harry Potter und der Stein der Weisen* anlief, standen Derek und Paula Clare mit einer Gruppe von Gleichgesinnten vor einem Kino in Gloucester und hielten Transparente hoch. »Magie ist eine Macht, andere zu kontrollieren, die viele faszinieren wird«, fürchten sie.

Das jedoch sehen auch die meisten Jugendlichen anders. In einem Beitrag für das Projekt »Zeitung in der Schule« der *Frankfurter Rundschau* schrieben die Schülerinnen und Schüler Heide Drees, Lisa Halbmann, Martin Huppert, Claudia Rombach und Viktoria Wania über eine Lesung von Joanne K. Rowling in Tübingen: »Hauptthema des Buches ist der immer während Kampf zwischen dem übermächtigen Bösen und dem bescheidenen Guten. Dessen Vertreter besiegen mit einfachen, aber unschlagbaren Mitteln wie Freundschaft, Ehrlichkeit und Vertrauen zueinander stets das Böse. Dieses Handeln beeindruckt Menschen jeden Alters, die Kinder trauen sich, das auszudrücken, indem sie sich als Harry oder seinen besten Freund Ron verkleiden. Bei der gut besuchten Lesung von Joanne K. Rowling in Tübingen sagte uns ein ›kleiner Harry‹: ›Klar würde ich gerne so sein wie Harry, in seiner Welt leben und aufregende Abenteuer bestehen.‹ Die Autorin selbst meinte dazu: ›Kinder brauchen Magie, weil sie selbst so ohnmächtig sind.‹ Und wir denken: Nicht nur Kindern tut *Harry Potter* gut.«[137]

7.2 Stephen King – Meister der Furcht und des Todes?

Die Welt hat Zähne und sie kann damit zubeißen, wann immer sie will. Das entdeckt Trisha McFarland, als sie neun Jahre alt ist. Um 10 Uhr an einem Morgen Anfang Juni sitzt sie im Dodge Caravan ihrer Mutter auf dem Rücksitz und spielt mit ihrer Puppe. Um 10.30 Uhr hat sie sich im Wald verlaufen. Und um 11 Uhr versucht sie verzweifelt, nicht in Panik zu geraten …

So beginnt der Stephen-King-Roman *Das Mädchen*. Neun Tage und acht Nächte lang lässt der auch von Jugendlichen viel gelesene Bestsellerautor Trisha durch die Wälder Neuenglands irren. In Gedanken unterhält sich das Mädchen fortwährend mit ihrem Idol Tom Gordon, einem Baseball-spieler der Mannschaft »Red Sox«. Ihn fragt sie im eingebildeten Zwiege-spräch, wie denn das so sei mit Gott und seiner Hilfe in schwierigen Situa-tionen. Gott greife erst ein, kurz bevor das Spiel zu Ende ist, erklärt ihr der Sportstar. Und so ist es tatsächlich. Gott schickt einen Wilderer namens Travis Herrick vorbei, der Trisha im letzten Augenblick vor einem Bären rettet.

»Es ist für die Lektüre von Stephen Kings *Das Mädchen* nicht nötig, religiös zu sein«, merkte *Der Spiegel* zu dem Buch an. »Aber es hilft.« Der »Horror-King« und Gott? Das mutet einigermaßen seltsam an.

»Wie jeder Horrorfan weiß, ist Stephen King der Meister der Furcht und des Todes. Seine Handlungen leben von Telekinese, Spuk und parapsycho-logischen Kräften, stets sind Vampire, Poltergeister und ausgesuchte Psychopathen im Spiel«, jammert ein evangelikaler US-Kritiker. Und das Schlimmste: »King benutzt satanische Phänomene, um seine Literatur zu verkaufen.«[138]

Richtig ist: In den mehr als 50 Romanen und zahllosen Kurzgeschichten der »lebenden Schreibmaschine« geht es um Amok laufende Wäsche-mangler, mordende Hunde und Katzen, skurrile religiöse Fanatiker, Spuk-häuser, Riesenratten und Werwölfe. Viele Bibliotheken weigerten sich an-fangs, Kings Werke in die Regale zu stellen. *Carrie* z. B. wurde als »Schund« aus den Schulbüchereien in Las Vegas und Vermont entfernt. Und doch: »Sie schreiben ja religiöse Geschichten!«, sprach schon 1993 der amerika-nische Soziologe und katholische Priester Andrew Greeley den Grusel-autor bei einer Literaturparty an. »Natürlich tue ich das«, antwortete King. »Die meisten Leute glauben mir zwar nicht, aber ich tue das wirk-lich.«[139]

In dem Buch *Needful Things (In einer kleinen Stadt)* lässt sich der Teufel persönlich in der Kleinstadt Castle Rock nieder und eröffnet einen Laden. Hier finden die Kunden genau das, was sie sich immer schon am sehnlichs-ten gewünscht haben. Nur einen kleinen Haken hat die Sache: Mit Geld ist es nicht getan. Sie müssen dem Inhaber Leland Gaunt zusätzlich noch einen kleinen Gefallen erweisen, etwa jemandem einen Streich spielen: frisch gewaschene Betttücher mit Lehm bespritzen oder verstohlen einen anonymen Brief deponieren. Und irgendwie scheint der geheimnisvolle Mr. Gaunt genau zu wissen, wer welche Schwäche hat und wo er den Hebel ansetzen muss, damit es zu Mord und Totschlag kommt. Nur wer über den Dingen steht und sich nicht abhängig macht von Besitz und Konsum, durchschaut das teuflische Spiel. Am Ende zieht Gaunt weiter. Und der Leser denkt: Wer weiß, wo er heute sein Geschäft betreibt. Und wie viele Menschen wohl ihre Seele verkaufen würden für ein schnelleres Auto oder einen besser bezahlten Job.

Brennen muss Salem handelt von einem uralten Vampir, der das wohl geordnete Leben in einer amerikanischen Kleinstadt durcheinander bringt – aber zugleich auch von der schleichenden Zerrüttung aller Werte.

Christine, in dem gleichnamigen Roman, ist ein mordgieriges Auto – aber zugleich auch ein Symbol für die außer Kontrolle geratene Eigendynamik von Technologie, Aufrüstung und Wirtschaft.

In *Carrie* geht es um ein übersinnlich begabtes Mädchen – aber auch um die Angst vor Sexualität.

In *The Stand (Das letzte Gefecht)* löscht ein Virus aus einem Militärlabor neun Zehntel der Weltbevölkerung aus und bereitet damit die Bühne für einen apokalyptischen Endkampf zwischen Gut und Böse. Etwas plakativ fährt am Ende die Hand Gottes sichtbar hernieder und zündet eine Atombombe, um den Dämon Randall Flagg und dessen Gefolge zu vernichten.

»Glauben Sie an Gott?«, wollte vor Jahren der mittlerweile verstorbene Regisseur Stanley Kubrick von King wissen, als er dessen Bestseller *Shining* verfilmte. »Ja, ich denke schon«, sagte King. Kubrick hingegen: »Nein, ich glaube nicht, dass es einen Gott gibt.«[140] Eine bezeichnende Episode: In Kings Vorlage nämlich steigt das Böse aus der dunklen Vergangenheit des eingeschneiten »Overlook«-Hotels empor – aus Korruption, Mafiamorden und Affären. In Kubricks Verfilmung dagegen ist das »Overlook« ein simples Geisterhaus. »Das war der grundlegende Makel«, ärgert sich King noch heute über die misslungene Leinwandadaption. »Weil Kubrick selbst nicht glauben konnte, konnte er den Film auch für andere nicht glaubwürdig machen.«[141]

Ist Stephen King gläubig? Ganz sicher nicht im engeren Wortsinn. »Meine Frau ist eine abtrünnige Katholikin und ich bin ein abtrünniger Methodist«, erklärt der Schriftsteller. »Nun behalten wir zwar beide das Bild Gottes im Herzen, die Vorstellung, dass Gott Teil einer vernünftigen Welt sein muss. Aber ich muss dennoch gestehen, dass unsere Kinder Ronald McDonald viel besser kennen als, sagen wir, Christus oder Petrus oder Paulus und diese ganzen Leute.«[142]

Trotzdem: Sogar der *Spiegel*-Rezensent liest aus *Das Mädchen* die »Erweckung religiösen Fühlens« heraus – und schlägt es als Lektüre »am Lagerfeuer christlicher Pfadfinder« vor: »Für diesen Ort wüsste ich kein Buch, das mehr zu empfehlen wäre.«[143]

»Jeder, der über Hoffnung schreibt, berührt ein religiöses Thema«, weist auch der Priester und Literat Andrew Greeley Anwürfe zurück, King verherrliche in seinen Werken das Böse. »In seinen realistischen Horrorgeschichten fordert Stephen King seine Leser auf, dieses kleine Stück Hoffnung niemals aufzugeben, sondern immer an das Überleben zu glauben, wie groß der Terror auch sein mag.«[144]

Nichts anderes tut auch *Das Mädchen* Trisha McFarland. Bevor der Wilderer mit seinem Gewehr den Bären vertreibt, tritt sie in Baseballspielerpose dem gefräßigen Ungetüm mutig entgegen. Schließlich hat jeder David gegen jeden Goliath noch eine letzte Chance.

7.3 Teufelsspuk und Okkultismus auf der Leinwand – Total paranormal?

Außerirdische Kopfjäger hat er ebenso besiegt wie Killerroboter aus der Zukunft, Mafiabanden und arabische Terroristen. Bleibt eigentlich nur noch eine ultimative Herausforderung: der Teufel selbst. Ihm liefert Arnold Schwarzenegger in *End of Days* einen knalligen Showdown – gleich zum Heile der ganzen Welt –, um danach ins Paradies einzugehen.

Natürlich könnte es Zufall sein, dass immer mehr Filme ins Kino kommen, für die Johannes, der Apostel der Apokalypse, das Drehbuch verfasst haben könnte. Aber natürlich ist es kein Zufall.

Wie es auch kein Zufall ist, dass der bewusst kunstlose Low-Budget-Streifen *The Blair Witch Project* weit mehr als das 4000fache seiner Produktionskosten von 40 000 Dollar eingespielt hat. Das Werk präsentiert vermeintliche Videoaufnahmen dreier Filmstudenten, die in den Wäldern von Maryland eine Dokumentation über eine regionale Hexenlegende drehen wollten – und nie zurückgekehrt sind. Der Horror der filmischen Geisterbahnfahrt bleibt unsichtbar und namenlos, die Hilfeschreie sind nicht zuzuordnen, das Schlussbild der am Boden surrenden Kamera zeigt nur die leere Wand einer verfallenen Hütte.

Diese Anonymität des Bösen, erkannte ein Kritiker der *Woche*, »korrespondiert perfide mit aktuellen Ängsten. Die Vielzahl von so genannten Sachzwängen in der Politik, die über Arbeitsplätze bestimmenden Börsenkurse in der Wirtschaft oder die fehlerhaften Chips in den Computern, an die man seine Verantwortung delegiert hat – in keinem dieser Fälle kann man konkret jemanden verantwortlich machen.«

Das bringt geradezu zwangsläufig den Teufel ins Spiel beziehungsweise auf die Leinwand. Krankheiten, Klone und Katastrophen verdunkeln den Alltag, die Lebensqualität scheint zu schwinden, die Schere zwischen Arm und Reich klafft weiter auseinander. »Solange angesichts der heute trotz oder gerade wegen Datenautobahn und Informationsmarketing bestehenden ›Neuen Unübersichtlichkeit‹ wieder einfache Erklärungsmuster Konjunktur haben, wird im modernen Kultraum Kino der Teufel beim Sortieren von Gut und Böse helfen«, ist der Theologe Reinhold Zwick von der Uni Regensburg überzeugt. Dem Leibhaftigen pinnen Filmemacher die Schuld allen Weltübels auf die Hörner. Aus Ängsten, die einen psychologisch, sexuell, ökonomisch sehr realen Kern haben, wird die Angst vor dem Teufel, vor der Unfreiheit gegenüber unbegriffener Technik und vor einer ungewissen und schicksalhaften Zukunft.[145]

Die Apokalypse von heute kündigt sich durch Umweltzerstörung, unbeherrschbare Technologien und eine schnelllebige Gegenwart ohne moralische Werte an.[146]

In *The Devil's Advocate* (*Im Auftrag des Teufels*) etwa ist der Satan ein erfolgreicher Jurist, der Armani-Anzüge trägt und in einer Szene spricht: »Der Egoismus ist die Kathedrale unserer Zeit und die Anwälte sind die neuen Priester.« Um das Ende der Welt einzuläuten, muss er keinen Teufelsspuk bemühen. Seine Arbeit erledigt er schrittweise, sauber und unauffällig: hier eine Unterschrift, da ein Joint Venture. Seine Hölle liegt nicht unter der Erde; er überblickt sie viel besser von seinem Penthouse über den Dächern von New York.

Der Teufelsthriller *End of Days* (*Nacht ohne Morgen*) hätte nach Meinung des Fachblatts *Cinema* gar eine »moralische Analyse des ausgehenden 20. Jahrhunderts« werden können, wenn diese nicht im Lärm von Arnold Schwarzeneggers Handfeuerwaffen-Arsenal untergegangen wäre.

»Seit der frühesten Stummfilmzeit hat die ›dämonische Leinwand‹ im Satan die Faszination des Bösen beschworen oder Krisenstimmungen reflektiert. Teufelsfilme funktionieren als Fantasy und sprechen den magischen Instinkten selbst des aufgeklärten Menschen zu, ohne dass dieser ernsthaft an den Teufel glauben würde. Die Fixierung auf eine Kosmologie des Bösen mit Satan als okkultem Drahtzieher lenkt den Weltbürger von den eigentlichen Problemen ab, die vor dem verabsolutierten Schrecken zusammenschrumpfen. Das globale Übel wird in aktuellen Satansfilmen scheinbar gebannt, indem sie es in Gestalt des Antichristen personalisieren. Es entsteht ein trivialer Dualismus, ein kosmischer Zweikampf zwischen Gut und Böse auf irdischem Terrain.«[147]

Auch die zahlreichen wunderseligen TV-Serien à la *Akte X* leben von der Idee, dass die Menschen Winzlinge in einem gigantischen Universum sind, das sie nicht verstehen. Eine Welt, die viel zu unübersichtlich geworden ist für Schuldzuweisungen, und eine Gesellschaft, die sich in ihren Erklärungsversuchen sowieso dauernd verstrickt, sehnt eine höhere Macht herbei, die für alles verantwortlich ist: den Teufel, die Außerirdischen oder verschwörerische Geheimbünde. Uralte Ängste und Mythen kreuzen den modernen Alltag – das ist das Erfolgsrezept des dritten Jahrtausends. Aktuelle Gruselserien beginnen häufig als Familiendrama, Agententhriller oder Wissenschaftskrimi und entwickeln sich unversehens zu paranormalen Fantasiegeschichten.

»Der Teufel ist ein Eichhörnchen und in einer Sekretärin versteckt sich manchmal eine intelligente Lebensform aus einer fernen Galaxie«, ironisiert eine Tageszeitung diesen Trend. Und anscheinend rechnet Hollywood auch auf absehbare Zeit nicht mit einer besseren Welt. Sogar in dem Zukunftsspektakel *Star Wars – Episode 1* taucht der Gehörnte auf.

Ein besonderer Fall ist der Mythos um *Der Exorzist*:

Eine 12-Jährige spuckt Gift und Galle, entstellt das Gesicht zur Fratze, lässt den Kopf um 180 Grad rotieren und schleudert ihrer Umwelt blasphemische Schimpfwörter an den Kopf: Regan, so der Name des Mädchens, ist die zentrale Figur in *Der Exorzist*.

Der grausige Horrorklassiker von 1973 startete im Jahr 2001 erneut in den Kinos, als »Director's Cut« mit elf zusätzlichen Filmminuten, die in der Originalfassung der Schere zum Opfer fielen. Aufgrund des neuerlichen großen Erfolgs soll jetzt möglicherweise ein so genanntes Prequel gedreht werden, das noch vor den Ereignissen des ersten Teils spielt. Doch eines werden die Zuschauer darin wohl trotzdem nicht zu sehen bekommen: Nämlich wie es wirklich war mit dem besessenen Jungen, der den *Exorzist*-Drehbuchautor William Peter Blatty zu seiner Story inspirierte. Wieso auch? Schließlich führte die kassenträchtige Hysterie um den Film »sogar zu Ohnmachtsanfällen im Kino und schien durch Exorzismen gedeckt, die keine Erfindung der Filmemacher sind, sondern gelegentlich auch im wirklichen Leben für Schlagzeilen sorgen«, erinnert der katholische *filmdienst*.

In der Tat weist auch das deutsche Presseheft der Verleihfirma Warner Bros. darauf hin, Drehbuchautor Blatty habe sich von einem Bericht über den Exorzismus an einem 14-jährigen Jungen, der 1949 in Maryland durchgeführt worden sein soll, inspirieren lassen: »Einen Zeitungsbericht über dieses Ereignis las er während seines Studiums an der Georgetown University in Washington, vergaß ihn dann aber, doch sein Unterbewusstsein förderte es irgendwann wieder zutage und schließlich begann er die Recherchen zum Thema, die er in seinem 1971 veröffentlichten Roman umsetzte.« So will es bis heute die Legende um den »erschreckendsten Film aller Zeiten« (Verleihwerbung).

Was hat es damit wirklich auf sich? Der Psychologe Gereon Hoffmann ging für die Zeitschrift *Skeptiker* der Sache nach. 1974 veröffentlichte Blatty das Buch *William Peter Blatty on the Exorcist: From Novel to Film*. Darin berichtet er, als 20-jähriger Student an der Georgetown-Universität sei ihm der Zeitungsartikel *Priest Frees Mt. Rainier Boy Reported Held in Devil's Grip* vom 20. August 1949 in die Hände gefallen. Verfasser war Bill Brinkley von der *Washington Post*, der »eines der vielleicht bemerkenswertesten Ereignisse dieser Art in der jüngsten Geschichte der Religion« aufgedeckt haben will: Ein 14-jähriger Junge sei von einem katholischen Priester durch Exorzismen aus dem »Griff des Teufels« befreit worden. Erst nach 25 bis 30 Sitzungen, die in Washington und St. Louis stattfanden, habe das Böse den Körper des Besessenen verlassen. Der Junge aus Mount Rainier, einer Kleinstadt bei Washington, sei bei den Austreibungen gewalttätig geworden, habe übel geflucht und lateinische Phrasen rezitiert – obwohl er diese Sprache nie gelernt habe. Der Priester sei zwei Monate bei dem Jungen geblieben und habe mit eigenen Augen gesehen, wie sich das Bett, in dem der Junge schlief, »von selbst« durch den Raum bewegt habe, heißt es in dem Artikel weiter.

Blatty war von den Schilderungen fasziniert. In seinem Buch schreibt er, er habe selbst mit dem beteiligten Exorzisten Kontakt aufgenommen und schließlich durch dessen Assistenten, Father Raymond J. Bishop, Einsicht in ein Tagebuch erhalten, das der Kirchenmann über die schauerlichen Vorfälle führte.

Auch die amerikanische Zeitschrift *Fate* zitiert in einem Artikel von 1975 aus jenem Dokument. Der Autor des *Fate*-Artikels, Steve Erdman, schreibt dem besessenen Jungen den Namen »Roland Doe« zu, sein Geburtsdatum wird mit dem 1. Juni 1935 angegeben. Erdman gibt folgenden Bericht: Zu Beginn des Jahres 1949 sind im Schlafzimmer des Jungen erstmals »tropfende Geräusche« zu hören, ein Christusbild an der Wand bewegt sich, mysteriöses Kratzen und Scharren unter dem Bett ängstigen Roland. Seine Mutter vermutet einen Zusammenhang zwischen den seltsamen Ereignissen und dem Tod von Rolands Tante Tillie am 26. Januar und versucht mit spiritistischen Praktiken Kontakt zu der Verstorbenen aufzunehmen. Tante Tillie war es auch gewesen, die Roland beibrachte, wie man ein

Quija-Brett zur Geister- und Totenbeschwörung benutzt. Als schließlich Zeichen und Wörter auf dem Körper des Jungen erscheinen, zieht Mrs. Doe den katholischen Geistlichen Father Albert Hughes von der St.-James-Kirche in Mount Rainier zu Rate. Der empfiehlt geweihte Kerzen, Weihwasser und besondere Gebete. Doch nun wird alles noch schlimmer. Gegenstände fliegen durch die Luft und das Bett mit Roland und Mrs. Doe darauf gleitet quer durch den Raum.

Am 11. März betritt der spätere Exorzist erstmals den Schauplatz: Father William S. Bowdern. Ihm zur Seite stehen Father Raymond J. Bishop und Father Walter Halloran. Am 16. März erteilt Erzbischof Joseph E. Ritter ihnen die Erlaubnis zu einer Dämonenaustreibung.

Tag und Nacht sitzt Father Bowdern an Rolands Bett. Der Junge wehrt sich vehement, spuckt, erbricht, uriniert und verhöhnt den Priester mit obszönen Ausdrücken. Vier Wochen lang kämpfen Bowdern und seine Assistenten ihren einsamen Kampf.

Am 18. April, schon spät am Abend, zwingt der Geistliche Roland, eine Kette mit geweihten Medaillons anzulegen und ein Kruzifix in die Hand zu nehmen. Der Junge bleibt daraufhin unerwartet ruhig und fragt nach der Bedeutung verschiedener lateinischer Gebete. Bowdern setzt das Ritual fort und fragt nach dem Namen des Dämons. Roland bekommt einen Wutanfall und schreit, er sei ein gefallener Engel. In derselben Nacht sagt Roland plötzlich: »Er ist ausgefahren.«

In Mount Rainier, Ecke Bunker Hill Road und 33. Straße, ist die Hölle los: Teenager pilgern in Scharen zu dem Grundstück, das in einer sonst ruhigen Wohngegend liegt. Sie kichern und kreischen und stecken, vom Dosenbier beschwipst, kleine Holzkreuze in den Rasen des Anwesens, wo der »Besessene« wohnt.[148]

Seltsam ist nur, dass keiner der älteren Bewohner von Mount Rainier sich an diese Vorkommnisse in der Stadt erinnert.

1999 beginnt der Journalist Mark Opsasnick, für das *Strange Magazine*, ein Fachblatt für »paranormale und seltsame Phänomene«, zu recherchieren. In einem Adressbuch aus der fraglichen Zeit (1949/1950) stößt Opsasnick auf den Eigentümer des besagten Hauses in der Bunker Hill Road 3210. Doch jener Joseph Haas weist keinerlei Verbindung zu einer Familie Doe auf.

Von den Mount-Rainier-Bürgern kennen einige die Geschichte vom »Besessenen«, sind sich aber sicher, dass der Schauplatz des Geschehens der Nachbarort Cottage City gewesen ist. In Cottage City blättert Opsasnick, ausgehend vom bekannten Geburtsdatum des Jungen und seiner Heimatpfarrei, in den Jahrbüchern der Schule. Und wird fündig. Roland Doe hat nicht in Mount Rainier gelebt, sondern in Cottage City, einer 1200-Seelen-Gemeinde etwa zwei Meilen von Washington D.C.

Zum ersten Mal seit der Publikation der »Exorzisten«-Story kommen Zeitzeugen zu Wort – und schließlich kann der *Strange*-Reporter sogar Roland Doe selbst aufspüren. »Er war nie ein normaler Junge«, zitiert Opsasnick zunächst Rolands Jugendfreund »B.C.«. Roland sei ein Einzelkind gewesen, das seine fanatisch religiöse Mutter und Großmutter »fast erstickten«. Seine Klassenkameraden hätten ihn gemieden. Er habe zu Wutanfällen und gewalttätigen Auseinandersetzungen geneigt. Gegenüber anderen Jugendlichen sei er grausam, ja sadistisch gewesen. »Er war ein gemeiner Bastard«, meint »B.C.« und erzählt, wie Roland einmal nur aus Jux seinen Hund auf ihn gehetzt habe.

Sein älterer Bruder, »J.C.«, kann sich ebenfalls an Roland erinnern. Er habe mit ihm zusammen oft »Zielspucken« geübt – daher sei es kein Wunder, dass Roland über mehrere Meter hinweg genau treffen konnte. Das rasende Bett sei ebenfalls leicht zu erklären: Damals sei es üblich gewesen, Betten auf Rollen zu stellen. Schon leichtes Schaukeln habe genügt, um die Schlafstatt in Bewegung zu versetzen. Rolands Vater habe wohl um die wahren Hintergründe gewusst, sich aber nie öffentlich dazu geäußert. In vielen Berichten sei zudem »maßlos übertrieben« worden.

Father Albert Hughes von der örtlichen Kirchengemeinde, der Roland zuerst besuchte, ist nicht mehr am Leben. Dessen ehemaliger Assistent Bober aber wird in verschiedenen Berichten als »extrem zuverlässige Quelle« angeführt und gibt auch Opsasnick bereitwillig Auskunft. Der spricht ihn auf Widersprüche in seinen Darstellungen an. So hatte Bober behauptet, Father Hughes sei von Roland schwer am Arm verletzt worden. Zeitzeugen sagen indes übereinstimmend aus, ihnen sei nie eine Verletzung aufgefallen, der sportliche Priester habe zu keinem Zeitpunkt sein Training aussetzen müssen. Schließlich gibt Bober zu, persönlich gar nicht an dem

Fall beteiligt gewesen zu sein. Er habe nur das kolportiert, was Hughes ihm erzählt habe.

Ergiebiger ist ein Gespräch Opsasnicks mit einem der beiden Assistenten des Exorzisten Bowdern, Father Walter Halloran. Opsasnick gegenüber sagt Halloran aus, er selbst habe den Jungen nie als »besessen« bezeichnet. Es stimme, dass Roland lateinisch gesprochen habe. Halloran ist sich jedoch sicher, der Junge habe lediglich »nachgeäfft«, was er in den (damals noch auf Latein gehaltenen) Gottesdiensten gehört habe. Weder übermenschliche Kräfte noch eine sich verändernde Stimme bei Roland Doe will Halloran bestätigen. Er habe zwar von ihm einen Schlag auf die Nase bekommen, aber nie weiter darüber nachgedacht. Gespuckt habe der Junge oft, an Erbrechen oder Urinieren kann Halloran sich nicht erinnern. Die Zeichen auf dem Körper des Jungen habe er gesehen, allerdings seien sie schwer zu deuten oder zu entziffern gewesen: »Sie sahen auch mehr wie Lippenstift aus.«

Zum Abschluss seiner Recherchen ruft Opsasnick bei Roland Doe selbst an. Der will sich jedoch nicht äußern, reagiert sehr aufgebracht und erklärt, er wolle auf keinen Fall wieder auf die Geschichte von damals angesprochen werden.[149]

Völlig unabhängig von der theologischen Frage, ob es so etwas wie »dämonische Besessenheit« gibt oder nicht, urteilt Hoffmann abschließend: »Was bleibt von ›einem der vielleicht bemerkenswertesten Ereignisse dieser Art in der jüngsten Religionsgeschichte‹ (*Washington Post*)? Ein Junge, der von einer überfürsorglichen Mutter mit okkult-religiösen Vorstellungen erzogen wurde und dessen Tante ihn in spiritistischen Praktiken unterwiesen hatte. Geistliche, die mit ihrem naiven Dämonenglauben auf Roland Doe hereingefallen sind. Und schließlich ein begabter Autor und ein Filmemacher, die gemeinsam einen der erfolgreichsten Schocker aller Zeiten produzierten. Der Rest ist Medien-Hype.«

7.4 Hexen – Von der »Teufelsbuhlerin« zum Power-Girlie

Ihr Exverlobter befindet sich in psychiatrischer Behandlung. Sagt jedenfalls Bettina. Bettina ist eine Hexe. Keine warzige Alte aus dem Märchenbuch, sondern eine attraktive 18-Jährige, die sogar schon als Model gejobbt hat. Ihr Freund fand das bezaubernd. Doch dann schickte Bettina ihn ohne sein Wissen zum Teufel. Mit einem Trennungsritual. Hex und hopp sozusagen. »Ich habe schon sehr vielen Menschen geschadet, weil ich in der Magie Fehler gemacht habe«, schützt Bettina so etwas wie Bedauern über ihren faulen Zauber vor.

Es ist noch hell im Fürstenrieder Wald bei München. Sanft rüttelt der Abendwind an einer hohen Tanne, unter der Bettina einen Liebesaltar aufbaut. »Bäume haben eine Seele und ich spreche gern mit ihnen«, erklärt die schwarz gewandete Nachwuchshexe. »Sie spenden Energie und tragen die Gedanken weiter in die Natur.« Der Altar entpuppt sich als quadratmetergroßes Seidentuch, auf dem Bettina eine Statuette der römischen Liebesgöttin Venus, drei Teelichter, eine rosafarbene Kerze und ein Stück Räucherkohle drapiert. Die Venus-Figur ist für die 18-Jährige »die erste richtige Freundin, die ich habe. Sie ist eitel, ich bete sie beim Liebesritual an«. Es zischt leise, als die junge Hexe pulverisierte Pflanzen aus dem Esoterikladen auf die mittlerweile glühende Kohle gibt. Im Schneidersitz wedelt Bettina den aufsteigenden Rauch in Richtung ihres Bauchnabels, ihres Herzens und der Brust. Dann erzählt sie Venus leise ihren Wunsch.

»Hexen all over!«, ruft nicht nur die Teenie-Zeitschrift *Mädchen* einen neuen Hexenboom aus: »Sie (ver)zaubern einfach überall. Im Kino, in Büchern und im Internet.« Im weltweiten Datennetz hat jetzt sogar das virtuelle Klassenzimmer einer Hexen-Fernschule seine Pforten geöffnet. Dort können die Adepten für rund 50 Euro im Monat zum Beispiel »Erfolgsmagie« erlernen: »Lohnverhandlungen, Prüfungen, Spekulationen, Preisverhandlungen, Unternehmungen.«

Im Kino spukt demnächst schon zum dritten Mal die *Blair Witch*, im Fernsehen bezirzen *Sailor Moon* (RTL 2), *Buffy*, *Sabrina* und *Zauberhafte Hexen* (alle Pro Sieben) ihre Fans – mit stolzen Marktanteilen von mehr als

18 Prozent. »Drei Engel für Charlie mit Zauberbuch«, nölt ein Kritiker an letztgenannter TV-Reihe herum. Und in der Tat wirken die einzelnen Folgen wie ein großer Hexenkessel, in dem verrückte New-Age-Schwingungen mit Girl-Power-Message und soapigem Sexappeal auf mittlerer Flamme brodeln. Sicher nicht zufällig tragen die »Zauberhaften Hexen« Prue, Phoebe und Piper den Nachnamen von Popstar Geri Halliwell: dem spicigsten aller »Spice Girls«, das einst sogar Prinz Charles respektlos in den königlichen Po kniff. Sind die Mystery-Mädchen Vorbilder fürs junge weibliche Serienpublikum? »Das könnte sein«, hofft Produzent Aaron Spelling: »Sie wohnen im eigenen Haus, haben Jobs. Es sind selbstbewusste Girls, die für ihre eigenen Interessen kämpfen.«

Das gilt wohl auch für die »echte« Hexe Bettina. »Betty« will eigentlich Modedesignerin werden. Zuvor aber absolvierte sie ein »Studium« bei einer bekannten Münchner Hexe. Profane Hautprobleme statt übersinnlicher Faszination waren es, die das junge Mädchen auf die Hexenschiene brachten: »Ich habe so mit 15, 16 ziemlich viel gemoddelt. Plötzlich sah mein Gesicht wie ein Streuselkuchen aus.« Da half nur wegzaubern – mit einem Mix aus drei gekochten Karotten und Thymian. »Das schmeckte widerlich, aber ich hatte Erfolg.« Neben Kräuterkunde will Bettina verschiedene Esotechniken wie Kartenlegen beherrschen. Einem Journalisten, der sie interviewt, sagt sie auf den Kopf zu, dass er einen emsigen Kampf im Berufsstress führe. Gut zu wissen. Da macht es fast gar nichts, dass Betty sich beim Hexeneinmaleins auch öfter mal zu verrechnen scheint: Mal raunt sie etwas von einem Geist namens »Leopold« in ihrer Wohnung. Mal behauptet sie, man könne in Deutschland ins Gefängnis kommen, wenn man bestimmte Zauberbücher besitze.

Auch dem bunten Popblatt *Mädchen* hat Bettina bereitwillig von ihren außergewöhnlichen Fähigkeiten erzählt. *Mit Hexenkraft die Jungs verzaubern* ist der Artikel neckisch überschrieben. Da dürfen natürlich auch »Rezepte, mit denen du deinen Traumboy erobern kannst« nicht fehlen. Das liest sich dann so: »Liebesöle sorgen für eine mit Liebe erfüllte Atmosphäre … Frösche bringen Liebesglück: Schenk deinem Schwarm einen Frosch (aus Stoff, Ton oder Glas) und wünsch dir ganz fest etwas dabei … Magischer Kerzenzauber soll dafür sorgen, dass ihr immer näher zusammenrückt. Dazu musst du einfach zwei rote Kerzen mit etwas Abstand nebeneinander stellen ... Liebesenergien werden durch Lindenblütentee geweckt.« Reichlich alberne Tipps, sollte man als unbedarfter Leser meinen, der sich nicht vom fotogenen Lächeln der 18-Jährigen verzaubern lässt.

Von richtiger Hexerei ist denn auch kaum etwas zu entdecken: »Das höchste Prinzip überhaupt ist der Einklang mit der Natur«, doziert Betty. Sich mit Magie zu beschäftigen heiße in erster Linie »geduldig sein, innerste Energien einsetzen, nichts erzwingen wollen«.

Am Ende gibt's dann noch einen Test: »Bist du magic?«, will die Redaktion von ihren Leserinnen wissen. Frage fünf: »In einem CD-Shop greifst du zur gleichen Zeit nach einer CD wie der Junge neben dir. Eure Hände berühren sich und wie von einem elektrischen Schlag getroffen zuckt ihr gleichzeitig zurück. Wie erklärst du dir diesen Blitz?«

Hinter so viel bezaubernder Naivität will die Kiosk-Konkurrenz natürlich nicht zurückstehen. In *Sugar* heißt die Vorzeigehexe Martine, ist 16 Jahre alt und weiß, dass das Hexenwesen »gar nicht so wie im Film ist – es ist viel besser!« Denn: »Nachdem ich eine Hexe geworden bin, ist mein Leben sehr viel leichter«, erzählt Martine voller Euphorie.

Die Botschaft an ihre Altersgenossinnen ist überdeutlich: Mit Hilfe magischer Praktiken ist es möglich, einen persönlichen Machtgewinn zu erreichen und Herrin individueller Probleme zu werden.

Das *Mädchen*-Sonderheft *Mystery* liefert zu diesem Zweck gleich »Zaubersprüche für alle Fälle«, ein »Glückspendel« samt »magischer Pendelscheibe« sowie ein »ABC der Magie« mit. Die Autorin der Buchreihe *Magic Circle* im Egmont Franz Schneider Verlag, Isobel Bird, ruft die Leserinnen ihrer modernen Hexenabenteuer auf: »Lies alles, was du finden kannst. Probiere verschiedene Wege zur Durchführung von Ritualen aus. Finde heraus, was dich interessiert.« Interessierte Mädchen könnten – so die Autorin weiter – auch eine eigene »Studiengruppe« ins Leben rufen.

»Bei einzelnen Beiträgen«, stellte Matthias Pöhlmann, Experte für Weltanschauungsfragen, fest, »entsteht gelegentlich der Eindruck, dass hier ein Werbeeffekt für magische Praktiken erzielt wird. Konkrete Anleitungen und Rezepte ermuntern Jugendliche geradezu zum Ausprobieren.«[150] Was liegt hier vor? Verspielter Vulgärokkultismus? Lebenshilfe? Oder am Ende gar eine Art Einstiegsdroge in harte Okkultpraktiken wie Satanismus?

In dem kuriosen italienischen Sandalenfilm *Maciste – Rächer der Verdammten* von 1962 muss der tumbe Muskelprotz Maciste eine Hexe ausfindig machen, die ihn verflucht hat. Fündig wird er – ganz selbstverständlich – in der Hölle. Denn natürlich steht die Gesuchte mit dem Teufel im Bunde.

Das Wort Hexe kommt wahrscheinlich von dem althochdeutschen »Hagazussa«, was so viel wie »Zaunreiterin« bedeutet. Damit meinte man eine Frau, die auf dem Zaun sitzt, der das Dorf von der umgebenden Wildnis trennt – die also im übertragenen Sinn mit der Welt »hüben« wie »drüben« gleichermaßen vertraut ist und die Grenze zwischen der sichtbaren und der unsichtbaren Welt jederzeit überschreiten kann. Bei der »Zaunreiterin« suchten die Menschen Hilfe bei Krankheiten, Verstimmungen oder Liebeskummer. Zugleich aber fürchteten sie, die zauberkundigen Frauen könnten ihnen und anderen durch Magie auch Schaden zufügen. In Wahrheit waren die »Hexen« zumeist arme und von der Gesellschaft ausgegrenzte Kräuterfrauen, Heilkundige und Hebammen, die Naturmedizin verabreichten und in symbolischen Handlungen die Kräfte der Natur beschworen.

Die systematische Hexenverfolgung setzte 1487 mit dem *Hexenhammer* ein, einer berüchtigten Hetzschrift der beiden Dominikanermönche Jakob Sprenger und Heinrich Institoris. Durch die aufkommende Buchdruckerkunst fand ihr Werk rasch weite Verbreitung. Ein Auszug: »Die Art, ihr gotteslästerliches Handwerk aufgrund eines ausdrücklichen Treuepaktes mit den Dämonen zu betreiben, ist verschieden, da auch die Hexen verschieden bei der Ausübung ihrer Hexereien zu Werke gehen ... Sie schicken Hagelschlag, böse Stürme und Gewitter, verursachen Unfruchtbarkeit an Menschen und Tieren, bringen die Kinder, die sie nicht verschlingen, den Dämonen dar oder töten sie. Sie verstehen auch, die Rosse unter den Reitern scheu zu machen, von Ort zu Ort durch die Luft zu fliegen, die Geister der Richter zu bezaubern, dass diese ihnen nicht schaden können, sich und anderen auf der Folter Verschwiegenheit zu bewirken, die Zukunft vorherzusagen nach des Teufels Unterweisung … Das jedoch ist allen gemeinsam: dass sie mit dem Dämon Unzucht treiben.«

Niemand weiß genau, wie viele der Zauberei verdächtigte Personen zwischen dem 15. und dem 18. Jahrhundert überall in Europa geköpft, erdrosselt oder auf dem Scheiterhaufen verbrannt wurden – die Schätzungen schwanken zwischen 60000 und neun Millionen. Sicher ist: 90 Prozent der Angeklagten waren Frauen.[151]

Auch über die Gründe des Hexenwahns gibt es unterschiedliche Auffassungen. Die einen sehen darin das Resultat eines wirren, aber mächtigen Aberglaubens, resultierend aus tiefen Ängsten der Kirche gegenüber einem sich revolutionär verändernden, naturwissenschaftlichen Weltbild. Für andere Historiker ist die Hexenverfolgung die Konsequenz einer patriarchalischen Gesellschaft, die zu Beginn der Neuzeit mit der weiblichen Natur die Natur überhaupt zu unterdrücken begann. Vor einigen Jahren erregten zwei Forscher Aufsehen mit der These, der Massenmord an den Hexen sei von Adel und Klerus wohl überlegt geplant worden, um mit den »weisen Frauen« das uralte Volkswissen über die Geburtenkontrolle auszurotten.

1775 wurde mit Anna Schwägelin in der Fürstabtei Kempten die letzte Hexe auf deutschem Boden hingerichtet. Zwei Jahrhunderte später kehrte die Hexe als Gallionsfigur einer neuen Bewegung wieder: »Tremate, tremate, le streghe sono tornate!«, schallte es 1977 durch die Straßen Roms, als Tausende von Frauen gegen die italienischen Abtreibungsgesetze demonstrierten: »Zittert, zittert, die Hexen sind zurück« – diesmal als Symbol für die ewige Unterdrückung des Weiblichen, aber auch für weibliches Wissen, weibliche Kraft und Macht.

Den an »weißer Magie« interessierten modernen Hexenzirkeln geht es nicht um Gewitterzauber oder verhexte Kühe, sondern um das Einswerden mit der Schöpfung, um die Solidarität aller Lebewesen untereinander und um ein tieferes Eindringen in die Geheimnisse von Leben und Tod. Mit ihren Riten, die oft wie ein konzentriertes Selbsterfahrungstraining anmuten, wollen die neuen Hexen ihre inneren Kräfte freisetzen und stärken. Dahinter steckt im Wesentlichen die Sehnsucht nach Transzendenz, also der Wunsch, die engen Grenzen des banalen Alltags zu überschreiten und sich als Teil eines größeren Zusammenhangs begreifen zu können. Diese »wei-

184

ßen Hexen« beten nicht – wie oft unterstellt wird – den Teufel an; sie fühlen sich der »Großen Mutter allen Lebens« aus den Zeiten des vorchristlichen »Wicca-Kults« verbunden.

Allerdings gibt es auch einzelne »schwarzmagische« Okkulthexen, die sich selbst als »Satanspriesterin« bezeichnen und für viel Geld »Schadenszauber« oder gar »magische Ferntötungen« und Ähnliches versprechen.

Wie ernst muss man solche Behauptungen nehmen? Amerikanische Wissenschaftler sind den Geschichten von Menschen nachgegangen, die verflucht wurden und dann tatsächlich gestorben sind. »Psychogener Tod« lautet der Fachausdruck dafür. Die Forscher fanden heraus, dass es keinen Fall gibt, bei dem das Opfer völlig ahnungslos war. Anscheinend kann die Angst, die durch die Überzeugung hervorgerufen wird, sterben zu müssen, bereits tödlich sein. So gibt es auch Berichte von Menschen, die starben, nachdem sie mit einer ungeladenen Waffe »erschossen« oder nur beinahe überfahren worden waren. Mediziner erklären psychogene Todesfälle damit, dass bei starkem Stress, schwerem Schock oder extremer Furcht Blutzirkulation und Stoffwechsel sich verringern, der Blutdruck sinkt und zugleich bestimmte Hormone ausgeschüttet werden, die das Herz schädigen können.

Der US-Bühnenmagier und Aberglauben-Aufklärer James Randi ist der Meinung, dass ein »Fluch« in manchen Fällen sogar nicht einmal eine komplizierte physiologische Reaktion auslösen muss, um zu wirken: »Wenn jemand glaubt, er sei verflucht, und auch an Verwünschungen glaubt, dann setzt er sich eben aufs Bett und sagt: ›He, ich bin zum Sterben verurteilt, das war's also, auf Wiedersehen‹, und zieht sich aus dem Leben zurück. Er achtet nicht mehr auf sich. Er weiß, er wird nicht überleben, also warum soll er sich noch die Mühe machen, auf Sicherheit, Hygiene oder Medikamente zu achten? Also stirbt er. Aber das ist kein Mysterium.«[152]

Derzeit »scheint es in bestimmten Frauenkreisen irgendwie als schick zu gelten, wenigstens ein kleines bisschen Hexe zu sein«, glaubt Heide-Marie Cammans vom Essener Sekten-Info. »Ich bin sicher, dass mehr dahinter steckt als ein Modetrend. Ich meine schon, dass Hexe etwas vom Denken, Empfinden und vor allem von der Suche heutiger Frauen z. B. nach Selbstverständnis spiegelt.«[153]

Gerade im Jugendbereich haben die Medien statt der lahmen »Generation X« nun die lärmende »Generation Hex« entdeckt. In den telegenen *Zauberhaften Hexen* bei Pro Sieben etwa erblicken TV-Kritiker drei Vertreterinnen eines zeitgemäßen Feminismus, »der von der pragmatischen Idee ausgeht, dass Frauen klug und erfolgreich sein können und sich trotzdem für Schuhe, Modezeitschriften und Jungs begeistern dürfen«.

Ein aktueller *Hexenkalender* stellt so drängende Gegenwartsfragen wie »Liebe, Glück, Erfolg« in den Vordergrund und gibt »verhexte Fashiontipps«. Zu dem Buch *Hexenzauber für Powergirls – Der magische Ratgeber* erklärte der renommierte Arena-Verlag auf eine empörte Anfrage des Okkultismusbeauftragten des Bayerischen Lehrerinnen- und Lehrerverbands Wolfgang Hund: »Wir setzen auf die Rückbesinnung zur Natur, zu den Kräften der Natur.« Und: »Das Selbstbewusstsein junger Frauen ist unbedingt zu stärken!« Ein *Hexenkochbuch* schickt »die moderne Frau im Tiefflug durchs Kühlregal«. Ein bezeichnendes »Rezept« daraus: »Für Hexen-Dates gilt grundsätzlich: Je beschissener dein Essen, desto tiefer dein Dekolleté.«

Vor allem TV-Serien und Teenie-Zeitschriften sind Teil dieses Trends. »Sie haben das Thema der neuen Girlie-Hexe geschaffen und auch in deutsche Mädchenzimmer gebracht«, analysiert Matthias Pöhlmann: »Das Interesse an Magie und Hexentum nimmt in der Teenie-Kultur deutlich zu. Die Serienheldinnen vom Schlag einer Sabrina bzw. Prue, Piper und Phoebe stoßen bei jungen Mädchen auf großes Interesse. Die Erwartung, dass mehr in einem steckt, ist das durchgängige Thema der Reihen. Der Reiz, mit Magie mehr aus seinem Typ zu machen, stößt auf große Resonanz. Mädchen im Alter zwischen 10 und 14 Jahren werden als neue Zielgruppe entdeckt und bedient. In dieser Gruppe sind Okkultismus und Magie besonders gefragt – ob bei Liebeskummer, Schulsorgen oder Weltschmerz … Es mag sein, dass die konkrete magische Anleitung einerseits und die Faszination und Neugierde der Jugendlichen andererseits nur zu einer vorübergehenden Beschäftigung mit der Thematik führen. Es ist aber auch nicht auszuschließen, dass sich Einzelne aus der jugendlichen Leser- und Zuschauerschaft intensiver mit der Welt des Okkulten zu befassen beginnen. Die ›neue Hexe‹ dient weiblichen Teenagern oft als Identifikationsfigur, um sich der eigenen Bedeutung bewusst zu werden und persönliche Probleme auf magisch-spielerische Weise lösen zu können. Vorrangige Motive, sich mit Übersinnlichem und Magie zu beschäftigen, sind häufig Neugier und die Hoffnung, Entscheidungshilfen bei der Bewältigung von Lebensproblemen zu finden.«[154]

Das wissen natürlich auch die Chefredakteure der auflagenstarken Jugendblätter. Und sie engagieren daher regelmäßig bekannte Hexen wie »Thea« oder »Sandra« für die Rubrik »Lebensberatung« oder stellen in Reportagen junge Nachwuchshexen vor, die angeblich »alle Wünsche wahr machen« können.

Doch selbst wenn z. B. die *Sugar*-Hexe Martine ihre Kräfte »ausschließlich nur für Gutes« nutzen will – am Hexenbesen wird die Welt wohl kaum dauerhaft genesen. Okkultismusexperte Wolfgang Hund meint dazu: »Es ist halt sehr einfach, aber auch gefährlich, die Verantwortung für das eigene Leben abzugeben an äußerst obskure Leute, die keinerlei psychologische Ausbildung besitzen, sich aber erdreisten, Lebenshilfe zu geben. Die Mechanismen sind die gleichen wie beim Gläserrücken oder der Astrologie: Immer werden einfache Antworten auf sehr komplizierte Fragen versprochen, die den Anwender solcher okkulten Praktiken von der Verantwortung für das eigene Leben entlasten sollen. Darüber hinaus halte ich es für eine arrogante Anmaßung, sich als Hexe zu bezeichnen, nur weil es ›in‹ ist – angesichts der in früheren Zeiten als Hexe ermordeten Frauen.«[155] Eltern, die vermuten, ihre Tochter beschäftige sich mit seltsamen Dingen oder sei in merkwürdige Gesellschaft geraten, rät Hund, dies offen zu thematisieren. »Aber nicht so, dass das Ganze verteufelt wird, weil sonst gleich Konfrontation entsteht. Erwachsene müssen sich also erst mal über das Thema informieren, damit sie als glaubwürdige Gesprächspartner akzeptiert werden. Ein weiterer Rat ist, das neue Interessengebiet ernst zu nehmen. Wenn man das gleich als Unfug abtut, gehen bei den Jugendlichen sofort die Rollläden runter.«

Sehr verführerisch am Magischen ist natürlich die Verheißung, mittels eines »Liebeszaubers« den Wunschpartner einfach herbeihexen zu können. Doch gerade in diesem Zusammenhang erweist sich, wie fragwürdig die von Martine und Co. für sich beanspruchte Unterscheidung zwischen »weißer« und »schwarzer« Magie ist – und zwar ganz unabhängig von der Frage, ob Magie »funktioniert« oder nicht. Ein »Liebeszauber« mag für die Auftraggeberin oder den Auftraggeber als etwas Gutes empfunden werden. Nichtsdestotrotz geht es aber letztendlich darum, einem anderen den eigenen Willen aufzuzwingen. In der Praxis führt dies nicht selten zu erheblichen nachträglichen Irritationen. Beispiel: Ein junges Mädchen erobert ihren Traumboy scheinbar durch einen »Liebeszauber« (tatsächlich ist wohl von einer sich selbst erfüllenden Prophezeiung auszugehen: Im festen Vertrauen auf die Wirkung der Hexerei verändert das zuvor eher schüchterne Mädchen sein Auftreten und Verhalten gegenüber seinem Schwarm und zieht so dessen Aufmerksamkeit und Zuneigung auf durchaus natürliche Weise an). Kurze Zeit später plagt sich die Betreffende mit erheblichen Zweifeln und Schuldgefühlen: Eigentlich hat sie mit »unfairen«, unzulässigen Mitteln gearbeitet – ein deutlicher Hinweis, dass es »vielleicht gar nicht gut« war. Wenn Liebe nicht erwidert wird, »soll es wohl eben nicht sein«.[156] Und was dann?

Ob der neue Hexenboom zu mehr taugt als zu kurzlebiger Unterhaltung, wird sich erweisen müssen. »Ein bisschen mehr Zauber im Leben wünscht sich doch jeder«, meint die prominente New Yorker Oberhexe Lexa Roséan spirituell korrekt. Das ist denn womöglich auch schon alles. Hollywood-Superstar Nicole Kidman mimt in dem Videostreifen *Practical Magic* ebenfalls eine moderne Hexe. Und was tut die Exgattin von Tom Cruise, um vor der Kamera richtig wild und hexisch zu sein? Sie trinkt einfach »viel Tequila«.

7.5 Fantasy- und Computerwelten – Ein bisschen Gott und Teufel spielen

Der Tod ist einen Meter neunzig groß und blass. Er trägt schwere Stiefel und eine schwarze Kutte, und wenn er den Mund aufmacht, dringen merkwürdige Laute daraus hervor. »Du hasch jelz auschgedienet, weisch«, sagt er zu Rittern und Barbaren. Das heißt so viel wie »Du bist jetzt tot, klar?« Der Tod spricht Schwäbisch, er kann nicht anders.

Es ist Samstagabend und der Tod schleicht nun schon seit Stunden durch die Marienburg oberhalb des kleinen Städtchens Hütlingen – immer auf der Suche nach Opfern. Die Baronin von Tatzenfels, so hat er gehört, soll sterbenskrank sein. Er betritt den Turm der Marienburg, das Alchimistenlabor. Ein aufgespießtes Katzenskelett grinst durch den weihrauchvernebelten Raum und die grau geschminkte Baronin röchelt bereits in der Ecke, umgeben von einigen Magiern. Jetzt braucht der Tod nur noch etwas Geduld …[157]

Der Tod heißt Axel und kommt aus Ulm. Eigentlich studiert er Informatik im 21. Jahrhundert, doch lieber fährt er als Tod die paar Kilometer ins Mittelalter. Mit ihm schleichen und toben 130 Gleichgesinnte durch die düsteren Gänge der Marienburg. Für drei Tage ist das alte Gemäuer Schauplatz eines so genannten Fantasy-Live-Rollenspiels.

Solche Events sind eine aufwändige Sonderform des Fantasy-Rollenspiels, das normalerweise so abläuft: »Eine Gruppe von zwei bis zehn überwiegend männlichen Jugendlichen im Alter von ungefähr zwölf bis zwanzig Jahren sitzt um einen Tisch, auf dem verstreut Regelbücher, Bleistifte, Zinnfiguren und Würfel liegen.

Hin und wieder sagen sie etwas, verfallen in Diskussionen oder in heftiges Gelächter, würfeln ab und zu mit bis zu hundertseitigen Würfeln, blättern in den Regelbüchern oder den Charakterbögen der Spielfiguren, machen sich Notizen oder lauschen andächtig den Erzählungen des Spielleiters. Dieser sitzt hinter einem kleinen Wandschirm aus Pappe und erzählt mit unterschiedlich verstellter Stimme die Handlung. So kann sich jeder Mitspieler in die Spielwelt imaginieren. Manche Spieler sind sogar ›gewandet‹. Sie haben sich beispielsweise Elfenohren angeklebt, sich in einen Starfighter-Anzug gezwängt oder wollen im Fellkostüm richtig barbarisch aussehen.«[158]

Im Gegensatz zum klassischen Gesellschaftsspiel legt das Regelwerk eines Fantasy-Rollenspiels kaum mehr als die Rahmenbedingungen, etwa die »Naturgesetze« der jeweiligen Spielwelt, fest. Die Aktionen sind nicht an ein Spielbrett gebunden, sondern die Handlung wird in der Fantasie der Teilnehmer fortgeschrieben. Jeder Spieler schlüpft in die Rolle eines Bewohners der Spielwelt, die zumeist einen pseudohistorischen oder futuristischen Hintergrund hat. Inspiriert vom Spielleiter, einer Art Regisseur des Ganzen, können die Teilnehmer weitgehend frei über das Verhalten und die Vorgehensweise ihrer Figur entscheiden. Bei Live-Rollenspielen – auch »Cons« (Conventions) genannt – wird eine reale Stadt, eine Burg oder ein Schloss zum Schauplatz des Abenteuers gewählt. Dann »hecheln einige Freaks als Cyber-Punk-Soldaten mit Laserwaffen durch die Frankfurter Innenstadt, andere treffen sich auf einem Münchner Friedhof zum Vampir-Wettbeißen«, erklärt die Rollenspielerin Amelie Stein. »Die meisten Cons spielen im Mittelalter. Sie sind eine Mischung aus Schnitzeljagden, Liederabenden und Begegnungen mit Tolkiens *Herr der Ringe*.«[159] Das klingt ebenso kurios wie spannend.

Doch die Heldenposen der Freizeit-Drachentöter und -Hobbits sind nicht unumstritten. *Meuchelmord mit Würfeln* überschrieb z. B. die *Süddeutsche Zeitung* einen Bericht über die Szene, der in Deutschland rund 500 000 Fantasy-Fans angehören sollen. Vor allem der magisch-okkulte Hintergrund vieler Rollenspiele, wie *Runequest, Das schwarze Auge, Dungeons & Dragons* oder *In Nomine Satanis,* rufen immer wieder warnende Stimmen auf den Plan.

»Was haben Gewalt, Aggression, Geister, Hexen, Magier und okkulte Sprüche noch mit Spiel zu tun?«, fragt etwa Bernd Dürholt in der Infobroschüre *Educatio magica: Fantasy-Spiele – Spiele zum Verderben* der Münchner Arbeitsgemeinschaft für Religions- und Weltanschauungsfragen. Bei den magischen Versatzstücken dieser Spiele handle es sich keineswegs um »irgendwelche Hirngespinste der Autoren, sondern um handfeste Anleitungen für den Umgang mit dem Okkulten, die hier geschickt in ein Gesellschaftsspiel verpackt werden«. Auf diese Weise werde der Glaube an Geister, Fabelwesen oder den Teufel zu einem selbstverständlichen Bestandteil der eigenen Erfahrungswelt. Amerikanische evangelikale Christen bringen gar Selbstmorde, Morde, Vergewaltigungen mit Fantasy-Rollenspielen in Verbindung, von denen einige angeblich »direkt auf satanistischen Lehren basieren«.[160]

Wie wird diese Behauptung belegt? Gar nicht – hat Jeannette Schmid vom Psychologischen Institut der Universität Heidelberg recherchiert. Das gelte insbesondere für die viel zitierte Schrift *Das Teufelsnetz – Sie wollen un-*

sere Kinder, in der die Amerikanerin Pat Pulling den Nachweis zu erbringen sucht, Fantasy-Rollenspiele seien unter anderem ein Rekrutierungsmittel von Satanssekten. Doch die Zeitungsberichte, die Pulling anführt, seien völlig aus dem Zusammenhang gerissen und bewusst einseitig kommentiert. Der wissenschaftliche Nachweis für einen Zusammenhang zwischen Rollenspiel und einer wie auch immer gearteten Gefährdung durch Okkultismus ist nach Kenntnisstand der Heidelberger Psychologin bis heute nicht erbracht worden. Stattdessen gebe es »leider Autoren, die mit der Angst von Eltern Geld machen, indem sie möglichst erschreckende Einzelfälle zusammenstellen und als Büchlein verkaufen«. Bei eigenen Untersuchungen fand Schmid heraus, dass auch die Befürchtung, Rollenspieler könnten Fiktion und Wirklichkeit verwechseln, nicht haltbar ist. Dass dem Element der Magie in den Regelbüchern ein breiter Raum zugestanden wird, begründet die Wissenschaftlerin so: »Da viele Spieler in die Rolle des guten Helden schlüpfen, der sich tapfer dem Bösen entgegenstellt, wird gerade dieses Böse detailliert entwickelt und tritt häufig in Form von Teufeln und Dämonen auf. Dies ist beinahe zwangsläufig, da die Erfinder der Szenarien sich natürlich ihrer eigenen Fantasie bedienen müssen, die von ihrem abendländisch-christlichen Hintergrund geprägt ist.[161]

»Für die meisten Spieler sind Cons einfach ein großer Spaß«, schreibt die Rollenspielerin und Spielejournalistin Amelie Stein. »Und eine Flucht aus dem öden Alltag, die länger währt als der Zehn-Sekunden-Bungee-Sprung vom Fernsehturm. Auf den Events sind sie gefeierte Helden oder gefürchtete Bösewichte. Drei Tage edel, hilfreich und gut oder grottenböse. Der Heros darf Pickel haben und die Heroine Hasenzähne und der 24-jährige Germane kann stolz auf seine wippende Wampe sein, für die er sich zu Hause in Reutlingen so schämt.

›Hier lebe ich mich aus‹, sagt die Ärchäologiestudentin Bettina. ›Hier darf ich als Bauer mal richtig pöbeln und saufen. Ich darf ‚besessen‘ sein und kein Vermieter klopft an die Tür.‹ Und Michael findet es ›voll geil‹, mal ein Meuchelmörder zu sein. Zum Selbstkostenpreis von 100 Euro. ›Wo gibt es das schon?‹«[162]

Die Diskussion um Fantasy-Rollenspiele ähnelt der um Blackmetalmusik oder um die *Harry-Potter*-Romane. Und sie wird notwendigerweise genauso in Bezug auf Video- und Computerspiele geführt. Fördern fiktive Abenteuer wie *Guide to Hell* oder *Dungeon Keeper* eine entspannte, spielerische Haltung zu dem Dargestellten? Oder spielen sie bewusst mit dem Reiz einer okkulten Realität und reden den Teilnehmern den Ernstfall ein? Eine eindeutige Antwort auf diese Frage kann es auch hier nicht geben – zu vielschichtig und persönlichkeitsspezifisch sind die Gründe, warum Jugendliche sich okkult betätigen. »Nur individuell, von der jeweiligen Disposition und Motivation« abhängig will daher auch die Münchner Sozialpädagogin Martina Hübner das Gefährdungspotenzial von solchen Spielen gewürdigt wissen.

Aber was macht für Jugendliche die Faszination von mythisch-okkulten Phantasmagorien aus?

> »Es ist dunkel im unterirdischen Dungeon (= Verließ) des Dungeon Keepers. Ein düsteres Licht, das von den wenigen Fackeln nur spärlich gespendet wird, hüllt das Szenario in ewige Dämmerung. Mein kurzer Rundgang führt zu einem befriedigenden Ergebnis: In der einen Ecke arbeiten die Zauberer fleißig an neuen Zaubersprüchen, in der anderen Ecke trainieren die Monster ihre Fähigkeiten im Kampf. Die Gefangenen im Gefängnis werden bald verhungert sein und als Geister meiner Armee beitreten. Aus der Folterkammer hört man Grauen erregende Schmerzensschreie der Gefolterten und irres Gekicher meiner eisernen Jungfrauen, die langsam alle Gefangenen zu Tode quälen. Noch ein kurzer Besuch im Tempel – ja, die richtigen Opfergaben stimmen die bösen Götter gnädig. Bald wird meine Armee so stark sein, dass ich meinen Widersacher, den guten Ritter, besiegen kann und ein weiteres Land in meine Gewalt bringe.«

Das ist ein kurzer Abriss der Ausgangssituation, vor die der Spieler bei dem Computeradventure *Dungeon Keeper* gestellt wird. Geschmacklos? Gewiss. Allerdings sind die meisten klassischen Fantasy-Welten nun einmal dualistisch aufgebaut: Die Guten (»weiße« Magier, Helden, Priester, Götter) ringen mit den Mächten des Bösen (Dämonen, Teufelsanbeter, Barbaren, Monster). Und innerhalb dieser simplen und eindeutigen Ethik kann es durchaus einen gewissen Reiz haben, etwa als »höllischer Heerführer« zu agieren und sich einmal ganz anders zu verhalten, als es der normalen Alltagspersönlichkeit entspricht. Auch professionelle Film- und Theaterschauspieler genießen es außerordentlich, sich ab und zu »gegen ihr Image« besetzen zu lassen.

Von einer »globalen Verurteilung« sei denn auch ebenso abzusehen wie von einer »pauschalen Unbedenklichkeitserklärung«, meint der Salzburger Theologe und Rollenspielexperte Tilmann Knopf. Denn die Frage, ob Gewalt und Satanismus im Rollenspiel Auswirkungen auf den realen Lebensvollzug der Spieler zeitigen, lasse sich weder mit einem klaren Ja noch mit einem klaren Nein beantworten. Die Verteidiger von *Dungeon Keeper*, *In Nomine Satanis* etc. haben wissenschaftliche Studien und Statistiken auf ihrer Seite, die Gegner erschütternde Einzelfälle. So schreibt etwa die oben genannte Pat Pulling auch den Selbstmord ihres Sohnes okkulten Fantasy-Spielen zu. Dagegen meint Tilmann Knopf:

- »Offenbar haben gerade Jugendliche religiöse Bedürfnisse, die weder durch die säkularisierte Gesellschaft noch durch eine weitgehend ›entmythologisierte‹ christliche Religion gedeckt werden. Hier bieten Fantasy-Rollenspiele eine Art ›Ersatzbefriedigungsmöglichkeit‹. Die Spieler brauchen – was sie in der postmodernen Welt, in der sie leben, auch schwerlich können – gar nicht tatsächlich an die Götterwelten und Mythen der Rollenspiele zu glauben. Das emotionale ›mythische‹ oder ›religiöse‹ Erlebnis im Spiel liefert einen Ersatz ohne persönlichen Einsatz. Es ist schließlich nur ein Spiel. Dies gilt vermutlich auch für okkultistische Rollenspiele.
- Religion und Mythologie im Rollenspiel sind meist relativ einfach und überschaubar. Götter existieren tatsächlich und sie wirken nachweisbar. So kann etwa ein Priester in vielen Spielwelten mit Hilfe seines Gottes Wunder wirken. Dies kann m. E. durchaus als Kompensation des Erlebnisses der Gottesferne in unserer Realität gedeutet werden.
- Es ist wohl nicht übertrieben, von einer ›Kunstmythologie‹ zu sprechen, die in den meisten Spielen inzwischen breiten Raum einnimmt. In einer einerseits hochtechnisierten und entmythologisierten Welt, in einer Zeit, in der andererseits die Beherrschbarkeit der mit der Technik verbundenen Risiken immer fraglicher wird, die Gesellschaft insgesamt eine »Risikogesellschaft« geworden ist, in der sich immer wieder apokalyptische Szenarien abzeichnen, findet hier möglicherweise eine mytholo-

gische Verarbeitung aus der realen Welt stammender Ängste und Probleme statt. Die realen Probleme und Bedrohungen werden als undurchsichtig, die eigene Rolle als ohnmächtig erlebt.

Die Existenz und die Bezwingung dunkler, lebensbedrohender Mächte ist ein wichtiges und zentrales Thema vieler Rollenspiele. Dämonen und dämonische Umtriebe berauben ganze Landstriche jeglichen Lebens, Dämonen verursachen Seuchen, Krankheiten und Wahnsinn, Dämonen stehen für zerstörerische Potenz schlechthin.

Das Bedürfnis nach einer Auseinandersetzung mit solchen Mächten entsteht m. E. aus einer Realität, die nicht nur Jugendliche und junge Erwachsene zunehmend als bedrohlich empfinden.

- Die dunklen Mächte und Gewalten, die Fantasy-Welten bedrohen, sind demgegenüber meist greifbar und bekämpfbar. Somit können im Spiel Ängste abgebaut und Ohnmachtsgefühle kompensiert werden. Dieser Gesichtspunkt wurde meines Wissens in der bisherigen Diskussion überhaupt noch nicht berücksichtigt.

Ansätze, die Dämonen im Rollenspiel einfach als Teufelswerk verdammen, übersehen, dass Spielwelten nicht im luftleeren Raum oder in der Okkultisten-Werkstatt entstehen, sondern von Hunderttausenden von Jugendlichen und jungen Erwachsenen mitgestaltet werden und daher wesentlicher Ausdruck von deren Weltsicht sind.«[163]

Tatsache bleibt jedoch, dass es Rollen- und Computerspiele gibt, die ohne filternde Abstraktionsstufe sowohl von der Spielwelt (»ein rauer, kalter Ort«) als auch von den angebotenen Charakteren (»Er ist eine tödliche Waffe und genießt das«) eindeutig gewalt- und okkultorientiert sind und die ihre Szenarien sehr realitätsnah als Abziehbild unserer wirklichen Welt entwickeln. Auch der Erfurter Amokläufer Robert Steinhäuser galt als Spielfreak und Fan von so genannten Ego-Shootern, bei denen der Gamer aus der Ich-Perspektive kämpft und tötet und von sich selbst nur die Hand mit der Waffe sieht. Dass entsprechend disponierte Jugendliche bei solchen Gewaltspielen tatsächlich in eine Art Rollentrance geraten können, wollen denn auch vorsichtige Wissenschaftler heute kaum mehr bestreiten. Medien sind nicht wirkungslos. Andererseits verbieten sich auch in diesem Bereich einfache Antworten: Ein simpler »Wenn A, dann B«-Zusammenhang ist aus keiner der zahlreichen Studien ablesbar. In bestimmten Fällen können Computer- und Rollenspiele aber zum Fluchtinstrument aus einer komplizierten und problematischen Wirklichkeit werden. Und damit eventuell zur Blaupause für eine verzerrte, obskure Weltsicht.

»Vor allem so genannte Dark-Fantasy-Spiele beinhalten okkultes Potenzial«, räumt auch Tilmann Knopf ein. »Dark Fantasy« kann unter Umständen psychische Veränderungen bei den Spielern zumindest katalysieren und setzt eine gefestigte Persönlichkeit voraus. Spiele wie *Kult, In Nomine Satanis* oder *Paranoia* sind – wenn überhaupt – auf keinen Fall unter 16 zu empfehlen. Immerhin verschleiern die betreffenden Spiele ihre Ausrichtung nicht: Zumeist prangen die Reizwörter »Okkult« oder »Satan« unübersehbar und werbewirksam von der Verpackung und den Regelbüchern. Eltern und auch Lehrer haben somit wenigstens die Möglichkeit, darauf aufmerksam zu werden und nach den Bildern und »Rollen« zu fragen, die ihren Kindern und Schülern im Kopf herumschwirren. Dennoch hält der Theologe Knopf Fantasy-Spiele für einen »ausgezeichneten Ansatzpunkt, um mit Jugendlichen über die hier angeschnittenen Themen ins Gespräch zu kommen, da sie für Jugendliche wichtige – auch religiöse – Probleme in mythologisierter Form spielerisch zur Sprache bringen«.

Mit anderen Worten: Rollen- und Computerspieler können sich in die Welt des Unerklärlichen begeben, sich uralten Ängsten aussetzen und diese auch bewältigen, Seite an Seite mit übernatürlichen Wesen kämpfen und sogar ein wenig Gott spielen. Möglichkeiten, die man in der Realität nicht hat – zumal wir die Wirklichkeit nicht anhalten und abspeichern können und auch nicht die Chance haben, den Schwierigkeitsgrad zu verändern oder in einem Lösungsbuch nachzuschlagen.[164]

Besorgten Eltern rät die Heidelberger Uni-Psychologin Jeannette Schmid:
– »Ziehen Sie nicht den Schluss vom Charakter einer Spielfigur auf den des Spielers. Gerade für sehr sozial eingestellte Schüler kann es eine Herausforderung sein, eine böse, hinterhältige Figur glaubhaft darzustellen.
– Wenn Sie mehr erfahren wollen, fragen Sie und hören Sie zu.
– Lassen Sie sich die Stärken und Schwächen der Spielfigur erklären und tragen Sie, wenn Sie können, durch eigene Ideen und Fachwissen zum Hintergrund der Figur bei.

195

- Fragen Sie, ob Sie mal zuschauen dürfen.
- Versuchen Sie nicht, von vornherein vollständig alle Regeln zu begreifen.
- Wenn Sie zu der Ansicht kommen, dass Ihr Kind vor lauter Rollenspiel die Schule oder Ausbildung ernstlich gefährdet, könnte es sich als nützlich erweisen, die Frage umgekehrt zu stellen: Vielleicht ist Rollenspiel eine Fluchtmöglichkeit vor unerträglich scheinenden Belastungen.
- Wenn die Schulleistungen ›nur‹ nachlassen und der Verdacht besteht, dass zu viel Zeit mit Rollenspiel verbracht wird, lässt sich sicherlich eine Einigung erzielen: Teilweise lässt sich Schulstoff mit Rollenspiel verbinden, dies gilt vor allem für die Fächer Englisch, Geschichte, eventuell auch für die Naturwissenschaften.«[165]

Übrigens: Der Tod alias Axel war schließlich mit seiner Ausbeute auf der Marienburg zu Hütlingen zufrieden. Wo sonst »sterben« an einem Wochenende schon 38 Feen, Amazonen, Ritter, Inquisitoren und Barden?

8   Hinter der Maske: Zehn Argumente für den Satanismus – und wie man ihnen den Boden entzieht

Die seltsame Renaissance des Teufels – sie beunruhigt und schockiert. Zu gerne möchten wir hinter der schmierigen Soutane des Jugendsatanismus nur die Gesichter von schwer gestörten Persönlichkeiten wie Daniel und Manuela Ruda erblicken. Um so sprachloser sind wir, wenn am eigenen Wohnort plötzlich Gräber geschändet werden oder Kirchen in Flammen aufgehen – oder wenn gar im unmittelbaren persönlichen Umfeld Sympathien für die satanistische Ausartung des neuen Irrationalismus sichtbar werden. Etwa wenn Jugendliche und junge Erwachsene

- Bücher mit dem Titel *Die satanische Bibel, Das 6. und 7. Buch Mose, Magische Rituale, Satanische Magie, Die schwarze Magie* oder Schriften von Autoren wie Aleister Crowley, Gregor A. Gregorius, Ralph Tegtmeier, Michael D. Eschner, Josef Dvorak, Richard Cavendish intensiv studieren
- hauptsächlich Comics mit okkultistischem Inhalt oder auffällig viele Horror- oder Fantasygeschichten lesen
- Gegenstände und Symbole besitzen, die zum Satanismus gehören (in Menschengestalt geformte Kerzen, Ritualdolche etc.)
- sich vornehmlich schwarz kleiden oder schwarze roben- und kostümähnliche Kleider schneidern
- auffälligen Schmuck mit satanistischer Symbolik tragen (Pentagramme, umgedrehte Kreuze, Baphomet-Kettchen)
- ihr Zimmer mit Totenschädeln, schwarzen Kerzen, Hostien, altarähnlichen Aufbauten, Postern mit Horrorszenarien schmücken
- den Kontakt zu alten Freunden/Schulkameraden abbrechen
- extrem geheimnisvoll tun, wenn es um die Freunde oder die Clique geht, mit der sie zusammen sind
- einen eigenen Kalender mit unverständlichen oder unbekannten Aktivitäten führen
- in den für den Satanismus besonders relevanten Nächten wie dem 2. Februar, 8. bis 10. April (Niederschrift des *Buches des Gesetzes* von Aleister

Crowley im Jahre 1904), 30. April/1. Mai (Walpurgisnacht), 31. Oktober (Halloween) besonders lange außer Haus sind
- sich öfter zu unklaren nächtlichen Aktivitäten verabreden
- im Satanismus gebräuchliche »umgekehrte Botschaften« wie z. B. dog si natas (Satan is God), Nema (Amen), Nebel (Leben), Susej (Jesus) auf Schulhefte etc. schreiben
- vorzugsweise Black- und Deathmetalmusik hören
- der Meinung sind, man könne bedenkenlos körperliche Gewalt gegenüber Schwächeren einsetzen
- extrem verschwiegen sind und Eltern, Lehrer etc. nur noch in provokanter Weise begegnen
- plötzlich ein gewalttätiges oder sexuell entwürdigendes Vokabular gebrauchen
- eine stark veränderte, extreme Haltung gegenüber Christentum und Kirche offenbaren
- sich an Drogen interessiert zeigen, wobei der Gebrauch nicht selten durch den Duft von Räucherstäbchen überdeckt wird
- Spuren sexueller Gewalt aufweisen, besonders bei Mädchen
- unerklärliche Schnittwunden, Kratzer oder andere Verletzungen, besonders an den Oberarmen, zeigen
- in kurzer Zeit deutlich und ohne ersichtlichen Grund in ihren schulischen Leistungen abfallen und stark in ihrer Konzentrationsfähigkeit nachlassen
- nervös reagieren, wenn die Eltern feststellen, dass ihnen etwas gestohlen worden ist oder sie etwas vermissen (Viele satanistische Gruppen befehlen Diebstahl, um ihre Mitglieder ans Schweigen zu gewöhnen und an sich zu binden)
- sich mit Selbstmordgedanken tragen oder manchmal von Folterungen reden oder davon, einen Menschen töten zu wollen
- vor irgendetwas übermäßige Angst haben
- sich auffällig für Tod und Sterben interessieren oder häufig Friedhöfe besuchen
- kaum noch Empfindungen zeigen, wenn es um Themen wie Tod oder Schmerzen geht.[166]

Diese Punkte können ein Hinweis darauf sein, dass Jugendliche sich mit Ideen und Praktiken des Satanismus beschäftigen.

Was dann? »Die meisten jungen Menschen warten nur darauf, uns in ihre private Welt hineinzulassen, wenn sie spüren, dass wir sie nicht blind verurteilen«, ist der amerikanische Talkmaster und Seelsorger Bob Larson überzeugt. »Nicht blind verurteilen« – gerade das jedoch fällt im Umgang mit jugendlichen Satanisten besonders schwer. Ihre düstere Gegenwelt der menschenverachtenden Umwertung aller Werte erscheint uns zunächst dermaßen abwegig und absurd, dass wir versucht sind, sie bis auf weiteres zu ignorieren oder aber sämtliche Aktivitäten und Utensilien kurzerhand zu verbieten. Und selbst Erwachsene, die den Dialog mit jungen Satanisten suchen, stehen sehr schnell überrascht, wort- und hilflos da, wenn sie mit der entschlossenen Verneinung jedweder Ethik, Moral und bürgerlicher Gesetze konfrontiert werden.

Die Kapitelüberschrift »Zehn Argumente für den Satanismus« mutet zunächst ungewöhnlich an. Doch eine solche Betrachtungsweise ist notwendig. Ziel dieses Buches ist es, den Satanismus nicht religionswissenschaftlich zu betrachten, sondern ihn von der Bedürfnislage der Betroffenen her zu verstehen. Auch wenn wir uns innerlich dagegen sträuben: Für viele Jugendliche ist Satan einfach »cool«. Satanismus scheint auf existenzielle Fragen Heranwachsender akzeptable Antworten zu geben. Im Folgenden soll daher noch einmal zusammenfassend versucht werden, die Faszination der »dunklen Seite« zu erhellen und auf dieser Grundlage Argumente, Tipps, Strategien oder auch nur Denkanstöße dagegen zu entwickeln.

8.1 »Satan gibt Power, Satanisten sind mächtig«

Wirklich? Aleister Crowley, der Begründer des Neosatanismus, starb vereinsamt, drogenabhängig, geschlechtskrank und geistig verwirrt. »Church of Satan«-Gründer Anton Szandor LaVey verbrachte die letzten Jahre seines Lebens zurückgezogen und verbarrikadiert in seinem Haus in San

Francisco, zermürbt von Streitereien innerhalb der Organisation seiner Satanskirche.

Die Verlockung des Satanismus für Jugendliche besteht zuallererst in der »Macht« und »Stärke«, die ihnen angeblich zufließt. Macht über die Verhältnisse, deren Herr sie eben gerade nicht sind. Macht über Eltern, Lehrer und »Feinde«. Macht über die Maßstäbe von Moral und Gerechtigkeit.

»Satan« ist die Kraft, mit der junge Satanisten sich durchsetzen wollen. Aus religiös-weltanschaulicher Sicht ist demgegenüber festzuhalten: »Stärke bedeutet nicht irgendein technisch oder magisch gezüchtetes Übermenschentum, das immer eine Illusion bleiben muss«, erklärt der Weltanschauungsbeauftragte Hansjörg Hemminger. »Freiheit ist auch nicht gleichbedeutend mit Macht. Denn selbst der Mächtigste bleibt, bindet er sich nicht an Gott und an seine Mitmenschen, sich selbst sklavisch ausgeliefert. In der Tiefe der menschlichen Seele lebt nicht die Sehnsucht nach Macht, sondern die Sehnsucht nach Liebe – die brennende Sehnsucht, dass Welt und Gott uns mit Stimmen, denen wir vertrauen können, den wunderbaren Wert unseres Daseins zusprechen.«[167]

Jugendliche, die sich dem Okkulten oder dem Satanismus zuwenden, haben unerfüllte praktische, spirituelle und emotionale Bedürfnisse. Bezugspersonen sollten versuchen, herauszufinden, wo die ihnen anvertrauten Teenager sich ohnmächtig fühlen beziehungsweise wo diese sich, ihre Handlungen und ihr Engagement als »machtvoll« erleben können.

Wichtig ist:

- Wer sich auf ein Gespräch einlassen will, muss wissen, wovon er redet. Nichts schreckt einen Jugendlichen mehr ab als uninformiertes Nachfragen. Antworten sollten zunächst unkritisch akzeptiert werden.
- Die Schlüsselfrage lautet: »Was macht dir Kummer?« Faszination an okkulten Dingen ist nur der Zweig am Baum der Probleme. Wir müssen zur Wurzel vordringen.
- Es ist sehr wichtig, dass wir gegenüber unseren Kindern fest bleiben, aber sie gleichzeitig mit Respekt behandeln. Eltern sind häufig versucht, die Gesprächsführung an sich zu reißen, statt zuzuhören und dem Kind Gelegenheit zu geben, die Unterhaltung in seinem Tempo zu führen.

– Schließlich müssen Kinder wissen, dass sie sagen können, was sie denken, ohne Angst vor Strafe haben zu müssen. Stellen Sie sich von vornherein darauf ein, unter Umständen schockiert zu werden. Die Jugendlichen von heute sprechen eine offene Sprache und haben keine Angst davor, die Sache auf den Punkt zu bringen.
– Wir Erwachsenen müssen den Dialog mit Kindern und Jugendlichen wieder suchen. Vielleicht haben wir Angst davor, weil uns ihre Welt so fremd erscheint. Vielleicht fühlen wir uns unbeholfen oder registrieren von ihrer Seite her eine deutliche Ablehnung. Trotzdem sollten wir alles daran setzen, mit ihnen im Gespräch zu bleiben und ihnen wieder zu sagen, dass sie uns wichtig sind.[168]

8.2 »Ist doch ganz egal, ob ich an Gott oder an den Teufel glaube«

Nein, ist es nicht.

Aus psychologischer Sicht ist dazu zu sagen: »Das Kokettieren und die Identifikation mit dem Bösen im Satanismus ist keine gesunde Lebensform, keine Religion wie jede andere, sondern muss als Alarmsignal verstanden werden«, warnt der Leipziger Sektenberater Harald Lamprecht. »Nicht selten sind Menschen, die in satanistische Praktiken involviert waren, mit erheblichen Ängsten konfrontiert. Sie fühlen sich abhängig, von Magie bedroht.«[169]

Der Satanismus wirkt wie eine schiefe Ebene, auf der alle negativen Eigenschaften und Befindlichkeiten des Menschen sehr leicht ins Rollen kommen. Und sehr schwer wieder zu stoppen sind. Wer das Böse oder den Satan verherrlicht, riskiert, dass er damit sich selbst und auch andere gefährdet. Die Gleichung Gut = Böse und Schwarz = Weiß geht nicht auf, weil letztendlich alles gleichgültig ist, wenn alles gleich gültig ist.

Der evangelische Theologe Hans-Jürgen Ruppert warnt denn auch nachdrücklich: »Auch wem Religion nichts bedeutet und der christliche Glaube ein Ärgernis ist, sollte wissen: Wer seine Verantwortung vor Gott oder die moralische Kraft der Religion verdrängt und sich in schierer Diesseitigkeit einzurichten glaubt, sorgt dafür, dass der Mensch immer weniger seine Bedingtheit und Endlichkeit wahrnimmt – zu seinem eigenen Schaden, wie die satanistischen Größenwahnvorstellungen zeigen.«

An dieser Stelle nimmt Ruppert auch Staat und Gesellschaft in die Pflicht: »Schlimmer als der Satanismus ist die allgemeine Krise des Regelwerks gemeinsamer Wertorientierung (Erosion des Sonntagsschutzes, ungerechte Steuergesetzgebung etc.). Schlimmer noch die Emigration in ein wertfreies Niemandsland, das weite Teile der Gesellschaft in eine Zerreißprobe stellt. Schlimmer noch ist die Krise in den Köpfen vieler, die den Individualismus um jeden Preis verteidigen – auf Kosten gemeinsamer Werte. Denn letztendlich ist der moderne Satanismus mit seiner hedonistischen Religiosität des Macht- und Lustgewinns um jeden Preis in noch größerem Maße eine Herausforderung für die säkulare Gesellschaft als für Kirche und Christentum: Wie weit sollen Sinnvermeidungsstrategien, Verweltlichung und Kommerzialisierung des Lebens noch gehen?«[170]

8.3 »Die Welt wird immer schlechter. Es ist besser, sich gleich auf die Seite des Bösen zu stellen«

Das ist eine ausschließlich negative Daseinsanalyse, die man teilen kann – oder auch nicht.

Dennoch ist der Theologe Uwe Wolff überzeugt: »In sämtlichen Formen des Satanismus schwingen die großen Fragen nach der Wirklichkeit und der Macht des Bösen in der Welt mit. Dem Rätsel des Bösen und dem Abgrund der eigenen Seele gilt das eigentliche Interesse von Jugendlichen am Thema Satanismus. Sie suchen Antwort auf die Frage, die auch Georg Büchner umtrieb: ›Was ist das, das in uns lügt, hurt und stiehlt?‹ Je stärker Familie, Schule und Kirche die Wirklichkeit des Bösen verdrängen, desto größer ist seine Faszination.«[171]

»Du musst ein Schwein sein in dieser Welt«, singen die »Prinzen«. Als der Religionslehrer Arthur Thömmes aus Bernkastel-Kues dieses Lied zum ersten Mal hörte, »war ich erschrocken. Doch mir wurde sehr schnell klar:

Es spiegelt die Realität. Aber trotzdem: Der Text sollte (z. B. im Religions-unterricht) hinterfragt werden. Sind es wirklich die Unehrlichen, die Ego-isten und die Gemeinen, die es zu etwas bringen? Lohnt es sich vielleicht doch, den anderen Weg zu gehen, den Weg der Güte und Zufriedenheit? …
Die Tageszeitung und die Nachrichten im Fernsehen und Radio lassen uns in die Welt hineinblicken. Was geschieht dort alles an guten und schlech-ten Taten? Wie wäre es, wenn die Jugendlichen einmal eine Zeitung mit ausschließlich guten Nachrichten zusammenstellen würden? Es wäre mit Sicherheit eine heilsame Erfahrung.«[172]

Tipps für Eltern und unmittelbare Bezugspersonen:

- Zeigen Sie Ihrem Kind, wie sein berechtigtes Streben nach individueller Freiheit mit den Ansprüchen und Forderungen der Gesellschaft in Ein-klang gebracht werden kann.
- Sprechen Sie mit Ihrem Kind darüber, wie es sich selbst einschätzt. Was möchte es in seinem Leben verändern? Helfen Sie ihm, sein Selbstbild zu verbessern und schränken Sie seinen Kontakt zu negativ beeinflussen-den Personen ein.
- Verpflichten Sie sich selbst Ihrem Kind gegenüber, Ihre negativen Eigen-schaften überwinden zu wollen und die positiven hervorzukehren.
- Reden Sie mit Ihrem Kind über die Menschen, die es bewundert. Ferti-gen Sie mit ihm eine Aufstellung über Charaktereigenschaften dieser Personen an.
- Helfen Sie Ihrem Kind, zwischen konstruktiven und destruktiven Eigen-schaften zu unterscheiden. Sprechen Sie mit ihm über deren jeweilige Anliegen und Berechtigung. Erarbeiten Sie mit ihm gemeinsam eine Liste positiver und negativer Charakteristika.[173]

8.4 »Satanisten stehen bloß zu dem, was andere heimlich tun«

Da ist leider etwas dran.

»Seien Sie bereit, neue Möglichkeiten wahrzunehmen. Pflegen Sie den Umgang mit Menschen, die Hervorragendes leisten … Sie dürfen nicht zulassen, dass Mittelmäßigkeit Ihnen die Energie raubt. Brechen Sie den Umgang mit Verlierern ab.« Anweisungen aus der *Satanischen Bibel?* Nein, sondern Äußerungen der ehemaligen Weltmeisterin im Bodybuilding, Lisa Lyon. Mag sein, dass die erfolgreiche Muskel-Frau das gar nicht so menschenverachtend meint. Vielleicht ist das bloß ein wenig unglücklich formuliert.[174] Und doch …

Genau dies ist die Kerbe, in die auch der moderne Satanismus schlägt, stellt Hans-Jürgen Ruppert klar: »Der Mensch ist des Menschen Wolf. Mitleid ist Schwäche. Das Schwache hat kein Recht, zu existieren. Insofern hämmern Satanisten mit ihren Texten und Parolen nur ein, was ohnehin in unserer Gesellschaft in zynischer Weise vertreten wird. Nämlich: Dass der mit der meisten ›Power‹ auch über andere Menschen bestimmt. Wenn man das Wohl des Menschen, ja den Menschen selbst, nur noch von daher zu definieren vermag, dass es den Starken, Reichen, den ›Leistungsträgern‹ ökonomisch möglichst gut geht, wenn die Werbung immer nur den starken, potenten, erfolgreichen Typ herausstellt, braucht man sich nicht zu wundern, wenn manche Jugendliche, denen dies alles ökonomisch verschlossen ist, ihre Zuflucht bei einer Power-Religiosität wie dem Satanismus suchen.«[175]

Hier zeigt sich ganz besonders, dass der Sog des Satanismus mitnichten von den Rändern unserer gegenwärtigen westlichen Kultur und Gesellschaft ausgeht, sondern von deren Zentrum. Die wachsende »Sympathie für den Teufel« wirksam zu bekämpfen ist daher auch eine hoch politische Aufgabe, die weit über die Beratung und Begleitung individuell Betroffener hinausgeht.

Die österreichischen Extremismusforscher und Esoterikexperten Eduard Gugenberger, Franko Petri und Roman Schweidlenka haben im Zusammenhang mit okkulten oder satanistischen Weltdeutungsmustern

unter anderem folgende Forderung aufgestellt: »Eine sinnvolle Wirtschafts-
und Sozialpolitik ist die unerlässliche Voraussetzung für jede demokratische
Gesellschaft, die nicht durch krasse Verteilungsunterschiede innerlich
gespalten sein darf. Wenn es wieder Parteien, Bewegungen oder gesellschaftliche Instanzen gibt, die glaubwürdig für die Rechte der ärmeren
und teilweise ausgebeuteten gesellschaftlichen Schichten eintreten, werden
sich die Hoffnungen dieser Menschen und auch des vom Abstieg be-
drohten kleinen und mittleren Bürgertums auf verantwortlich handelnde
politische Bewegungen richten, die ohne Feindbilder, Fremdenhass, rassis-
tische Ideologien und okkulte Legenden auskommen. Jene, die zwar noch
Arbeit haben, die aber die immer höher gesteckte Latte der geforderten
Leistung nur mehr um den Preis zerstörter familiärer Verhältnisse, psychischer Krankheiten oder Alkoholismus und Drogensucht erreichen, sowie
die immer mehr werdenden Modernisierungsverlierer vergrößern das
Potenzial jener, denen es irgendwann reicht und die nach einem Ausweg
suchen.«[176]

8.5 »Wenn ich mich für eine bessere Welt einsetze, spüre ich nichts davon. Aber wenn ich auf dem Friedhof eine Statue in Stücke schlage, sehe ich: die ist kaputt«

Hier geht es um die so genannte Selbstwirksamkeit. »Ein Leistungsbedürf-
nis und der Wunsch, gebraucht zu werden, etwas bewirken zu können, sind
entweder offen oder verdeckt ein wesentlicher Zug des jungen Menschen«,
erklärt der Psychologe Gunther Klosinski. »Das Bedürfnis nach Selbstwirksamkeit ist im Teenageralter (und bei vielen Menschen nicht nur zu dieser
Zeit) derartig groß, dass der Jugendliche lieber bereit ist, negative Varianten in Kauf zu nehmen, als gar keine Selbstwirksamkeit zu erleben (sprich:
niemandem aufzufallen).

Jugendsatanismus erscheint auf diesem Hintergrund auch als aggressiver
Versuch, Selbstwirksamkeit auch dann noch herausstellen zu können, wenn
nach einer langen Reihe vergeblicher Versuche nur noch die aggressiv-

destruktive Negation der Welt der anderen übrig bleibt und die Bedeutung der eigenen Erlebnisse und Handlungen nur mehr im Binnengefüge der Satanistengruppe stattfindet, ohne irgendeine soziale Interaktion mit dem Rest der Gesellschaft«.[177]

Wie und wo kann die Selbstwirksamkeit von Jugendlichen erhöht werden? Normalerweise rund um Sport- und Freizeitaktivitäten, die in der Gruppe mehr Spaß machen oder mehr Erfolg bringen als alleine. So wäre es demnach die Aufgabe der Eltern und erwachsenen Bezugspersonen, die satanistische Protesthaltung zu hinterfragen, nach Motiven dafür zu suchen und die Jugendlichen über den Dialog zu einer Reflexion ihrer Aktivitäten zu nötigen. Dann können möglicherweise gemeinsam Alternativen gesucht werden, welche die Kritik, Wünsche und Sehnsüchte der Jungen und Mädchen aufnehmen und in andere, bessere Erlebniswelten einbinden.[178]

Von einer beispielhaften Lösung des Problems des Jugendsatanismus in einer kleinen Dorfgemeinde im Innviertel in Oberösterreich berichtet der Psychologe Andreas Girzikovsky: »Der ganze Ort war in Aufruhr, weil im Garten eines kaum benutzten Wochenendhauses Reste von verbrannten Bibeln und Kruzifixen und am Friedhof abgebrochene und besprühte Kreuze gefunden worden waren. Die betreffenden vier Jugendlichen im Alter zwischen 15 und 19 Jahren waren rasch ausfindig gemacht, da im Ort ansässig. Auf Initiative des Hauptschuldirektors, der diese Jugendlichen alle als Schüler unterrichtet hatte, traf sich mehrmals ein Kreis von interessierten/besorgten Gemeindebürgern zusammen mit diesen vier Jugendlichen und deren Eltern in der Schule. Es wurde ziemlich offen geredet und gestritten. Beim zweiten derartigen Treffen war auch ein Journalist des landesweiten Rundfunks zugegen, der folgenden bemerkenswerten Vorschlag einbrachte: Er wolle jetzt nur sehr kurz im Rundfunk über die Satanismusvorfälle dieses Ortes berichten. Sollten sich im Laufe des nächsten Halbjahres die Dinge zum Besseren wenden, keine neuen Vorfälle mehr auftauchen und die betreffenden Jugendlichen wieder in die Dorfgemeinschaft integriert sein, dann wolle er alle von dieser Runde zu einer Livesendung ins Studio einladen und sie darin von dieser Lösung erzählen lassen. Dieser Vorschlag traf ins Schwarze, weil er genau das Bedürfnis nach Selbstwirksamkeit der Jugendlichen aufgriff. Und ein halbes Jahr später fand diese Sendung tatsächlich statt.«[179]

8.6 »Der Satanismus vertröstet nicht auf später, sondern verspricht sofortige Befriedigung aller Bedürfnisse«

Es stimmt: Der Glaube an ein besseres »Danach« ist brüchig geworden. Nicht nur die Aufmerksamkeit, sondern der gesamte Glücksanspruch richtet sich auf das »Hier und Jetzt«. Psychologen machen eine »hedonistisch-materialistische Orientierung« der Menschen aus. Also einen Hedonismustrend, der seinen Ausdruck findet in der Vervielfältigung und Steigerung der Intensität von Erlebniswünschen, sofortiger Verfügbarkeit von Gütern und Dienstleistungen und Anspruchsdenken. »Da unsere Kinder in einer Gesellschaft aufwachsen, in der alles instant zu haben ist, glauben sie, der Teufel liefere mikrowellenfertige Racheportionen, schnelle Heilung für langwierige Übel und sofortige Erfüllung«, hat Radio-Seelsorger Bob Larson in vielen Gesprächen festgestellt.

Grenzenlose Befriedigung der »natürlichen« Instinkte statt nüchterner Mäßigung – damit wirbt ganz konkret z. B. auch die »Church of Satan«. Von CoS-Gründer LaVey ist das Credo überliefert: »Das Leben ist eine einzige große Lust und Enthaltsamkeit der Tod. Es gibt keinen Himmel voller Herrlichkeit und keine Hölle des Verderbens.«

Wirklich? Wohin die Verabsolutierung des Lustprinzips in der Praxis führt, kann man u. a. in der Autobiografie von LaVey-Jünger Marilyn Manson (s. auch Kapitel 6.7) nachlesen: »Nun, ich habe alles bekommen, was ich haben wollte. Wir sind die größte Band Amerikas. Manche Leute halten mich sogar für größer als Satan. Unsere Alben werden mit Platin ausgezeichnet. Wir haben das Cover des *Rolling Stone* (ein Musikmagazin; Anm. des Autors) bekommen. Aber auf dem Weg dorthin habe ich alles zerstört und alles verloren, was mir einmal wichtig war… Ich habe aus meinen Schwächen und meinem Versagen eine erfolgreiche Karriere gebaut. Im Grunde bin ich genau das geworden, wovor ich mich immer gefürchtet habe.«[180]

Wer ist unseren Jugendlichen und jungen Erwachsenen Vorbild, wenn es darum geht, den derzeit angesagten »Lifestyle« zu entrümpeln und zu überprüfen? Und zu unterscheiden, was wir materiell und emotional wirklich wollen und brauchen? Unterstützen wir sie dabei, eine Lebenskunst zu entwickeln, die ihre individuelle Persönlichkeit mit aller Eigen-Art und allem Eigen-Sinn unterstreicht? Und die den Mut demonstriert, sich vom »Zeitgeist« zu unterscheiden?

8.7 »Satanismus befreit, Glaube und Kirche engen ein«

Fast ist man versucht, erst einmal mit einem Witz die Dramatik aus dieser Aussage zu nehmen: Drei Pfarrer unterhalten sich über ein gemeinsames Problem: Fledermäuse im Kirchturm. »Ich habe die ganze Nacht die Glocken läuten lassen«, berichtet der erste. Resultat: Ärger mit den Anwohnern. Und die Fledermäuse sind immer noch da. Der zweite: »Ich habe stundenlang laut die Orgel gespielt. Ohne Erfolg.« Da sagt der dritte Amtsbruder: »Ich habe sie einfach konfirmiert. Die sind nicht wiedergekommen.«

Kirchenaustritte, nachlassende Bindungskraft der großen Glaubensgemeinschaften, Autoritätsverlust – das mag alles richtig sein. »Church of Satan«-Gründer LaVey soll einmal gesagt haben: »Wer will denn schon zur Sonntagsschule gehen, wenn es eine Religion gibt, die einem erlaubt zu leben, wie man will?« Andererseits: »In den vergangenen Jahren ist mir in der Beschäftigung mit Okkultbetroffenen besonders aufgegangen, wie wenig und flach allgemeinhin geglaubt wird und wie sehr dagegen wirklicher Glaube gesucht wird«, hält Sektenberaterin Heide-Marie Cammans dagegen: »Ein Glaube, der das Leben berührt und durchwirkt; der Fragen beantwortet, die das Leben deuten und über das Leben hinausgehen. In unserer Seele ist eine Sehnsucht, eine treibende Kraft, die in Bewegung ist zu dem, was ich als größer vermute; was mehr ist als ich; zu dem, was über mich hinausweist. Es ist eine Naturanlage, die hinzieht zum Unendlichen. Helfen wir einander, diese freizulegen, und machen wir nicht mit bei Tabuisierung oder Negierung dieser Wirklichkeit. Die Okkultwelle hat es freigespült: Glauben ist ein Menschheitsthema.«[181]

Die Sektenexpertin berichtet, wie es während einer Beratung aus der 18-jährigen Marion spontan herausbrach: »Ich möchte ja so gerne glauben, wenn ich nur wüsste, wie man das tut!« Wer zeigt es ihr? Hier ist der Religions-, der Konfirmanden- und Kommunionsunterricht gefragt, aber auch Verkündigung und Seelsorge der beiden großen Kirchen sowie die gesamte kirchliche Bildungs- und Öffentlichkeitsarbeit.

Der Grundstein einer positiven religiösen Erziehung liegt indes zuallererst in einer gelungenen positiven Mutter-Kind- und Eltern-Kind-Beziehung der ersten Lebensjahre, so mahnt der Psychologe Gunther Klosinski: »Ist die Erziehung zu strafend, zu bedrohlich und verfolgend, wird das Kind sein Gottesbild später an diesem verinnerlichten Vater- oder Mutterbild ausrichten. Es besteht dann die Gefahr, dass sich ein negatives Gottesbild herausbildet, das in der weiteren Entwicklung nicht die frohe Botschaft und Versöhnung vermittelt, sondern für unerbittliche Strafe, für Vergeltung und das Gericht steht.«[182]

8.8 »Das Christentum hat versagt und ist völlig unbrauchbar«

Egal, ob junge Satanisten dem theologischen Satansbild der Kirchen anhängen, wonach der Teufel der Widersacher Gottes ist, oder Satan als Inbegriff der Lebensenergie und der individualistischen Selbstwerdung betrachten: Einig sind sie sich darin, dass der christliche Glaube die Schwäche glorifiziere und Jesus eine Art »Schlaffi« ohne Power gewesen sei.

Im *Buch des Gesetzes* von Aleister Crowley heißt es: »Nichts haben wir gemeinsam mit den Ausgestoßenen und Schwachen. Lasst sie in ihrem Elend verrecken. Mitleid ist das Laster der Könige. Zertretet die Verdammten und Schwachen, so will es das Gesetz der Starken.«

Ricarda S., die sich als 15-Jährige einer Satanistengruppe anschloss, schreibt in ihrem Erlebnisbericht *Satanspriesterin*: »Demut ist tödlich für unsere potenzielle Göttlichkeit. Stattdessen müssen wir Hass, Grausamkeit, Sex und Ungerechtigkeit ausleben, alles, was vom Christentum so schmählich unterdrückt wird. Satan gibt uns die Kraft dazu.«[183]

Was steht hinter einer solchen Haltung? Nichts anderes als eine abgrundtiefe Lebensangst, die wiederum Hass weckt. »Nämlich Hass auf die Welt, die nicht gibt, was man zum Leben braucht, und Hass auf die Menschen, die mit ihrer Liebe die schwarze Angst nicht zudecken können oder wollen, von der die eigene Seele bedroht ist«, ist der Theologe Hansjörg Hemminger überzeugt. Die Folge: Flucht in die Fantasie, also »in eine andere Welt im eigenen Geist. In dieser Welt lassen sich die Rollen umkehren: Der Mensch wird darin so ungeheuer mächtig gedacht, dass er keine Liebe mehr braucht, da er ja die ganze Welt zum Teil seines Selbst machen kann.«

Der christliche Glaube verweise dagegen auf die Geschöpflichkeit und die Einbindung des Menschen in den Kosmos, die Tierwelt und die Weltgeschichte: »Wir sind nicht der Schöpfer und können niemals Schöpfer werden. Uns ist die Fürsorge für diese Welt nach unseren menschlichen Möglichkeiten aufgetragen, nicht ihre Formung nach unseren eigenen Größenideen.«[184]

Auch die Psychologie betont, dass religiöse Orientierung und emotionale Bedürfnisse von kaum absehbarer Wichtigkeit für ein »ganzheitliches« Leben sind.[185] Das aber ist ein Lernprozess, der gegen gesellschaftlich vorherrschende Tendenzen angeht. »Wir sollten Jugendliche dafür sensibel machen, dass der Mensch nicht nur aus Kopf und Verstand besteht, sondern dass das Herz wesentlich lebenswichtiger ist«, wünscht sich der Religionspädagoge Arthur Thömmes: »Kinder und Jugendliche können lernen, dass die Menschen, die Gefühle zeigen, nicht immer nur die Schwachen und Verletzbaren sind.«[186]

Im Gegenteil: Erfährt nicht der Mensch tiefste Freude, wenn er beschenkt wird? Und wie viel persönliche »Stärke« liegt darin, anderen beizustehen und zu helfen!

8.9 »Satanisten sind nette Jungs und Mädchen von nebenan und tun keinem etwas zu Leide«

Wer das behauptet, unterschätzt die innere Dynamik jugendlicher Cliquen. Der Schritt von der eher spielerischen satanistischen Protesthaltung zur satanistischen Wirklichkeit ist jedenfalls viel kleiner, als man denkt.

Zugegeben: Horrorszenarien wie die Schilderungen von »Lukas« (s. Kapitel 3.1) rechnen die meisten Experten dem so genannten »Wahn-Satanismus« von geltungsbedürftigen oder pathologischen Aufschneidern zu.[187] »Sexualmagie«, Drogenexzesse, blutige und perverse Rituale werden hauptsächlich in einigen organisierten Erwachsenenkulten gepflegt. Das bedeutet jedoch keineswegs, dass es nicht auch im Jugendsatanismus vereinzelt zu menschenverachtenden Praktiken und kriminellen Übergriffen kommen kann. Etwa in Form von Mut- und Eignungsprüfungen oder Initiationsriten. Oder bei der Suche nach »Grenzerfahrungen«, die einen möglichst großen emotionalen Kick geben sollen. »Eine gewisse Rolle nimmt dabei das Opfern von Tieren ein«, berichtet der Leipziger Sektenexperte Harald Lamprecht.

Und auch im jugendlichen Satanskult verstehen die Führer solcher Gruppen in der Regel wenig Spaß. Der evangelische Theologe Roland Biewald rät: »Wenn die Jugendlichen keinerlei Dialogbereitschaft zeigen und sich eher verschließen und Sozialkontakte nur noch zu ihrer (satanistischen) Gruppe pflegen, sollte das ein Alarmzeichen sein. Hier beginnen sektentypische Strukturen: die Bindung an eine Führerperson bzw. an eine Hierarchie von Führungsämtern, der Glaube an eine (oft geheime, nur Eingeweihten zugängliche) Heilslehre, ritualisierte Formen des Gruppenlebens und Abbruch der Sozialkontakte nach außen. Grundsätzlich gilt auch hier, Dialogbereitschaft und Begleitung zu signalisieren. Sollten Vermutungen über körperliche oder psychische Schädigungen von Gruppenmitgliedern bestehen oder sollten kriminelle Handlungen von der Gruppe ausgehen, dann muss fachkundige Hilfe eingeschaltet werden (siehe Anhang: Rat und Hilfe).

Einzelnen Jugendlichen, die aus der Gruppe aussteigen wollen, ist unbedingt Rückhalt zu gewähren. Wenn Initiationsriten mit Einweihungen in

›Geheimlehren‹ stattgefunden haben oder wenn bei den Ritualen kriminelle Handlungen vorgenommen wurden, dann wird die Gruppe versuchen, Aussteiger zurückzuhalten oder sie unter Druck zu setzen, damit sie keine Interna verraten. Sie brauchen dann vertrauenswürdige Personen und eine neue Bezugsgruppe als Schutzraum. Das kann oft eine Betroffeneninitiative leisten.

Kriminelle Handlungen in Verbindung mit satanistischen Praktiken beginnen bei Friedhofs- und Kirchenschändungen, gehen über Tieropfer und Gewaltausübung gegen Menschen bis hin zu Vergewaltigungen und Tötungsdelikten. Es muss gar nicht immer ein satanistisches Ritual sein, bei dem kriminelle Delikte stattfinden. Wirklich satanisch ist es, dass aufgrund der Praktiken und der Verinnerlichung der Ideologie Hemmschwellen und Ekelgrenzen derart abgebaut werden, dass Jugendliche das Gefühl dafür verlieren, wann eine Qual einsetzt und wann eine Quälerei gar zum Tod führen kann. Je jünger die Personen sind, desto schwieriger können sie das wohl einschätzen.«[188]

8.10 »Dass Satanisten Kinder und Jugendliche missbrauchen, sind Ammenmärchen aus dem Mittelalter«

Tatsache ist, dass »ritueller Missbrauch« von Kindern und Jugendlichen in satanistischen Kulten ein überaus schwieriges und umstrittenes Thema ist. Es beschäftigt Psychologen und Soziologen, Polizei und Justiz, Journalisten und sogar Krimiautoren. So lässt z. B. Gabriella Wollenhaupt in *Killt Grappa!* ihre Ruhrpott-Kultkommissarin Maria Grappa in einer Missbrauchsserie im Satanistenmilieu ermitteln, die bis in die holländische Kleinstadt Oude Pekela führt. Dort soll es auch in der Wirklichkeit zu solchen Taten gekommen sein. Eine ausführliche Darstellung der bis heute nicht zufriedenstellend geklärten Ereignisse in Oude Pekela gibt das *Schwarzbuch Satanismus* von Guido und Michael Grandt. Die beiden Journalisten schildern darin im Weiteren eine international vernetzte Satanistenszene, die eng mit Menschenhändlern, Kinderpornoproduzenten etc.

zusammenarbeitet, und schließen auf rituellen Missbrauch als ein verborgenes, aber real existierendes Massenphänomen.

Als Tatsachenberichte sind auch die Biografien *Vater unser in der Hölle* von Ulla Fröhling und *Laura G. – Im Namen des Teufels* von Mirjam Rosch herausgekommen. Die Autorinnen zeichnen darin das Leben von zwei jungen Frauen nach, die in einer neosatanistischen Sekte in Deutschland aufgewachsen und vielfach sexuell missbraucht worden sind.

Dass es gut organisierte Kinderpornoringe und sogar Kinderhändlernetze gibt, ist spätestens seit der Festnahme des Belgiers Marc Dutroux zur schrecklichen Gewissheit geworden. Ob es über den sexuellen Missbrauch von Kindern und Jugendlichen hinaus auch planvollen rituellen Missbrauch in Satanskulten gibt – darüber gehen die Einschätzungen auseinander. Die angesehen US-Tageszeitung *Times* schrieb am 4.6.1994 dazu: »Das mythische Untier namens Satanistischer Sexualmissbrauch kam in Amerika zur Welt, wo es alle Merkmale einer Massenpanik vereinigt, die von Fernsehen, Film und Büchern angeheizt, von der Fantasie genährt, von einem Schwall von Anschuldigungen am Leben erhalten und von der Leichtgläubigkeit der Psychotherapeuten und der Öffentlichkeit weiter bestärkt wird.«[189]

Kritische Töne schlägt auch der Soziologie-Professor Jeffrey S. Victor von der State University in New York an. Seiner Auffassung nach hat die Diskussion um rituellen Kindesmissbrauch in Teufelskulten die Grundzüge einer »Hexenjagd« angenommen. Victor, der das Buch *Satanic Panic – The Creation of a Contemporary Legend* veröffentlicht hat, wirft den mit rituellem Missbrauch befassten Psychotherapeuten vor, fragwürdige quasihypnotische Verfahren anzuwenden, um angeblich verdrängte Erinnerungen an kindliche Missbrauchserlebnisse zurückzuholen.[190]

Wo ist nun die Wahrheit zu suchen? Vermutlich irgendwo in der Mitte. Der Satanismusexperte Hans-Jürgen Ruppert erklärt: »Glaubwürdige Berichte liegen manchen Sektenbeauftragten vor. Bei anderen spielt das Thema ›Sexueller Missbrauch im Bereich des Satanismus‹ überhaupt keine Rolle.«[191]

Zu den erstgenannten Sektenbeauftragten gehört Gabriele Lademann-Primer von der Nordelbischen evangelisch-lutherischen Kirche: »Viele

Klientinnen erzählen ihren Berater/innen und Seelsorger/innen von sexuellem Missbrauch, wenn eine Vertrauensbasis hergestellt ist. Oftmals reagieren Berater/innen darauf abwartend und zweifelnd. Gibt es denn tatsächlich erwachsene Täter, gar Eltern, die ihren Kindern so schlimme Dinge antun? Ja, es gibt sie. Die Opfer dürfen nicht noch einmal zum Opfer gemacht werden, weil sie auf Unglauben stoßen und ihnen ›false memory‹ (Fehlerinnerung) unterstellt wird. Damit wären sie zum Schweigen verurteilt.

Die traumatischen Erlebnisse haben zur Folge: depressives Verhalten, Selbstmordgefahr, dissoziatives Verhalten. Kann das vorliegende Verhalten an konkrete Erinnerungen rückgebunden werden, lässt es sich bearbeiten. Suggestive und bohrende Fragen verbieten sich. Gefragt sind Einfühlungsvermögen, begleitendes Zuhören, die Bereitschaft, mit dem Klienten/der Klientin eine vertrauensvolle und stabile Beziehung einzugehen.

In Hamburg ist eine Therapeutin bekannt, die Klientinnen an sich zu ketten versuchte, indem sie ihnen – natürlich ›verdrängte‹ – Missbrauchserfahrungen einredete. Wir hoffen, dass es sich um einen Einzelfall handelt. Ich bitte für die missbrauchten Männer und Frauen, ihre schweren Erlebnisse ernst zu nehmen.«[192]

In Deutschland fand 1996 in Hamburg eine Fachtagung »Satanismus und ritueller Missbrauch« statt, veranstaltet von der »Arbeitsgemeinschaft Kinder- und Jugendschutz Hamburg«. Dabei wiesen die Sozialarbeiter Thorsten Becker und Patrick Felsner vom »Aktionsprojekt Ritueller Missbrauch« des »S.P.ORG.-Consulting e.V.« (Adresse im Anhang) darauf hin, dass rituell missbrauchte Kultaussteiger oft ohne Hilfe blieben, da sie aus dem gängigen Beratungsschema herausfielen und keine adäquaten Therapiemethoden zur Verfügung stünden: »Der massive Druck, unter dem der Patient leidet, überfordert oft auch den Therapeuten.«

Der Missbrauch bzw. die Misshandlung von Kindern und Jugendlichen sei »wesentlicher Bestandteil« des hoch organisierten Glaubenssystems des (Erwachsenen-) Satanismus. Becker und Felsner: »Missbrauch ist funktionalisiertes Mittel zum Zweck, beispielsweise der Magie. Deutlich wird dies in Formen der Sexualmagie. Davon ausgehend, dass die Sexualität die größte Kraft des Menschen ist, soll diese während sexualmagischer Handlungen dienstbar gemacht werden, um so die höchstmögliche Energie zu erfahren.

Hierzu gehören nach Aleister Crowley alle Formen sexueller Aktivitäten. Die Verbindung von exzessiven sexuellen Gewalterfahrungen gekoppelt mit mystischen und magischen Erfahrungen trägt sehr stark zu einem Verlust des Egos bei und stärkt den Gruppenzusammenhalt.«[193]

Darüber hinaus seien auch Formen von »psychologischem Missbrauch« in Satanskulten gebräuchlich, z. B. das Erzeugen von massiver Furcht.

Folgende Anzeichen können auf sexuellen/rituellen Missbrauch schließen lassen:

- Leistungsabfall in der Schule
- Ungewöhnliches Sexualverhalten
- Wunsch und Versuch, wegzulaufen
- Emotionale Störungen, z. B. Probleme in den Beziehungen zu anderen (Unfähigkeit, Vertrauen aufzubauen, Kontaktschwierigkeiten zu Geschwistern)
- Ängste und Schuldgefühle
- Störungen im Selbstwertgefühl (Gefühle von Minderwertigkeit, das Gefühl, »schmutzig« zu sein etc.)
- Wut und Hilflosigkeit
- Depressive Stimmungen bis hin zur Suizidalität
- Ess- und Schlafstörungen
- Autoaggressive Gewohnheiten (Nägel abbeißen, zwicken etc.)
- Zwangsstörungen (Waschzwang, ständiges Grübeln etc.)
- Neurotische Störungen (Angstneurosen oder neurotische Depressionen)
- Konversionssyndrome (psychogene Lähmungen, Schmerzzustände etc.)
- Psychisch bedingte körperliche Störungen (Atemnot, Erstickungsängste, Bauchschmerzen, häufiges Erbrechen etc.)
- Plötzliche, zeitlich begrenzte Änderungen in den normalen Bewusstseinsfunktionen[194]

Wie sollten Eltern oder andere Bezugspersonen sich bei solchen Anzeichen verhalten?

- Hören Sie zu, wenn Ihr Kind zu erzählen beginnt, und glauben Sie ihm, auch wenn Ihnen die Darstellung übermäßig schrecklich und fantastisch erscheint.
- Intensivieren Sie den Kontakt zu Ihrem Kind, fördern Sie das Gespräch

mit ihm, indem Sie es ermutigen, über seine Probleme und Gefühlslagen zu sprechen. (Etwa so: »Es gibt gute und schlechte Geheimnisse. Die guten sind lustig und machen Spaß, die schlechten verursachen seltsame und gruselige Gefühle; über die muss man reden.«)

- Notieren Sie Anzeichen, die auf einen Missbrauch hindeuten (beispielsweise in Form eines Tagebuchs über das Verhalten Ihres Kindes).
- Tragen Sie Fakten zusammen (Ortsbezeichnungen, Namensnennungen, weitere Hinweise des Kindes etc.).
- Nehmen Sie Kontakt zu einer Beratungsstelle auf (Adressen im Anhang).[195]

Glossar

Akron und sein Templum Baphomae

»Akron« heißt eigentlich Karl-Friedrich Frey. In St. Gallen (Ruhbergstraße 20) betreibt er ein astrologisch-okkultistisches Zentrum. Der ehemalige Musiker und Journalist schreibt kommerziell sehr erfolgreiche Esoterikbücher und bezeichnet sich selbst als »Lebensberater (Schattenarbeiter) und Autor«. Wegen seiner sprachlichen Gewandtheit und seiner autodidaktisch erworbenen historischen und philosophischen Kenntnisse ist er in der Schweiz zum gefragten Talkshow-Gast und Vorzeigeokkultisten geworden. 1995 rief Frey den »Templum Baphomae« ins Leben, ein loser Zusammenschluss von Leserinnen und Lesern seiner Bücher zwecks gemeinsamer Gestaltung von psychologistischen Ritualen. Obwohl sich Frey alias »Akron« vom Satanismus distanziert, fiel sein Name im Zusammenhang mit einem Mordprozess gegen einen satanistisch inspirierten Gewalttäter (siehe Kapitel 2.3).

(First) Church of Satan

In seiner Wohnung in der California Street 6164 in San Francisco richtete Howard Lavy unter seinem Künstlernamen Anton Szandor LaVey in der Walpurgisnacht 1966 den ersten »Tempel« seiner »Church of Satan« ein. Davor soll LaVey katholischer Priester, Trompeter, Zirkusdompteur, Hypnotiseur, Polizeifotograf und Privatdetektiv gewesen sein. »LaVeys ›Satanskirche‹ betreibt magisch verbrämte Verhaltenstherapie für Sexual- und Aggressionsgestörte«, urteilt der Wiener Szene-Kenner und Satanismussympathisant Josef Dvorak.

LaVey, der 1997 starb, bediente mit seiner »Satanskirche« das sprunghaft ansteigende Interesse gewisser amerikanischer Kreise am Satanismus, besonders im Kielwasser des Films *Rosemary's Baby*. Zu den Mitgliedern der CoS sollen Hollywood-Größen wie Sammy Davis Jr., Marilyn Monroe und Jane Mansfield gehört haben. Nach dem Unfalltod des Busenstars tauchte ein Tagebuch auf, in dem Jane Mansfield über ihr Aufnahmeritual berichtet: »Ich musste wieder Blut trinken. Die Männer in ihren schwarzen Kitteln begannen den Heiligen Geist zu lästern. Ich musste nun sämtliche Kleider ablegen und in ein schwarzes, hauchdünnes und hautenges Gewand schlüpfen, das meine Körperformen deutlich sehen ließ. Irgendjemand schlug eine Trommel. Drei Männer gingen um mich herum. Ich lag noch immer auf dem Opfertisch, hörte mir die obszönen Lieder der anderen an und fühlte plötzlich auch Lust, hässliche Worte zu sagen. Vielleicht war eine Pille im Blut, das ich trinken musste. Ich fühlte mich wie in einem sexuellen Rausch. Man sagte mir später, ich hätte mich in wilden Zuckungen auf dem Tisch herumgeworfen. Dann kamen zwei Männer und bestrichen meinen Körper mit Farben. Ich stieg vom Tisch und tanzte nackt mit den anderen. Wir dokumentierten damit die Ohnmacht des Geistes und die Gewalt des Fleisches. Viele werden den tieferen Sinn dieser Handlung nie verstehen. Ich bin jetzt in einer anderen Welt. Ich bin wie vom Teufel besessen.«[196]

Sowohl in *Rosemary's Baby* von Roman Polanski wie in Kenneth Angers *Invocation of My Demon Brother* spielte der kahl rasierte LaVey den Teufel. Offenkundig genoss er seine Rolle als »Satanspapst«. Bei den Ritualen der CoS kokettierte er mit Masken und Hörnern.

In Europa fasste die »Satanskirche« 1972 in Amsterdam Fuß, der erste deutsche Zweig soll erst 1995 als »Circle of Hagalaz« entstanden sein. LaVey sprach von 7000 Mitgliedern seines Kultes. Seine *Satanische Bibel* wurde zum Bestseller, die »neun satanischen Grundsätze« zu geflügelten Worten in der Szene (siehe Kapitel 2.1).

Crowley, Aleister

Der am 12. Oktober 1875 in Leamington, in der englischen Grafschaft Warwickshire, geborene Aleister Crowley gilt neben LaVey als zentrale Lehrautorität des Neosatanismus. Sein Vater war Braumeister und Laienprediger bei der endzeitlich geprägten Quäker-Sekte »Plymouth Brethren«, seine Mutter bezeichnete er als »dumme, bigotte Person«. In seiner Rebellion gegen die Eltern und deren bedrückendes Gottesbild identifizierte sich Crowley mit dem »Großen Tier« und anderen »befreienden« Symbolen und Wesenheiten aus der biblischen Johannes-Apokalypse. Am 8., 9. und 10. April des Jahres 1904 will Crowley jeweils mittags zwischen 12 und 13 Uhr in Kairo von einem Sendboten des ägyptischen Gottes Horus namens »Aiwass« heimgesucht worden sein. Dieser habe ihm das *Buch des Gesetzes (Liber al vel Legis)* diktiert. Kernaussage dieser »Offenbarung« ist, dass jeder Mensch selbst absolute Göttlichkeit verkörpert und sich über jede herkömmliche Moral und Religion hinwegsetzen kann (»Tue, was du willst, soll sein das ganze Gesetz«).

Crowley war Mitglied mehrerer berüchtigter Okkultorden, darunter des »Hermetic Order of the Golden Dawn« und des »Ordo Templi Orientis« (OTO). 1920 gründete er auf Sizilien die »Abtei Thelema« (»Thelema« = griech.: »Wille«), ein »Gegenkloster der Lebensfreude und Lebensbejahung«, wo er mit seinen Anhängern eine Art Endlos-Hexensabbat mit sexualmagischen Praktiken inszenierte. In Deutschland scheiterte Crowley mit dem Versuch, sich den ab 1933 regierenden Nationalsozialisten anzudienen. Er starb am 1. September 1947 auf dem Landsitz eines exzentrischen Lords im englischen Hastings.

Obwohl Crowley weder an Gott noch an den Teufel glaubte und sich nicht als Satanist bezeichnete, ist er zum Inspirator und zur Bezugsgröße zahlreicher neosatanistischer Zirkel, Gruppen und Einzelpersonen geworden. Crowleys »Satan« ist kein personenhaft gedachtes Wesen, sondern das Prinzip der Verabsolutierung der Lust und des Lebensdrangs. Crowley predigte und praktizierte einen hemmungs- und schrankenlosen Individualanarchismus. Der Mensch, der das »Gesetz von Thelema« für sich verwirkliche, sei »der enthüllte Gott«.

Michael Dietmar Eschner und das Netzwerk Thelema
(Ethos-Gemeinschaft Thelema)

Der gelernte Fernsehtechniker Michael D. Eschner, geboren 1949 in Berlin, hält sich selbst für den reinkarnierten Crowley. Wegen eines betrügerischen Bankrotts, Untreue und Unterschlagung verbüßte er 1972 eine erste Gefängnisstrafe, während der er sich wahnhaft in die Ideen und Gedankenwelt Aleister Crowleys hineinsteigerte. Am 1. Dezember 1982 rief er in Berlin den eingetragenen Verein »Thelema-Orden des Argentum Astrum« ins Leben. In der Satzung hieß es, das Ziel der »ordensartig organisierten Religionsgemeinschaft« sei die Verbreitung der Lehren des *Liber al vel Legis*.

Schnell gerieten die rund 20 Thelemiten ins Visier von Polizei und Staatsanwaltschaft, die aufgrund verschiedener Verdachtsmomente ein Verfahren gegen Eschner wegen Körperverletzung, Bedrohung und Nötigung einleitete. Bei der Einschätzung der Gruppe kamen die Behörden zu folgendem Urteil: »Ziel des ›Ordens‹ ist die Umkonditionierung des Menschen zu einer höheren Bewusstseinsstufe. Dies soll erreicht werden durch die Zerstörung der bisherigen Moralvorstellungen, Neugliederung der gesellschaftlich anerkannten Lebensform und Lösung der bisherigen sozialen Konditionierung. Unter anderem durch erzwungenen Sexualverkehr, durch ein so genanntes Ekeltraining – Urin trinken und Kot essen – sollen die Betroffenen ihre natürlichen Hemmschwellen überwinden, wobei gegebenenfalls Alkohol als Hilfsmittel eingesetzt wird … Dem Leiter des Vereins oder einzelnen Ausbildern sind die Angehörigen des ›Ordens‹ unbedingten Gehorsam schuldig.«[197]

Das Landgericht Moabit verurteilte den selbst ernannten Crowley-Erben zu einer Haftstrafe von einem Jahr und vier Monaten. Zu diesem Zeitpunkt hatte sich »Thelema e.V.« bereits aufgelöst und firmierte als bundesweit organisiertes »Netzwerk Thelema« von Bergen an der Dumme im Landkreis Lüchow-Danneberg aus. Hier fiel Eschner bei einem »Ausbildungsabend« im September 1987 über eine 26 Jahre alte Frau her und das Landgericht Lüneburg schickte ihn erneut hinter Gitter. Bei dem Prozess sagte das Opfer aus: »Man wird bestraft, wenn man nur zu spät kommt. Mit sexuellen Abarten, Bissen ins Nagelbett des Daumens, Zigarettenausdrücken auf der Haut und Hammerschlägen auf die Fingernägel.«

Mittlerweile nennt sich Eschners Truppe »Ethos-Gemeinschaft Thelema«. Im »Zentrum« in Bergen sollen etwa 25 Männer und Frauen leben. Die Zahl derer, die irgendwann einmal mit dem »Netzwerk Thelema« und mit Eschners verquasten Ideen in Berührung gekommen sind, dürfte indes beträchtlich und der Einfluss der Thelemiten auf die neosatanistische Szene in Deutschland ohne Beispiel sein.[198]

Nach weiteren Straftaten und Verurteilungen wurde Eschner 1998 aus der Haft entlassen, gibt sich heute öffentlich zurückhaltend und bezeichnet sich als »intelligenter Pragmatiker, Magier, Immortalist und Neosatanist«.

Fraternitas Saturni

1925 inspirierte Aleister Crowley bei einem Berlin-Aufenthalt den Buchhändler und Okkultpublizisten Eugen Grosche (»Gregor A. Gregorius«), den sexualmagisch-mystogenen Geheimorden »Fraternitas Saturni« zu gründen. In ihrer Internetselbstdarstellung definiert sich die FS als »eine der Freimaurerei ähnliche Gemeinschaft. Neben den Idealen von Freiheit, Toleranz und Brüderlichkeit geht es der ›Fraternitas Saturni‹ darum, Möglichkeiten der menschlichen Weiterentwicklung zu schaffen … Die FS befasst sich ausschließlich mit der Entwicklung des individuellen Potenzials und einer über die Naturwissenschaft hinausgehenden Wissenstechnologie.«

Mit solchen Formulierungen gelang und gelingt es der neosatanistischen Gruppe immer wieder, die Behörden über den ideologischen Hintergrund der FS zu täuschen und die Eintragung einzelner Logen ins Vereinsregister zu erreichen. Experten vermuten hingegen durchaus »Gewaltanteile in den Ritualen« und »Fehlverhalten von Mitgliedern mit hoher strafrechtlicher Relevanz«.[199] Allerdings gelten die ideologischen und organisatorischen Strukturen der FS als überaltert und die (nicht bekannte) Mitgliederzahl als stagnierend bis rückläufig.

Gesellschaft für die Erhaltung und Förderung der Naturreligion und Arkandisziplin (GENA)

Dieser Dachverband okkult-magischer Gruppen wurde im März 2002 in Wiesbaden ins Leben gerufen und zielt »auf die gesellschaftliche Anerkennung unserer Religion« in Deutschland und Europa.

Sektenexperten weisen darauf hin, dass der Akzent der GENA – im Gegensatz zu anderen ähnlichen Organisationen – deutlich auf einer thelemitischen bzw. neosatanistischen Ausrichtung liegt. Zu den Initiatoren gehören u. a. die »Pansophische Gesellschaft«, der enge Verbindungen zur »Fraternitas Saturni« nachgesagt werden, die Okkultloge »Communitas Saturni« und die »Thelema Society«, hinter der sich wohl die »Ethos-Gemeinschaft Thelema« verbirgt. Unter weltanschaulichem Aspekt darf das, was die im Dachverband zusammengefassten Gruppen eint, nicht zu gering eingeschätzt werden, warnt die »Evangelische Zentralstelle für Weltanschauungsfragen« (EZW): »Dies betrifft insbesondere eine christentumskritische bzw. antichristliche Grundhaltung, das neosatanistische Menschenbild und die Hochschätzung von Magie im weitesten Sinne, die in thelemitischen Richtungen als Macht- bzw. ›Selbstvergöttlichungsinstrument‹ des Menschen einen sehr hohen Stellenwert besitzt.«[200]

Golden Dawn

Der wahrscheinlich einflussreichste Okkultorden der jüngeren Vergangenheit ist der »Hermetic Order of the Golden Dawn« (Hermetischer Orden der Goldenen Dämmerung). Mitglieder waren u. a. der Dramatiker und Literaturnobelpreisträger William Butler Yeats, der Maler George Russell und die Frau von Oscar Wilde, Constance. Gegründet wurde er um 1888 von drei Hochgradfreimaurern in London. Der »Golden Dawn« zelebrierte die alten »hermetischen« Traditionen (Magie, Alchemie, Astrologie und Kabbala) und mixte sie mit theosophischen und östlichen Elementen. Um 1900 zersplitterte der »Orden« in mehrere konkurrierende Gruppen.

Necronomicon

In der berüchtigten Film-Trilogie *Tanz der Teufel* spielt es eine Hauptrolle: das *Necronomicon*, das Buch der toten Namen. Auch unter jugendlichen Satanisten hat es weite Verbreitung gefunden. Angeblich wurde das Original mit Blut auf Menschenhaut geschrieben und stammt aus der Feder des »verrückten Arabers Abdul Alhazred«. Tatsächlich ist das vermeintliche Zauberbuch eine Erfindung des amerikanischen Horrorschriftstellers Howard Phillips Lovecraft. In dessen Mythologie um die urzeitlichen Dämonen »Die Großen Alten« und den bösen »Cthulu« ist das *Necronomicon* eine Art Schlüssel zu den Dimensionen des Wahnsinns und des Grauens. Es enthält Beschwörungs- und Verbannungsformeln und erzählt die Geschichte und die Wirkmächtigkeit der »Großen Alten«.

Das gegenwärtige und gebräuchliche *Necronomicon* wurde von einer Autorengruppe um den Okkultforscher Colin Wilson mit viel Fantasie und Verweisen auf ein angeblich wahres historisches Fundament von Lovecrafts literarischem Universum verfasst. Einige andere Experten behaupten dagegen, das *Necronomicon* basiere in Wahrheit auf einem antiken arabischen Buch über Dämonologie namens *Al Asiz*.

Ordo Templi Orientis (OTO)

Der Name »Orden der Orientalischen Templer« ist eine Verbeugung vor dem geistlichen Ritterorden der Templer im 12. Jahrhundert, die von Papst und König ausschweifender sexueller Exzesse und rituellen Teufelskults bezichtigt wurden. Auch der OTO – 1885 von dem Wiener Industriellen Karl Kellner gegründet – praktizierte Sexualmagie. Aleister Crowley erwarb 1912 die OTO-Mitgliedschaft und blieb als »Bruder Baphomet« bis zu seinem Tod dessen Leiter.

Auch der Begründer der Anthroposophie, Rudolf Steiner, und »Scientology«-Gründer Ronald L. Hubbart kamen eng mit dem OTO in Berührung. Der »satanistische, infernalische Orientalische Templerorden, der den linken Weg, also die schwarze Magie, beschritt, wurde zum Vorbild der modernen Satanisten, soweit sie sich nicht auf andere Ahnherren berufen«.[201] Gegenwärtig ist der OTO vor allem in Kalifornien sehr aktiv.

Leiter der deutschen Loge (auch »Caliphat« genannt) soll der gebürtige Frankfurter Walter Englert sein, der Mitte der 80er-Jahre des vorigen Jahrhunderts in einem *Spirituellen Adressbuch* für Deutschland darauf hinwies, dass »wegen der großen Zahl von Anwärtern« keine neuen Mitglieder mehr aufgenommen werden könnten. In den neuen Bundesländern soll sich der »Orden« ebenfalls regen Zulaufs erfreuen.

Der Schwartze Orden von Luzifer

»Der Schwartze Orden von Luzifer soll die Speerspitze Satans sein im Kampf gegen Korruption und nichtssagende Gradsysteme... Die satanische Ritterschaft des Schwartzen Ordens von Luzifer soll sich über den gesamten europäischen Kontinent ausbreiten!« – Derartig markig stellt sich die Schweizer Neosatanistengruppe auf ihrer offiziellen Homepage (www.schwartzerorden.org) dar. Gründer ist der ehemalige Blackmetalbassist Markus Wehrli alias »Fra Satorius«, der stark von LaVey geprägt wurde und 1999 eine neue Organisation »elitärer Satanisten« aus der Taufe hob. »Teufelsanrufung und Germanenmystik, Hexenkreis und Militärstiefel, Hexagramm und Schweizerkreuz verbinden sich im Ritual des Schwartzen Orden zu einem seltsamen Mix.«[202]

»Fra Satorius« vertritt einen kruden Sozialdarwinismus, der in der Parole: »Wohl dem Starken, Tod den Schwachen« sowie in dem Wahn gipfelt, zu einer uralten Rasse von »Gott-Menschen« zu gehören.[203] Nach eigenen Angaben zählt der »Orden« 50 Mitglieder.

Das 6. und 7. Buch Mosis

»Das sechste und siebente Buch Mosis, das ist Mosis magische Geisterkunst, das Geheimnis aller Geheimnisse.« So wird das krause Sammelsurium absurder Beschwörungsformeln und magischer Riten im Kleinanzeigenteil diverser Heftromane und Esoterikzeitschriften feilgeboten. Lehrer, Weltanschauungsbeauftragte und Pfarrer werden immer wieder auf das geheimnisvolle Zauberbuch angesprochen. Doch mit dem biblischen Moses, dem die ersten fünf Bücher des Alten Testaments zugeschrieben werden, hat das Machwerk gar nichts zu tun.

Kurz gesagt handelt es sich beim *6. und 7. Buch Mosis* um einen zugkräftigen und publikumswirksamen Titel, unter dem ein cleverer Verleger aus Stuttgart im 19. Jahrhundert verschiedene magische und quasireligiöse Schriften zusammenspannte. Mittlerweile machen auch ein *8. und 9. Buch Mosis* und ein *10. und 11. Buch Mosis* auf dem esoterischen Büchermarkt Umsatz.

Ein »Liebeszauber« aus der Spukschwarte liest sich z. B. so: »Will man es anstellen, dass ein Mann ein Mädchen zu lieben aufhöre, so bestreiche man die Türschwelle des Hauses, in dem das Mädchen wohnt, auf der einen Seite mit dem Herzen, auf der anderen Seite mit der Leber oder Lunge eines Igels und vergrabe zuletzt die gebrauchten Fleischstücke unter der Schwelle.«

Sexualmagie

Wo man irrigerweise Gott für Sexualverdrängung und -verneinung verantwortlich macht, liegt es nahe, umgekehrt Satan als Symbol der unbeschränkten sexuellen Bejahung und Wollust zu inthronisieren. Nach M. D. Eschner vom »Thelema-Orden« ist Sex »die kosmische Vereinigung entgegengesetzer Pole, wodurch die ursprüngliche Energie, aus der alles geschaffen wurde, freigesetzt wird«.[204] Rituelle und »magische«

Sexualität gilt als Schlüssel zur Transzendenz, zum Überschreiten der diesseitigen Bewusstseinsebene. Doch hinter diesem pseudoideologischen Schleier reagieren sich in organisierten sexualmagischen Kulten vielmehr »Frustrierte, Verklemmte und psychisch Gehemmte« ab. Der quasireligiöse Ritus bei okkulten Sexmessen dient vornehmlich als eine Art »Entsündigungsmechanismus« für Perversionen und sexuelle Ausschweifungen aller Art.[205]

Rat und Hilfe

Evangelische Landeskirchen

Baden:
Pfr. Dr. Badewien, Akademiedirektor, Beauftragter der Badischen Landeskirche, Postfach 2269, D-76010 Karlsruhe, Tel.: 0721/9175357/359, Fax: 0721/9175363

Bayern:
Pfr. Dr. Wolfgang Behnk, Beauftragter für Sekten- und Weltanschauungsfragen der ev.-luth. Kirche in Bayern, Marsstr. 19, D-80335 München, Tel.: 089/5595610, Fax: 089/5595613
Pfr. Bernhard Wolf, Beauftragter der ev.-luth. Kirche in Bayern für religiöse und geistige Strömungen, Burgstr. 7, D-90403 Nürnberg, Tel.: 0911/2142180, Fax: 0911/2142181

Berlin-Brandenburg:
Pfr. Thomas Gandow, Provinzialpfarrer für Sekten- und Weltanschauungsfragen der ev. Kirche in Berlin-Brandenburg, Heimat 27, D-14165 Berlin-Zehlendorf, Tel.: 030/8157040, Fax: 030/84509640, im Internet über http://www.sequiem.de

Hamburg:
Pastorin Dr. Gabriele Lademann-Priemer, Pastor Jörn Möller, Arbeitsstelle für Sekten- und Weltanschauungsfragen, Feldbrunnenstr. 29, 20148 Hamburg, Tel.: 040/41322470, Fax: 040/41322418

Hannover:
Dr. Ralf Geisler, Beauftragter für Weltanschauungsfragen der Hannoverschen Landeskirche, Postfach 265, D-30002 Hannover, Tel.: 0511/1241972, Fax: 0511/1241499
Ingolf Christiansen, Beauftragter der ev. Kirche Göttingen, Nikolasberger Weg 73, D-37073 Göttingen, Tel.: 0551/59765, Fax: 0551/487175

Kurhessen-Waldeck:
Pfr. Eduard Trenkel, Beauftragter der ev. Kirche von Kurhessen-Waldeck für Sekten-, Weltanschauungs- und Islamfragen, Wilhelmshöher Allee 330, D-34131 Kassel, Tel.: 0561/9378243, Fax: 0561/9378424

Lippe:
Pastor Claus Wagner, Beauftragter der ev. Landeskirche Lippe, Molinder Graseg 10,
32657 Lemgo, Tel.: 05261/71240

Mecklenburg:
Landespastor Dr. Matthias Kleiminger, Domplatz 12, D-18273 Güstrow,
Tel.: 03843/683964

Niedersachsen: siehe Hannover

Nordwestdeutschland:
Pastor Johannes Göhler, Beauftragter für Sekten- und Weltanschauungsfragen
der ev.-reformierten Kirche in Nordwestdeutschland, Neue Straße 21,
D-27624 Ringstedt, Tel.: 04708/242 (= Fax)

Oldenburg:
Pfr. Rainer Schumann, Beauftragter der ev.-luth. Kirche in Oldenburg für Sekten-
und Weltanschauungsfragen, Wilhelmstr. 27, D-26121 Oldenburg,
Tel.: 0441/16237, Fax: 0441/13807, im Internet: www.ev-kirche-olden-
burg.de/ips/net/weltanschauungsfragen/net-weltanschauungsfragen-schumann.htm

Pommern:
Ev. Pfarramt Morgenitz, Pfarrer Friedrich v. Kymmel, Sektenbeauftragter der
Pommerschen evangelischen Kirche, Dorfstraße 50, 17406 Morgenitz,
Tel: 038372/70251, Fax: 038372/70265

Rheinland:
Pfarrer Joachim Keden, Beauftragter der ev. Kirche im Rheinland, Rochusstr. 44,
D-40479 Düsseldorf, Tel.: 0211/3610246, Fax: 0211/3610223

Thüringen:
Kirchenrat Dr. Friedrich Büchner, Beauftragter für Sekten- und Weltanschauungs-
fragen der ev.-luth. Kirche in Thüringen, Fritz-Koch-Str. 7, D-99817 Eisenach,
Tel.: 03691/215572 (= Fax)

Westfalen:
Pfr. Dr. Rüdiger Hauth, Beauftragter der ev. Kirche von Westfalen für Sekten-
und Weltanschauungsfragen, PF 101051, 44010 Dortmund, Tel.: 0231/540960-52,
Fax 0231/540966

Württemberg:
Evangelischer Gemeindedienst – Arbeitsstelle für Weltanschauungsfragen,
Dr. Hansjörg Hemminger, Pfarrer Walter Schmidt, Postfach 101352,
70012 Stuttgart, Tel.: 0711/2068237, Fax: 0711/2068322

Freikirchen

Ev.-reformierte Kirche in Bayern:
Pfr. Norbert Müller, Kirchlicher Beauftragter, Kurt-Eisner-Str. 50,
D-81735 München, Tel.: 089/674263
Selbständige ev.-luth. Kirche (SELK):
Pastor Hinrich Brandt, Kirchlicher Beauftragter, Lange Str. 84, D-31552 Rodenberg,
Tel.: 05723/3579

Katholische Diözesen und bischöfliche Ämter

Aachen:
Beratungs- und Informationsdienst für Sekten- und Weltanschauungsfragen,
Herbert Busch, Beeker Str. 115, D-41844 Wegberg, Tel.: 02434/6778,
Fax: 02434/25055
Dr. Hermann-Josef Beckers, Bischöfl. Generalvikariat, Klosterplatz 7,
D-52062 Aachen, Tel.: 0241/452419-374

Augsburg:
Dipl. Theol. Hubert Kohle, Beratungsstelle für Religions- und Weltanschauungs-
fragen der Diözese, Kappelberg 1, D-86150 Augsburg, Tel.: 0821/3152212,
Fax: 0821/3152228

Bamberg:
OStR. Matthias Rehrl, Artur-Landgraf-Str. 33, D-96049 Bamberg,
Tel.: 0951/54450, siehe auch Eichstätt

Dresden-Meißen:
Pfarrer Gerald Kluge, Dresdner Str. 31, D-01454 Radeberg, Fax: 03528/414230,
im Internet: http://www.sekten-sachsen.de

Eichstätt:
Dipl. Theol. Ludwig Lanzhammer, Beauftragter der Diözesen Bamberg und
Eichstätt, Vordere Sterngasse 1, D-90402 Nürnberg, Tel.: 0911/2444 9511,
Fax: 0911/24449519

Freiburg:
Dipl. Theol. Albert Lampe, Referat Sekten – Weltanschauungsfragen, Okenstr. 15, D-79108 Freiburg/Brsg., Tel.: 0761/5144136, Fax: 0761/5144102

Fulda:
Pfr. Ferdinand Rauch, Beauftragter für Sekten und Weltanschauungsfragen, Armand-Ney-Str. 22, D-36037 Fulda, Tel.: 0661/602205 (= Fax)

Hildesheim:
Dipl. Päd. Marion Hiltermann, Referat Sekten und Weltanschauungen, Bischöfl. Generalvikariat, Domhof 18–21, D-31134 Hildesheim, Tel.: 05121/307337, Fax: 05121/307488

Köln:
Dipl. Theol. Werner Höbsch, Erzbistum Köln, Abt. Jugendseelsorge, Marzellenstr. 32, 50606 Köln, Tel.: 0221/1642313

Limburg:
Referat für Weltanschauungsfragen, Dipl. Theol. Lutz Lehmhöfer, Eschenheimer Anlage 21, D-60318 Frankfurt am Main, Tel.: 069/1501149, Fax: 069/5975503

Mainz:
Dipl. Theol. Eckhard Türk, Grebenstr. 24–26, D-55116 Mainz, Tel.: 06131/253284

München-Freising:
Dipl. Theol. Hans Liebl, Dachauer Str. 5/V, D-80335 München, Tel.: 089/5458130, Fax: 089/5458115

Münster:
Brigitte Hahn, Postfach 1366, D-48135 Münster, Tel.: 0251/495449, Fax 0251/495307

Nürnberg:
Dipl. Theol. Ludwig Lanzhammer, Referat für Sekten- und Weltanschauungsfragen der Diözesen Bamberg und Eichstätt, Vordere Sterngasse 1, D-90402 Nürnberg, Tel.: 0911/24449511, Fax: 0911/24449519

Osnabrück:
Dipl. Theol. Ludger Plogmann, Beauftragter für Sekten- und Weltanschauungs-fragen, In den Sandbergen 27, D-49808 Lingen, Tel.: 0591/64967, Fax: 0591/64560

Regensburg:
Dipl. Theol. Hans Rückerl, Roritzerstr. 12, D-93047 Regensburg,
Tel.: 0941/5839401, Fax: 0941/5839402

Rottenburg-Stuttgart:
Referat Religions- und Weltanschauungsfragen, Postfach 9, D-72101 Rottenburg,
Tel.: 07472/169586-419, Fax: 07472/169609

Schwerin:
Kaplan Michael Sobiana, Niels-Stensen-Weg 1, D- 23936 Grevesmühlen,
Tel.: 03881/2324 (= Fax)

Speyer:
Dipl. Theol. Christoph Bussen, Domplatz 3, D-67343 Speyer, Tel.: 06232/102218,
Fax: 06232/102403

Trier:
Dipl. Theol. Matthias Neff, Referat für Weltanschauungsfragen und Sekten,
Bischöfliches Generalvikariat, Hinter dem Dom 6, 54203 Trier,
Tel.: 0651/7105526, Fax: 0651/7105405, E-Mail: sekten@bgv-trier.de,
im Internet: http://www.sekten.dioezese-trier.de

Betroffeneninitiativen und ähnliche Gruppen (Auswahl)

Baden-Württemberg:
Baden-Württembergische Eltern- und Betroffenen-Initiative zur Selbsthilfe gegen-
über neuen religiösen und ideologischen Bewegungen – EBIS e.V., Postfach 30,
D-72663 Großbettlingen, Tel.: 07022/42411 und 47559 (= Fax)

Bayern:
Elterninitiative zur Hilfe gegen seelische Abhängigkeiten und religiösen Extremis-
mus (EI) e.V., Postfach 100513, D-80082 München, Tel.: 089/5595610,
Fax: 089/5595613

Berlin, Brandenburg, Mecklenburg-Vorpommern:
Eltern- und Betroffeneninitiative gegen psychische Abhängigkeit – für geistige
Freiheit Berlin (EBI) e.V., Heimat 27, D-14165 Berlin-Zehlendorf,
Tel.: 030/8183211, Fax: 030/8154796

228

Bremen:
Sektenberatung Bremen e.V., PF 101543, D-28015 Bremen, Tel.: 04205/1609 (= Fax)

Hessen, Rheinland-Pfalz, Thüringen:
SINUS-Sekteninformation und Selbsthilfe Hessen und Thüringen e.V., Geschäftsstelle: Rechneigrabenstr. 10, D-60311 Frankfurt am Main, Tel.: 069/92105643, Fax: 069/92105, im Internet: http://www.dike.de/SINUSsekteninfo/

Nordrhein-Westfalen:
Arbeitskreis Sekten e.V. Herford – Verein zur Bekämpfung geistiger und seelischer Abhängigkeit, c/o Diakonisches Werk, Auf der Freiheit 25, D-32052 Herford, Tel.: 05221/599857, Fax: 05221/56358
Sekten-Info Essen e.V., Rottstr. 24, D-45127 Essen, Tel.: 0201/234646, Fax: 0201/207617
Sekten-Info Bochum, Amtsstr. 4, D-44809 Bochum, Tel.: 0234/578156
Arbeitsgemeinschaft Kinder- und Jugendschutz (ajs), Hohenzollernring 85–87, D-50672 Köln, Tel.: 0221/9213920, Fax: 0221/92139220

Sachsen, Sachsen-Anhalt:
Eltern- und Betroffeneninitiative gegen psychische Abhängigkeit Sachsen (EBI-Sachsen) e.V., Heinrichstr. 11, D-04317 Leipzig, Tel.: 0341/6891590, Fax: 0341/6894859

Weitere Institutionen und Anlaufstellen

Für die Beratung in Fragen der Sekten und Jugendreligionen gibt es die »Evangelische Zentralstelle für Weltanschauungsfragen«, Auguststr. 80, D-10117 Berlin, Tel.: 030/28395211, Fax: 030/28395212, im Internet: http://www.ekd.de/ezw . Die EZW ist eine Einrichtung der Evangelischen Kirche in Deutschland und bietet kostenloses Informationsmaterial (z. B. Faltblätter) und Vorträge zu Sekten und Jugendreligionen auch für Schulen.
AGPF-Aktion für Geistige und Psychische Freiheit e.V., Grabenstraße 1, 53579 Erpel, Tel.: 02644/980130, Fax: 02644/980131, im Internet: http://home.t-online.de/home/AGPF.Bonn/.
Katholische Sozialethische Arbeitsstelle e.V., Ostenallee 80, 59006 Hamm, Tel.: 02381/980200, Fax: 02381/9802099, im Internet: http://www.ksa-hamm.de.
Humanistischer Verband Deutschlands (HVD), Wallstr. 61–65, 10179 Berlin, Tel.: 030/6139040, Fax: 030/61390450
Informationen zu Kulten, Sekten, neuen religiösen Bewegungen im Internet unter: www.religio.de, www.kultinfo.org

Staatliche Informations- und Arbeitsstellen

Bundesministerium für Familie, Senioren, Frauen und Jugend, Rochusstr. 8–10,
D-53123 Bonn, Tel.: 0228/9302864-62, Fax: 0228/9302221

Baden-Württemberg:
Ministerium für Kultus und Sport, Herr Carlhoff, Schloßplatz 4, D-70173 Stuttgart,
Tel.: 0711/2792872, Fax: 0711/2792550

Berlin:
Berliner Senatsverwaltung für Jugend und Familie, Frau Rühle, Frau Kunst,
Am Karlsbad 8, D-10785 Berlin, Tel.: 030/26542619, Fax: 030/26542411,
im Internet: http://www.sensjs.berlin.de/familie/sekten/sekten_inhalt.htm

Hamburg:
Hamburger Behörde für Inneres, Arbeitsgruppe Scientology, Frau Ursula Caberta,
Eiffestr. 664 B, 20537 Hamburg, Tel.: 040/4288 66444, Fax: 040/4288 66445

Rheinland-Pfalz:
Ministerium für Arbeit, Soziales, Familie und Gesundheit, Frau Dewald-Koch,
Mittlere Bleiche 61, D-55116 Mainz, Tel.: 06131/164382, Fax: 06131/162019

Sachsen:
Sächsisches Staatsministerium für Kultus, Frau Deipenwisch, Carolaplatz 1,
D-01097 Dresden, Tel.: 0351/5642715, Fax: 03151/5642887

Thüringen:
Herr Dr. Schröter, Institut für Lehrerfortbildung, Lehrplanentwicklung und Medien,
Heinrich-Heine-Allee 2–4, D-99438 Bad Berka, Tel.: 036458/56234,
Fax: 036458/56300

ÖSTERREICH:
GSK – Gesellschaft gegen Sekten und Kultgefahren. Gesamtösterreichische
Elterninitiative, Obere Augartenstr. 26/28, A-1020 Wien, Tel.: +43/1/3327537,
Fax: +43/1/3323513
Weitere Beratungsstellen und Infos zu Sekten, Kulten, neuen religiösen Bewegungen
im Internet unter: http://sekten.piranho.com/allgberat.htm

SCHWEIZ:
SADK – Schweizerische Arbeitsgemeinschaft gegen Destruktive Kulte, Postfach 90,
CH-3186 Didingen, Tel.: +41/713/711112 (= Fax)

Infosekta, Postfach, CH-8054 Zürich, Tel.: +41/1/4548080, Fax: +41/1/4548032
Evangelische Informationsstelle: Kirchen-Sekten-Religionen: www.relinfo.ch
Weitere Beratungsstellen und Infos im Internet unter: www.kath.ch/infosekten/

RITUELLER MISSBRAUCH:

S.P.ORG. – Consulting e.V., »Aktionsprojekt ritueller Missbrauch«, Postfach 2624,
   D-21316 Lüneburg
Arbeitsbereich »Weltanschauungen und religiöse Gruppierungen« der Arbeits-
   gemeinschaft Kinder- und Jugendschutz Hamburg e.V., Margaretenstr. 41,
   D-20357 Hamburg, Tel.: 040/4395118, Fax: 040/4305348
Danach – Therapiehilfe für Gewaltbetroffene e.V., Postfach 301224,
   D-20305 Hamburg, Tel.: 040/497797

Weiterführende Bücher, Unterrichtsmaterialien, pädagogische Konzepte, Kopier-
vorlagen etc. zum Thema Jugendokkultismus und -satanismus gibt es bei:
Pädagogischer Verlag Gabriele Hund, Postfach 324, 91212 Hersbruck,
Tel.: 09151/4716, Fax: 09151/4363

Anmerkungen

1 Was ist Satanismus? – Vier Schlaglichter in eine dunkle Szene

1 Imöhl, D., Thormann-Löffeler, C.: Das Satanspärchen vor Gericht, *Bild* vom 18.1.2002

2 Krücken, S.: Mord im Auftrag des Teufels, *Max* 4/2002-04-06

3 Schmitz, W.: Tod im Namen des Satans, *Stern* 3/2002

4 Holzhaider, H.: Ein Paar, das den Tod brachte, *Süddeutsche Zeitung* vom 30.1.2002

5 Knill, B.: Ich glaube an Satan, *Yam* 46/01

6 Burchhardt, A.: Wie sexy macht Mord?, *Tempo* 11/1994

7 Dallach, C.: Horror, *Jetzt – Das Jugendmagazin der Süddeutschen Zeitung,* 49/97

8 Jonassen, A.: Kirker voktes under satanistsak, *Aftenposten* vom 18.4.1994

9 Billerbeck, L., Nordhausen, F.: Satanskinder. Der Mordfall von Sondershausen und die rechte Szene, Links-Verlag, Berlin 2001

10 Pöhlmann, M.: Kein politisches Asyl für Hendrik Möbus in den USA, *EZW-Materialdienst* 6/2001

11 IDGR: Informationsdienst gegen Rechtsextremismus, im Internet unter www.idgr.de

12 Buse, U.: Satan, bist du unter uns?, *Der Spiegel* 36/2001

13 Repke, I., Wensierski, P.: Sterben ist schön, *Der Spiegel* 51/2000

14 In: *Der Spiegel* 18/1996

15 Lamprecht, H.: Satanistische Selbstmorde in Sachsen?, *EZW-Materialdienst* 11/2001

2 Warum und wie wird jemand Satanist?

16 In: *Kölner Stadtanzeiger* vom 20.8.2001

17 In: *Neue Luzerner Zeitung* vom 25. August 2001

18 Christiansen, I.: Satanismus. Faszination des Bösen, Quell-Verlag, Gütersloh 2000

19 Lamprecht, H.: Satanistische Selbstmorde in Sachsen?, *EZW-Materialdienst* 11/2001; Grandt G., Grandt, M.: Jugendokkultismus, Falken-Verlag, Niedernhausen 1997

20 Ruppert, H.J.: Jugendsatanismus, hrsg. vom Referat für Weltanschauungsfragen, Wien 1999

21   Wiesendanger, H.: In Teufels Küche, Patmos-Verlag, Düsseldorf 1992
22   Moriarty, A.: The Psychology of Adolescent Satanism, Praeger Publishers, Westport, CT 1992
23   Im Internet unter www.fragezeichen.ch/report10.html
24   Schweidlenka, R.: Satanistischer Zeitgeist, *EZW-Materialdienst* 7/2001
25   Ruppert, H.J.: Jugendsatanismus, hrsg. vom Referat für Weltanschauungsfragen, Wien 1999
26   In: *Neue Luzerner Zeitung* vom 25.8.2001
27   In: *Tantra* 2/1994
28   Wiesendanger, H.: In Teufels Küche, Patmos-Verlag, Düsseldorf 1992
29   Schmid, G.O.: Satanismus, im Internet unter www.relinfo.ch
30   In: *Berliner Morgenpost* vom 29.11.1996
31   In: *Neue Luzerner Zeitung* vom 12.11.2001
32   Im Internet unter www.relinfo.ch/satanismus/friedhof.html
33   Schmid, G.O.: Satanismus, im Internet unter www.relinfo.ch
34   Schmid, G.O.: Satanismus, im Internet unter www.relinfo.ch
35   Burchhardt, A.: Wie sexy macht Mord?, *Tempo* 11/1994
36   Larson, B.: Geht unsere Jugend zum Teufel?, Hänssler-Verlag, Neuhausen 1990
37   Ebd.
38   In: *Neue Züricher Zeitung* vom 17. Mai 2001
39   Cammans, H.M.: Ratgeber Okkultismus, Patmos-Verlag, Düsseldorf 1998
40   Christiansen, I.: Satanismus. Faszination des Bösen, Quell-Verlag, Gütersloh 2000
41   In: *Hamburger Morgenpost* vom 22.1.2002
42   IDGR: Informationsdienst gegen Rechtsextremismus (www.idgr.de)
43   Repke, I., Wensierski, P.: Sterben ist schön, *Der Spiegel* 51/2000
44   In: *BerlinOnline,* 28.8.2001
45   Cammans, H.M.: Ratgeber Okkultismus, Patmos-Verlag, Düsseldorf 1998
46   Schmid, G.O.: Satanismus, im Internet unter www.relinfo.ch
47   Hemminger, H.: Die schwarze Szene, im Internet unter www.gemeindedienst.de/weltanschauung/texte/schwarz.htm
48   WDR aktuell, im Internet unter http://online.wdr.de/online/news2/satanisten_witten/hintergrund.phtml
49   Cammans, H.M.: Ratgeber Okkultismus, Patmos-Verlag, Düsseldorf 1998
50   Helsper, W.: Okkultismus – Die neue Jugendreligion?, Leske & Budrich-Verlag, Opladen 1992
51   Cammans, H.M.: Ratgeber Okkultismus, Patmos-Verlag, Düsseldorf 1998
52   Hemminger, H.: Die schwarze Szene, im Internet unter www.gemeindedienst.de/weltanschauung/texte/schwarz.htm

3 Was Satanismus nicht ist

53 Schmid, G.O.: Lukas – Vier Jahre Hölle und zurück?, im Internet unter www.relinfo.ch/satanismus/lukas.html

54 Schmid, G.O.: Ramonas Geschichten, im Internet unter www.relinfo.ch/satanismus.tbo.html

4 »A Modern Satanic Lifestyle«

55 Haak, A. und F.W.: Jugendspiritismus und -satanismus, Münchner Reihe, Evangelischer Presseverband für Bayern 1989

56 Müller, W.: Psychologische Hintergründe des Satanismus am Beispiel der Ereignisse in Sondershausen, im Internet unter www.religio.de/satanism.html

57 Billerbeck, L., Nordhausen, F.: Satanskinder. Der Mordfall von Sondershausen und die rechte Szene, Links-Verlag, Berlin 2001

58 Schulz, R.: Ich bin ein Kind der Hölle, in: Friemel, F.G., Schneider, F.: Ich bin ein Kind der Hölle – Nachdenken über den Teufel, Benno-Verlag, Leipzig 1996

59 Billerbeck, L., Nordhausen, F.: Satanskinder. Der Mordfall von Sondershausen und die rechte Szene, Links-Verlag, Berlin 2001

60 Schulz, R.: Ich bin ein Kind der Hölle, in: Friemel, F.G., Schneider, F.: Ich bin ein Kind der Hölle – Nachdenken über den Teufel, Benno-Verlag, Leipzig 1996

61 Billerbeck, L., Nordhausen, F.: Satanskinder. Der Mordfall von Sondershausen und die rechte Szene, Links-Verlag, Berlin 2001

62 Hellmeister, G.: Satanismus, in: Okkultpraktiken & Satanismus bei Jugendlichen. Motive-Probleme-Hilfen, hrsg. vom rheinland-pfälzischen Ministerium für Kultur, Jugend, Familie und Frauen, Mainz 1997

5 Im Netz des Bösen – Der Teufel entdeckt das Internet

63 Schweidlenka, R.: Satanistischer Zeitgeist, *EZW-Materialdienst* 7/2001

64 Hagen, Y.: Im Netz des Bösen, *Tomorrow* 1/2002

65 Pöhlmann, M.: Selbstmord-Foren im Internet – Zur Tragik virtueller Welten, *EZW-Materialdienst* 4/2001

66 Manson, M., Strauss, N.: The Long Hard Road Out of Hell, Hannibal-Verlag, Höfen 2000

67 Ebd.

68 Rockwell, J.: Trommelfeuer. Rocktexte und ihre Wirkungen, Schulte & Gerth-Verlag, Aßlar 1983

69 Harder, B.: X-Akten gelöst, Alibri-Verlag, Aschaffenburg 1999

70 Heimann, D.: Backward-Masking – Fluch oder Flopp?, Memra-Verlag, Weichs 1990

71 Rösing, H.: Rückwärtsbotschaften im Queen-Song *Another One Bites the Dust* – Absicht, Zufall oder Missverständnis?, in: Laubenthal, A.: Studien zur Musikgeschichte. Eine Festschrift für Ludwig Finscher, Bärenreiter-Verlag, Kassel 1995

72 Hund, W.: Was wir wahrnehmen, ist nicht wahr: Pink Floyd & Co. Vortragsmaterialien zu den Bereichen akustische Täuschungen und optische Illusionen, Pädagogischer Verlag Lehr- und Lernmittel Gabriele Hund, Hersbruck 1998

73 Pratkanis, A.: Subliminale Werbung, in: Randow, G.: Mein paranormales Fahrrad, Rowohlt Taschenbuch Verlag, Reinbeck 1993

74 Miller, B.: Sex auf Keksen?, Leserbrief an *The Skeptical Inquirer*, Bd. 17, Nr. 1/1992, zu beziehen über www.csicop.org

75 Nickel, V.: Gescheitert: Packards Rufmord an der Werbung, in: *Der Markenartikel* 7/87, hrsg. vom Deutschen Markenverband, Wiesbaden

76 Goldner, C.: Subliminal-Kassetten, in: Kern, G., Traynor, L.: Die esoterische Verführung, IBDK-Verlag, Aschaffenburg 1995

77 »Geheime Botschaften werden überschätzt«, Antwort des Parlamentarischen Staatssekretärs Pfeifer vom BMJFG auf eine parlamentarische Anfrage, veröffentlicht im *BPS-Report* der Bundesprüfstelle für jugendgefährdende Schriften Nr. 6/1990

78 Larson, B.: Geht unsere Jugend zum Teufel?, Hänssler-Verlag, Neuhausen 1990

79 Roccor, B.: Heavymetal – Kunst. Kommerz. Ketzerei, Diss., I.P.-Verlag Jeske/Mader, Berlin 1998

80 Larson, B.: Geht unsere Jugend zum Teufel?, Hänssler-Verlag, Neuhausen 1990

81 Grieder, A.: Monster mit Herz, *Facts* 25/2000

82 Roccor, B.: Heavymetal – Kunst. Kommerz. Ketzerei, Diss., I.P.-Verlag Jeske/Mader, Berlin 1998

83 Esser, G.: Mit Musik die Welt zertrümmern, in: Musik gegen Gewalt 2, hrsg. von der Arbeitsgemeinschaft Musik in der evangelischen Jugend, 1993

84 Kohle, H.: Okkulte Welle? Arbeitshilfe für die kirchliche Jugendarbeit, Augsburg 1996

85 zit. nach: Kögler, I.: Die Sehnsucht nach mehr. Rockmusik, Jugend und Religion, Styria-Verlag, Graz, Wien, Köln 1994

86 Fermor, G.: Satanismus in der Rockmusik. *Orientierungen und Berichte der Evangelischen Zentralstelle für Weltanschauungsfragen* Nr. 22, Berlin 1995

87 Hunfeld, F., Dreger, T.: Magische Zeiten, Beltz-Verlag, Weinheim 1988

88 Ludwig, R.: Haarus Longus Satanas?, im Internet unter www.crossover-agm.de/haarus5.htm

89 Grieder, A.: Monster mit Herz, *Facts* 25/2000

90 Kögler, I.: Die Sehnsucht nach mehr. Rockmusik, Jugend und Religion, Styria-Verlag, Graz, Wien, Köln 1994

91 Roccor, B.: Heavymetal – Kunst. Kommerz. Ketzerei, Diss., I.P.-Verlag Jeske/Mader, Berlin 1998

92 Ebd.

93 Ebd.

94 Herr, M.: Heavymetal-Lexikon Vol. 5, Verlag Matthias Herr, Berlin 1996

95 Roccor, B.: Heavymetal – Kunst. Kommerz. Ketzerei, Diss., I.P.-Verlag Jeske/Mader, Berlin 1998

96 Ebd.

97 Herr, M.: Heavymetal-Lexikon Vol. 5, Verlag Matthias Herr, Berlin 1996

98 Ebd.

99 Ebd.

100 Ebd.

101 Finke, A.: »http://www.Kirchen Abfackeln…«, *EZW-Materialdienst* 3/1999

102 Zit. nach Harder, B.: X-Akten gelöst, Alibri-Verlag, Aschaffenburg 1999

103 Mühlmann, W.R.: Die Königin auf dem Schachbrett des Todes, *Thüringenpost* vom 26.5.1994

104 In: *Rock Hard* 4/93

105 Herr, M.: Heavymetal-Lexikon Vol. 5, Verlag Matthias Herr, Berlin 1996

106 Erhardt, H.: Musik liegt in der Gruft, *EZW-Materialdienst* 4/1999

107 Hunfeld, F., Dreger, T.: Magische Zeiten, Beltz-Verlag, Weinheim 1988

108 Förster, J.: Zum Teufel mit dieser Musik?, *Hannoversche Allgemeine Zeitung* vom 22.8.1997

109 Ebd.

110 Roccor, B.: Heavymetal – Kunst. Kommerz. Ketzerei, Diss., I.P.-Verlag Jeske/Mader, Berlin 1998

111 Ebd.

112 Ebd.

113 Ebd.

114 Ebd.

115 Malessa, A.: Sympathy for the Devil – Satanismus und schwarze Magie in der Rockmusik, in: Bubmann, P., Tischer, R.: Pop & Religion, Quell-Verlag, Stuttgart 1992

116 Manson, M., Strauss, N.: The Long Hard Road Out of Hell, Hannibal-Verlag, Höfen 2000

117 In: *Popcorn* 2/2001

118 Manson, M., Strauss, N.: The Long Hard Road Out of Hell, Hannibal-Verlag, Höfen 2000

119 Ebd.

120 Ebd.

121 Ebd.

122 Schweidlenka, R.: Satanistischer Zeitgeist, *EZW-Materialdienst* 7/2001

123 Manson, M., Strauss, N.: The Long Hard Road Out of Hell, Hannibal-Verlag, Höfen 2000

124 Ebd.

125 Ebd.

126 Ebd.

127 Ebd.

7 *Satanismus in der aktuellen Populärkultur*

128 Keeve, V.: Die zerissene Stadt, *Bizz* 11/2001

129 Huesgen, I.: Welterfolg Harry Potter – Welcher Zauber ist da am Werk?, *Skeptiker* 3/2001, zu beziehen über www.gwup.org

130 Franzke, R.: Harry-Potter-Manie, *Salz & Licht* 4/2001, im Internet unter www.feg.de/fuerstenfeldbruck/potter. html

131 Im Internet unter www.gnade.de/index_1/brisant/017. htm

132 Bachl, G.: Zauberhaftes Leben? Religion, Märchen, Realität, in: Zur Debatte – Themen der Katholischen Akademie in Bayern, 31. Jahrgang, München 2001; Bachl, G.: Gefährliche Magie? Religiöse Parabel? Gute Unterhaltung!, in: Spinner, K.: Im Bann des Zauberlehrlings?, Friedrich-Pustet-Verlag, Regensburg 2001

133 Berger, K.R.: Harry Potter – Zauberlehrling des 21. Jahrhunderts, Verlag und Schriftenmission der Evangelischen Gesellschaft für Deutschland, Wuppertal 2000

134 Harder, B., Hemminger, H.: Was ist Aberglaube?, Quell-Verlag, Gütersloh 2000

135 Hemminger, H.: Girls als Hexen. Im Internet unter www.gemeinde-dienst.de/weltanschauung/texte/hexe. htm

136 Pöhlmann, M.: Anti-Satanismus und jüngstes Gerücht, *EZW-Materialdienst* 1/2000

137 In: *Frankfurter Rundschau* vom 22.11.2000

138 Larson, B.: Geht unsere Jugend zum Teufel?, Hänssler-Verlag, Neuhausen 1990

139 Greeley, A.: Religion in der Popkultur, Styria-Verlag, Graz, Wien, Köln 1993

140 King, S.: Das Leben und das Schreiben, Ullstein-Verlag, Berlin 2000
141 Feige, M.: Das große Lexikon über Stephen King, Schwarzkopf & Schwarzkopf-Verlag, Berlin 1999
142 Beahm, G.: Stephen King. Leben und Werk, Lübbe-Verlag, Bergisch-Gladbach 1995
143 Harder, B.: Der Glaube ans Überleben, *17*, 11/2000
144 Greeley, A.: Religion in der Popkultur, Styria-Verlag, Graz, Wien, Köln 1993
145 Harder, B.: Total Paranormal, *Skeptiker* 1/2000
146 Just, S., Kühne, A.: Satanismus auf Zelluloid, in: Höhn, M. u. M.: Kontakte ins Jenseits?, Pahl-Rugenstein-Verlag, Köln 1991
147 Mörchen, R.: Des Pudels Kern, *film-dienst* 2/2001
148 Hoffmann, G.: Er war ein gemeiner Bastard, *Skeptiker* 1/2000
149 Opsasnick, M.: The Haunted Boy, im Internet unter www.strangemag.com; Nickell, J.: Exorcism! Driving Out the Nonsense, im Internet unter www.csicop.org/si/2001-01/I-files.html
150 Pöhlmann, M.: Magisch, mystisch, mädchenstark, *EZW-Materialdienst* 12/2001
151 Harder, B.: Die X-Teens. Dem Übersinnlichen auf der Spur. Die Wahrheit über »unerklärliche« Phänomene, Ellermann-Verlag, Hamburg 2001
152 Goldman, J: Die wahren X-Akten, Band 2, vgs-Verlag, Köln 1997
153 Cammans, H.M.: Ratgeber Okkultismus, Patmos-Verlag, Düsseldorf 1998
154 Pöhlmann, M.: Magisch, mystisch, mädchenstark, *EZW-Materialdienst* 12/2001
155 In: *Skeptiker* 1/2000
156 Harder, B.: Die X-Teens. Dem Übersinnlichen auf der Spur. Die Wahrheit über »unerklärliche« Phänomene, Ellermann-Verlag, Hamburg 2001
157 Stein, A.: Du bist tot! Bin ich nicht!, *Envoyer* 2/2000
158 Hübner, M.: Das Fantasy-Rollenspiel – Ein kreatives Medium zur Gewalt-prävention?, hrsg. von der Aktion Jugendschutz, Landesarbeitsstelle Bayern, München 1996
159 Stein, A.: Du bist tot! Bin ich nicht!, *Envoyer* 2/2000
160 Larson, B.: Geht unsere Jugend zum Teufel?, Hänssler-Verlag, Neuhausen 1990
161 Im Internet unter www.rpg.net/252/quellen/schmid/vortrag.html
162 Stein, A.: Du bist tot! Bin ich nicht!, *Envoyer* 2/2000
163 Im Internet unter www.rpg.net/252/quellen/knopf/Kapitel-5.html
164 Nersinger, U.: Ein bisschen Gott spielen, *17*, 11/2000
165 Im Internet unter www.rpg.net/252/quellen/schmid/vortrag.html

8 Hinter der Maske: Zehn Argumente für den Satanismus – und wie man ihnen den Boden entzieht

166 Türk, E.: Satanismus, Herder Verlag, Freiburg 1995; Grandt, G., Grandt, M.: Schwarzbuch Satanismus, Pattloch Verlag, Augsburg 1995

167 Hemminger, H.: Scientology. Der Kult der Macht, Quell Verlag, Stuttgart 1997

168 Larson, B.: Geht unsere Jugend zum Teufel?, Hänssler Verlag, Neuhausen 1990

169 Lamprecht, H.: Worauf ist beim Umgang mit Satanismus zu achten? Im Internet unter www.confessio.de/okkult/umgang.htm

170 Ruppert, H.J.: Jugendsatanismus, hrsg. vom Referat für Weltanschauungs-fragen, Wien 1999

171 Wolff, U.: Der gefallene Engel, Herder Verlag, Freiburg 1995

172 Thömmes, A.: Wenn Jugendliche zum Teufel gehen. Materialien und Unter-richtshilfen ab der Sekundarstufe I., in: Friemel, F.G., Schneider, F.: Ich bin ein Kind der Hölle – Nachdenken über den Teufel, Benno Verlag, Leipzig 1996

173 Larson, B.: Geht unsere Jugend zum Teufel?, Hänssler Verlag, Neuhausen 1990

174 Wedemeyer, B.: Starke Männer, starke Frauen. Eine Kulturgeschichte des Bodybuildings, Beck'sche Reihe, München 1996

175 Ruppert, H.J.: Jugendsatanismus, hrsg. vom Referat für Weltanschauungs-fragen, Wien 1999

176 Gugenberger, E., Petri, F., Schweidlenka, R.: Verschwörungstheorien, Deuticke Verlag, Wien, München 1998

177 Klosinski, G.: Psychokulte. Was Sekten für Jugendliche so attraktiv macht, Beck'sche Reihe, München 1996

178 Biewald, R.: Okkultismus, Satanismus. Evangelische Verlagsanstalt GmbH, Leipzig 2000

179 Girzikovsky, A.: Zur Psychologie des Jugendsatanismus, in: Ruppert, H.J.: Jugendsatanismus, hrsg. vom Referat für Weltanschauungsfragen, Wien 1999

180 Manson, M., Strauss, N.: The Long Hard Road Out of Hell«, Hannibal Verlag, Höfen 2000

181 Cammans, H.M.: Ratgeber Okkultismus, Patmos Verlag, Düsseldorf 1998

182 Klosinski, G.: Psychokulte. Was Sckten für Jugendliche so attraktiv macht, Beck'sche Reihe, München 1996

183 Ricarda S.: Satanspriesterin. Meine Erlebnisse bei einer schwarzen Sekte, Heyne Verlag, München 1989

184 Hemminger, H.: Scientology. Der Kult der Macht, Quell Verlag, Stuttgart 1997

185 Cammans, H.M.: Ratgeber Okkultismus, Patmos Verlag, Düsseldorf 1998

186 Thömmes, A.: Wenn Jugendliche zum Teufel gehen. Materialien und Unter-richtshilfen ab der Sekundarstufe I., in: Friemel, F.G., Schneider, F.: Ich bin ein Kind der Hölle – Nachdenken über den Teufel, Benno Verlag, Leipzig 1996

187 Haack, A. und F.: Jugendspiritismus und -satanismus, Münchner Reihe, Evangelischer Presseverband für Bayern, München 1989

188 Biewald, R.: Okkultismus, Satanismus, Evangelische Verlagsanstalt GmbH, Leipzig 2000

189 Zit. nach Showalter, E.: Hystorien. Hysterische Epidemien im Zeitalter der Medien, Aufbau Taschenbuchverlag, Berlin 1999

190 Victor, J. S.: Satanic Panic, in: Kern, G., Traynor, L.: Skeptisches Jahrbuch 1997, IBDK-Verlag, Aschaffenburg 1996

191 Ruppert, H.J.: Satanismus. Zwischen Religion und Kriminalität, hrsg. von der Evangelischen Zentralstelle für Weltanschauungsfragen in der Reihe EZW-Texte, Berlin 1998

192 Lademann-Priemer, G.: Warum faszinieren Sekten?, Claudius-Verlag, München 1998

193 Becker, T., Felsner, P.: Ritueller Missbrauch, in: Satanismus und Ritueller Missbrauch – Aktuelle Entwicklungen und Konsequenzen für die Jugendhilfe. Dokumentation einer Fachtagung, hrsg. von der Arbeitsgemeinschaft Kinder- und Jugendschutz Hamburg e.V., Hamburg 1996

194 Grandt, G., Grandt, M.: Satanismus. Die unterschätzte Gefahr, Patmos Verlag, Düsseldorf 2000

195 Grandt, G., Grandt, M.: Schwarzbuch Satanismus, Pattloch Verlag, Augsburg 1995

Glossar

196 Frick, K.: Satan und die Satanisten, Teil 3, Akademische Druck- und Verlagsanstalt, Graz 1986

197 Bezirksregierung Lüneburg: Thelema-Orden/Netzwerk Thelema. Information und Dokumentation, Lüneburg 1986

198 Grandt, G., Grandt, M.: Schwarzbuch Satanismus, Pattloch Verlag, Augsburg 1995

199 Christiansen, I.: Satanismus. Faszination des Bösen, Quell Verlag, Gütersloh 2000

200 Pöhlmann, M.: Problematische Allianzen, EZW-Materialdienst 4/2002

201 Frick, K.: Satan und die Satanisten, Teil 3, Akademische Druck- und Verlagsanstalt, Graz 1986

202 Schmid, G.: Schwartzer Orden von Luzifer, im Internet unter www.relinfo.ch/info.html

203 In: *Neue Luzerner Zeitung* vom 25.8.2001

204 Grandt, G., Grandt, M.: Schwarzbuch Satanismus, Pattloch Verlag, Augsburg 1995

205 Ebd.